Manasse Unger

Kritische Forschungen im Gebiete der Malerei alter und neuester Kunst

Ein Beitrag zur gründlichen Kenntnis der Meister

Manasse Unger

Kritische Forschungen im Gebiete der Malerei alter und neuester Kunst
Ein Beitrag zur gründlichen Kenntnis der Meister

ISBN/EAN: 9783743489622

Hergestellt in Europa, USA, Kanada, Australien, Japan

Cover: Foto ©Thomas Meinert / pixelio.de

Manufactured and distributed by brebook publishing software (www.brebook.com)

Manasse Unger

Kritische Forschungen im Gebiete der Malerei alter und neuester Kunst

Kritische

Forschungen im Gebiete der Malerei

alter und neuester Kunst.

Ein Beitrag

zur gründlichen Kenntniss der Meister

von

M. Unger.

(Supplement zu seinem Werke: „Das Wesen der Malerei.")

Leipzig,

Verlag von Hermann Schultze.

1865.

Dem Meister

Peter von Cornelius,

seinem sehr werthen Gönner,

in aufrichtiger Verehrung gewidmet

von

dem Verfasser.

Vorwort.

Mit dem aufrichtigen Bekenntniss des Herrn von Rumohr, der im Rufe eines grossen Kunstkenners steht, dass er nicht wisse, was der Stil sei, ist ohngefähr der Stand der Kunstwissenschaft seiner Zeit ausgesprochen und somit auch der der Kritik in der bildenden Kunst.

Hiermit soll der Werth der Ansichten des Herrn von Rumohr, die sich auf ein erfahrenes Kunstgefühl gründen, welches er zugleich praktisch geübt, durchaus nicht unterschätzt werden, wenn auch zugleich gesagt werden muss, dass Ansichten, lediglich als solche, in der Kunstkritik, ohne welche eine Kennerschaft nicht wohl bestehen kann, nicht genügend sind.

In meinem Werke „Das Wesen der Malerei" habe ich bereits seit Jahren die Malerei kunstwissenschaftlich und nach den in den Werken der älteren Meister enthaltenen Principien zu begründen versucht. Die Anerkennung, welche dieses Werk bei Sachverständigen gefunden und fortwährend noch findet, liefert den Beweis, wie sehr es an einem solchen gefehlt hat.

Durch die Bereitwilligkeit des Hohen Ministe-
riums der geistlichen, Unterrichts- und Medicinal-
Angelegenheiten mich in Folge desselben in meinen ferneren Kunstbestrebungen zu unterstützen,
ist mir es möglich geworden, wichtige Forschungen
an auswärtigen Quellen vornehmen zu können und
meine Kunstkenntniss zu erweitern. Den schuldigen
Dank dafür glaube ich nicht besser, als durch die
Herausgabe dieses Buches abstatten zu können, das
die Ergebnisse meiner dadurch zum Theil möglich
gewordenen Kunstreisen enthält.

Zugleich schien es mir zweckmässig, Einzelnes
bei dieser Gelegenheit mit unwesentlichen Abände-
rungen wieder aufzunehmen, was in zerstreuten
Aufsätzen von mir bereits an verschiedenen Orten
bekannt geworden ist, und wenn dieses auch mit
einer Kritik der Fall, die ich über mehrere für die
Galerie des königlichen Museums zu Berlin zur Zeit
erworbene Bilder geschrieben, so will ich zugleich
damit sagen, dass ich mich dazu für alle Zeiten
bekenne.

Wem die in meinem obigen Werke enthaltenen
Definitionen und Erläuterungen noch nicht völlig
klar geworden, insbesondere was der Stil in der
bildenden Kunst sei und wie nur in der genauen
Erklärung des Stiles eines bestimmten Meisters die
jedesmalige Kritik desselben enthalten sein könne,
dem wird ohne Zweifel, nachdem ich mich durch
das ebenso umfangreiche, als schwierige Material
hindurchgearbeitet, in diesem Buche mancher nähere

Aufschluss geboten werden. Gestützt auf jene Vor-
arbeit, wodurch ich mir den Weg zu einem gründlichen Verständniss der grossen Meister gebahnt,
wird man in diesem Buche, das vornehmlich diesen Zweck verfolgt, Vieles so ausgesprochen finden, dass der Mangel an grösserer Durchsichtigkeit,
der nach Massgabe des Andranges neu zu begrün-
dender Ideen immer eintritt, möglichst gehoben sei.

Wenn Franz Kugler bereits im Jahre 1852
in seiner Kritik über jenes Werk gesagt hat, dass
ich den durch dasselbe erlangten Ruhm mit vielen
Nacharbeitern werde theilen müssen, so bemerke
ich hier, dass ich mich vorläufig gern mit dem
Verdienst begnüge, viele Nacharbeiter zu haben,
wie es in Wirklichkeit schon der Fall ist und immer der Fall sein wird, wenn in irgend einem geistigen Gebiete eine neue Bahn gebrochen wird. Welchen Platz mir sonst die Geschichte der Kunstlitera-
tur anweisen wird, darüber steht mir kein Urtheil zu.

Der eben so seichten, als unwürdigen Auffassung meines Werkes, womit Herr Friedrich Wilhelm Unger in Göttingen, mit dem ich in keiner Art von Beziehung stehe, sich bereits selbst
gerichtet, würde ich auch hier nicht Erwähnung
thun, wenn derselbe in der Ankündigung eines Buches, womit er der Welt zeigen will, wie man über
Kunst schreiben müsse, nicht noch besonders auf
meine Irrthümer, die ich bei Bestimmung der Farbenverhältnisse begangen haben soll, aufmerksam
gemacht hätte. Dass indessen meine Auffassung

dieser Materie, welche absichtlich von älteren Ideen ausgeht, weil diese bei dem malerischen Sinn, um welchen es sich hier wesentlich handelt, gleichgültig sind, nicht so irrthümlich ist, als es die hohe Gelehrsamkeit dieses Mannes vermeint, die derselbe in den neuesten physikalischen Elementarsätzen zu besitzen glaubt, mag man daraus entnehmen, dass bereits im Jahre 1854 die rühmlich bekannte Aesthetik von Dr. Friedrich Theodor Vischer im dritten Heft, welches die Malerei abhandelt, meine Ideen über Farbenverhältnisse für competent anerkennt, indem, was ich darüber in meinem Werke gesagt, hier nicht selten wörtlich citirt ist.

Dass ich mich in diesem Buche bei meiner kritischen Behandlung der neuesten Künstler vorläufig nur auf diejenigen beschränke, deren Werke mir besonders zugänglich waren, möge man nicht als eine Geringschätzung gegen andere Künstler ansehen. Einer gleichen Behandlung können später nur diejenigen vorbehalten sein, die mir bei einer stilvollen Behandlung eine so weit reichende Anschauung ihrer Werke gewähren, als es bereits bei jenen der Fall war.

Berlin, im Juni 1864.

M. Unger.

Inhaltsverzeichniss.

Erster Abschnitt.

Venezianische Meister.

Zweiter Abschnitt.

Spanische Meister.

Niederländische Meister.

Dritter Abschnitt.

Künstler der Jetztzeit.

ERSTER ABSCHNITT.

Venezianische Meister.

§. 1.

Giorgio Barbarelli, genannt Giorgione.

Ueber Giorgio Barbarelli, genannt Giorgione, herrscht, obgleich er eine der bedeutendsten Künstlererscheinungen, in der Kunstgeschichte viel Dunkel, wenn auch die anerkannten Werke seiner Hand, deren nur wenige existiren, zur Genüge darthun, dass er im Fache der Malerei eine grosse Thätigkeit entfaltet haben müsse. Bei ihrer grossen Verschiedenheit verhält es sich mit seinen Bildern, wie mit denen des Lionardo da Vinci: nur die grosse Gewichtigkeit ihres innern Lebensfonds ist bei äusserlicher Uebereinstimmung mit den Arbeiten ihrer bedeutenden Schüler massgebend, um sie von diesen zu unterscheiden. Deshalb ist es auch um Vieles schwieriger da eine genauere Bestimmung zu treffen, wo man zwischen Giorgione und Tizian in fraglichen Fällen zu entscheiden hat, da der Erstere bekanntlich auf den Letzteren einen so bedeutenden Einfluss ausgeübt, dass in ihren Werken häufig fast ganz gleiche Prinzipien vorwalten, besonders in denen, die weniger der Erfindung anheimfallen, wes-

1 *

wegen auf die Eigenthümlichkeit Tizian's hier so viel als nöthig Bezug genommen werden soll.'

Es dürfte anzunehmen sein dass Giorgione, bevor er in die Schule Bellini's nach Venedig gekommen, sich in Castelfranco, seinem Geburtsorte, bei einem vielleicht dürftigen Unterricht im Zeichnen, eine Zeit lang selbst überlassen war; denn die mehr oder weniger beengenden Schulregeln scheinen ihm ursprünglich fremd gewesen zu sein. Indem der Naturalist, bei dem Mangel fremden Beistandes, seine Leistungen stets mit misstrauischen Augen betrachtet, vermeidet er diejenigen Angewöhnungen, welche aus den Eigenthümlichkeiten der Lehrer entspringen, welche die Schüler oft auf Treu und Glauben annehmen. Bestehen diese Angewöhnungen meist in einer Menge vorgefasster Meinungen, die hier stereotyp geworden, wodurch sich oft zu ihrem Nachtheile ganze Schulen von einander unterscheiden, so ist dagegen der sich selbst Ueberlassene in anderer Hinsicht übel daran. Es fehlt seiner Zeichnung vorläufig die Ruhe und jenes erlernte Geschick der zweckmässigen Zusammenfassung, um sie mit mehr Leichtigkeit in's Leben treten zu lassen. Indessen ist dabei doch nicht zu übersehen, dass bei einem spätern methodischen Unterricht, zu welchem er durch selbständiges Prüfen der Kunstbedingungen um so geeigneter geworden, für die auch hier nur schwer zu besiegende Unruhe eine Unbefangenheit schadlos hält, vermittelst welcher eine Menge feiner Wahrheiten oft zu Tage kommen, wogegen das convenzionelle Schulwesen meist erstarrt ist.

Dass auch die Kunstleistungen sich selbst überlassener Naturalisten mit den derzeitigen ausgebildeten Kunstleistungen in einer gewissen Uebereinstimmung stehen, kann um so we-

niger befremden, als sich gerade in jener Unbefangenheit die
Zeichen der Zeit, in welcher sie hervorgegangen, am deutlichsten aussprechen. Es kann demnach nicht auffallen, wenn
dem Giorgione zwei kleine Bilder in der Galerie der
Uffizien zu Florenz zugeschrieben werden, die als Anfänge
ein Talent offenbaren, das weder von der Schule von Padua,
noch von der zu Venedig einen •direkten Vorschub erhalten,
obgleich diese Bilder das Gepräge der Kunstleistungen dieser
Gegend tragen. Das eine stellt das Urtheil Salomonis, das
andere, merkwürdig genug, eine nur wenig bekannte jüdische
Legende aus dem Leben Mosis vor, weswegen ihrer hier Erwähnung geschehen soll. Es heisst nämlich in der rabbini-
schen Bibelexegese, dass, als die Tochter Pharao's den kleinen Moses ihrem Vater präsentirt, das Kind nach seiner Krone
gegriffen habe. Dieses Zeichen deutete man auf eine bevor-
stehende Usurpation, und man suchte sich in dieser Hinsicht
zu vergewissern, indem man dem Kinde ein Becken voll Gold
und ein Becken voll glühender Kohlen vorhielt. Es gereichte
demselben zur Rettung, dass es nach den Kohlen griff. Bei
dieser Gelegenheit hatte sich das Knäblein den Mund ver-
brannt, und daher soll es in der Folge nothwendig geworden sein, dass sich der nachmalige Befreier des jüdischen
Volkes seines Bruders Aron als Sprecher bei seinen Verhand-
lungen bedient, da ihm selbst, wie es in der Bibel heisst,
die Zunge zu schwer war.

Bei einiger Uebereinstimmung mit Cima da Conegli-
ano's erster Manier, enthalten diese Bilder schon ein überaus intensives Colorit, wenn es auch vorläufig noch einen
dunkeln Trieb zur Veranlassung hat, der in solchen Zeichen
eines kindlichen Jauchzens seine geistige Gesundheit kund

gibt. Die Composition ist kunstlos und in Rücksicht auf
ihren Gegenstand einfach und bezeichnend. Die später entwickelten Typen Giorgionischer Köpfe sind in einigen Figuren schon hier, wenn auch nur embryonisch, enthalten.

Die Schule Bellini's mag Giorgione nur kurze Zeit
besucht haben, da Bilder, in welchen der Einfluss Bellini's
aus dieser Periode ersichtlich, sehr selten sind und aus dem
Gerüchte, dass dieser ihn aus Neid von sich entfernt habe,
wenigstens so viel hervorgehen dürfte, dass der Unterricht
von ungewöhnlich kurzer Dauer gewesen. So viel ist indessen gewiss, dass Giorgione's biegsame Anstelligkeit, im
Verein mit seinem tiefdringenden Geiste, ihn sehr schnell
einem Ziele zuführte, das sich solcher Weise, wie er, noch
Niemand vor ihm gesteckt, da er mit dem Sinn der idealen
Allgemeinheit zugleich dem engeren Organismus der Realität
eine malerische Bedeutsamkeit zu geben wusste, in der die
artistische Vollendung erst ihren höchsten Punkt erreicht.

Ein unter 152 in der Galerie des Museums zu Berlin
befindliches Werk, das man als von seiner Hand bezweifeln
will, vorstellend die Bildnisse zweier Geistlichen, kommt dieser Untersuchung zu statten, da es entweder während der
Zeit von Giorgione vollendet worden, als er noch Schüler
Bellini's war, oder in die Periode kurz darauf fällt, als er
eben dessen Schule verlassen. Eine liebevolle Hingebung,
ein inniges Interesse für den zu behandelnden Gegenstand
seinem Inhalte nach, und die einfachste Auffassung, zu diesen
Eigenschaften, welche sich in diesem Bilde kundthun, die
auch zugleich die der Werke des trefflichen Lehrers sind,
gesellen sich noch eine gewisse Scheu, das charakteristisch
Zufällige der Bewegung dieser Gestalten nicht durch einen

bis dahin üblichen Stil zu behindern. Die ganz eigenthümliche Zurückhaltung eines bereits feuchtern Colorits mit weicherer Verschmelzung der Töne und Formen kommt einer Modellirung zu statten, welche besonders im Profilkopf bewunderungswürdig ist. Man ist indessen mehr versucht dieses Bild als ein Werk zu betrachten, das Giorgione unter des Lehrers Augen vollendet, da sich in dieser Zurückhaltung eine gewisse Rücksicht für die Bellinischen Schulgesetze bei einer tiefern Einsicht in das Farbenwesen bemerkbar macht. Die naturgemässere Entwickelung der Bildungsgesetze erscheint hier mehr wie eingepascht. Und doch ist die Unschuld in der Behandlung noch bewahrt und so gewinnt es den Anschein, als sei diese hier Bedingung, während sie sich bei Bellini mehr von selbst versteht. Aber das auf diese Weise gesteigerte Bewustsein collidirt noch nicht mit dem reinen empfindungsvollen Kunsttrieb.

In diesem Sinne ist auch das weisse Brusthemd des einen Geistlichen mit hoher Naivetät behandelt. Meines Wissens ist hier zum ersten Male das Bildungsmaterial der wahren Lebensäusserung der Erscheinung in einer Weise dienstbar gemacht, die auf eine Reform im Farbenwesen hinweist, welche erst dem Giorgione, im Verein mit dem grossen Tizian in Venedig vorbehalten war. Das Weiss ist hier nicht, wie dies bis dahin dort geschah, das der wirklichen Erscheinung vindicirte Weiss des Bildungsmaterials, sondern dieses ist im Interesse der geistigen Bedeutung des Weiss empfindungsvoll und echt malerisch bewältigt. Es ist der gewisse Grad einer erzielten Leuchtbarkeit, die das Farbenmaterial als solches an und für sich nicht hat, der in Uebereinstimmung mit den übrigen Tinten, bei dem Schein des Gegentheiles um so vieles tiefer angeschlagen ist als die Wirklichkeit, dass der strenge Parallelismus zwischen

Bild und Natur möglich wurde, den beide Meister mit Rücksicht auf das spezielle Leben der Farbenverhältnisse nachmals so geistvoll zu verfolgen wussten.

Dass die strengen Bellinischen Schulprinzipien nicht vermochten, den so entschieden vorwärtsdringenden Geist Giorgione's auf längere Zeit festzuhalten, geht deutlich aus diesem Werke hervor, welches, trotz der engen äusseren Schranken, eine der grössten Selbständigkeiten erkennen lässt, die sich auf diese Weise nach Innen eine Bahn bricht, die erst später und in anderer Art von Tizian betreten wurde.

So lange die festen Grundsätze und Eigenthümlichkeiten des trefflichen Bellini bei ihm noch im frischen Andenken seinen Geist gesammelt halten, leistet er im hohen Grade Vollendetes. Später fasst er seine erworbenen tiefen Kenntnisse, die ein Tizian nicht verschmäht, in einem grossartigen Stil zusammen, wie man in einem Altarblatte der Kirche St. Chrisostomo zu Venedig sehen kann, das er mit seinem Schüler Sebastian del Piombo vollendet haben soll, und ganz zuletzt kommen dann die verschiedenartigsten Werke zum Vorschein. Hier, wo er sich in losgelassener artistischer Willkür mehr seinem Gefühle überlässt, vermag die Einsicht in die tiefern Bedingungen der Erscheinung ihn nicht vor Irrthümern zu schützen, welche dem Forscher zum Fingerzeige dienen können, dass er von Haus aus eines strengen geregelten Unterrichtes, wie ihn Tizian in Bellini's Schule genoss, entbehrte.

Diesem Umstande verdankt man indessen sehr bedeutende Ergebnisse seiner selbständigen Forschungen. Auf Umwegen hatte er bereits Erfahrungen gemacht, welche Bellini's gerader Weg zum Kunstziele nicht bot, und als er es später

vermochte ihre Natur zu ergründen, sie zu erweitern und
später erspriesslich in Anwendung zu bringen, da war, im
Verein mit Tizian, eine Staffel der Kunst erreicht, die in
malerischer Hinsicht als die höchste bezeichnet werden muss.

Während Tizian die Natur der Erscheinung auf das
Speziellste ihrem Wesen nach zu ergründen und darzustellen
sucht, gelangte er auch zu jenem natürlichen Grade der
Schweigsamkeit ursächlicher Bedingungen, deren unverhält-
nissmässige Verlautbarung dem inneren Organismus der Wahrheit so gefährlich ist und die Lebensfähigkeit der Erscheinung
so leicht beeinträchtigt. Die fortwährende Absicht, diese durch
die Ermittelung innerer Ursachen noch mehr zu steigern,
beurkundet sich in einem stets wachsamen und empfindungsvollen Interesse, das seinen Werken, bei aller ·Grossheit
seines Stiles, eine hohe Vollendung verleiht.

Giorgione, der dem Tizian in dieser Hinsicht wenig
nachgibt, trieb diese Mässigung des Ursächlichen in seinen
Darstellungen oft bis zur Verheimlichung, wodurch seine
Werke mitunter ein leeres Anschen erhalten. Genauer betrachtet aber ist die Lebenskraft des betreffenden Ursächlichen
in ihnen nicht verloren, sondern stilvoll in einem Surrogat
zusammengefasst, durch welches er die in solcher Art voll-
führten Werke mehr ihrer Wirkung nach zu beleben weiss.
Dieses äussert sich in einem oft goldig glühenden Colorit,
das einer Blüthe gleicht, welche Kunde gibt von der Fruchtbarkeit ihres Bodens. Die Werke dieser Art sind die zahlreichsten, wahrscheinlich, weil der Welt, die seine Werke so
häufig verkennt, die äusserliche Manier bezeichnender ist,
als die Art und Weise der Auffassung des tiefern Lebensausdruckes selbst und viele der schwieriger zu erkennenden

Bilder verloren gegangen sind. Der Periode, in welcher er in solcher Manier arbeitete, gehört das Bild des Seesturmes in der Akademie von Venedig an und ein Bildniss ebendaselbst. Das Portrait eines Malteserritters in der Galerie der Uffizien zu Florenz strömt, obgleich in solcher Weise gemalt, eine im hohen Grade bewunderungswürdige Lebensfülle aus.

Das dem Tizian zugeschriebene Bildniss des Admirals Mauro, in der Galerie des königlichen Museums zu Berlin 161, kann man sehr versucht sein für ein Werk des Giorgione aus dieser Periode zu halten, da es dessen schwärzliche Tinten in den Schattenpartieen und gewisse Formenhärten besitzt, die mehr den plastischen Ausdruck dominiren lassen, wogegen eine Durchführung des Colorits, wie es sonst Tizian besitzt, streiten würde. Ist das von Vasari angegebene Sterbejahr Giorgione's richtig, 1477—1511, so möchte es schwerlich einem Zweifel unterliegen, dass Tizian der Urheber dieses Bildes ist, da es eine spätere Jahreszahl trägt, und es kann nur zum Beweise dienen, wie innig der artistische Verkehr dieser beiden Meister war.

Dass ein so fruchtbares Genie wie Giorgione in keiner Periode seiner künstlerischen Wirksamkeit gleichmässig bei seiner Manier beharrte, dürfte damit zu erklären sein, dass die Art seiner Ausbildung ihn von einer einseitigen Anschauung der Natur fern hielt. Nach Massgabe seines geistigen Interesses ist der Grad der Ausführung, und durch diese die Modification seines Stiles bedingt, welcher sein Verfahren stets geistvoll rechtfertigt. Hiervon gibt eine Darstellung Musicirender im Palast Pitti zu Florenz Zeugniss, die, obgleich der letzten Periode angehörig, mit einer bei andern Meistern Venedigs ungewöhnlichen Wärme des Colorits, besonders in der Haupt-

figur eine Ausführung verknüpft, die, wenn auch dadurch
von der des Tizian verschieden, ihr dennoch dem künstlerischen Werthe nach gleich kommt. Die beiden anderen Figuren
sind indessen ungleich schwächer durchgeführt und der am
schwächsten behandelte Kopf kann zugleich zum Fingerzeig
dienen, dass das ihm zugeschriebene Bild derselben Galerie,
vorstellend eine von einem Faun verfolgte Nymphe, das eines
von der Art ist, die mehr involviren als ausdrücken und
dadurch leicht der Verkennung Preis gegeben sind, richtig
bestimmt worden.

Durch die geistvolle Ergründung der realen Erscheinung
waren besonders Giorgione und Tizian geeignet, die
Werke der Antike richtig zu würdigen. Die in derselben
dargethane Consequenz der Naturgesetze, welche zum Ausdrucke des geistigen Lebens führen, galt ihnen mehr, als der
convenzionelle Typus griechischer Gestalten, in welchen sie
nur ein nationales Element einer Auffassung des Aeusser-
lichen erblickten. Auf diese Weise verblieben diese Meister,
selbst beim Traktiren griechischer Vorwürfe in der direkten
Beziehung zur Natur und es gewinnt mehr den Anschein,
als wenn sich ihre Grundprinzipien mit denen der Antike be-
gegneten, während sie anderwärts oft als etwas aus der Plastik Angenommenes erscheinen, dessen Bestandtheile nur höchst
selten malerisch bewältigt sind. Durch die reine naturphilo-
sophische Anschauung erkannten auch sie, gleich den Meistern
des klassischen Alterthumes, wie die positive Seite der bildenden Kunst mehr in der Darstellung einer ruhigen bedeutsamen Zuständlichkeit der Erscheinung zu suchen sei, als im
Aktuellen.

Werke, in welchen von Giorgione die griechische Mythe

traktirt worden, scheinen höchst selten zu sein, da er sich ausser der Behandlung christlich-religiöser Gegenstände, dem oben angedeuteten Sinne gemäss, mehr den Erscheinungen eines wirklichen Lebens zuwendet. Von um so grösserem Interesse erscheint mir daher ein Bild, in dessen Besitz ich leider stückweis gekommen bin, das aber trotz der übrigen vandalistischen Beschädigung noch immer einen deutlichen Begriff von der Trefflichkeit dieses Meisters gewährt. Das Bild stellt das Urtheil des Paris vor. Der Künstler, der so oft bewiesen, wie tief er in die Natur des Schönen gedrungen, erscheint hier in seinem venezianischen Costüm, woran der Unverstand, der das Wesentliche nicht vom Unwesentlichen zu unterscheiden vermag, so leicht Anstoss nimmt, wie ihn die Galerie Manfrin zu Venedig zeigt, als urtheilender Paris. Bei den beregten Irrthümern in Hinsicht der Formen, die hier in einem Werke seiner letzten Periode zum Vorschein kommen, enthalten diese Figuren, sowohl in Beziehung der Motive, als auch der Zusammenstellung so viel Treffliches, dass man diese Irrthümer gern übersieht. Jener beschwichtigende Zauber der Keuschheit, mit dem die Alten dergleichen Vorwürfe behandelten, ist auch hier über die drei edeln Gestalten der Göttinnen in einer Weise ausgegossen, dass dies allein schon als ein sicheres Kriterium für die Reinheit des Kunstbegriffs gelten kann, mit welchem hier eine selbständige Schöpfung durch Giorgione in's Leben getreten.

Sehr bemerkenswerth ist es, dass in diesem Bilde die Vorzüge des venezianischen Colorits zugleich mit einem Helldunkel verknüpft sind, welches einem Correggio um so weniger nachgibt, als der Zweck desselben mit in der instruktiven Veranschaulichung einer lebendigen Farbenmodification beruht, in deren feiner Auffassung Giorgione sich bereits so gross gezeigt.

Die Darstellung des David mit dem Haupte des Goliath, in der Galerie Borghese zu Rom, ist in einem eben so grossen als positiven Sinn componirt. David erscheint hier bereits als ein vollendeter Kriegsheld gewappnet und das Attribut erinnert an das geschichtliche Faktum, das ihm nur ein äusserlicher Anlass ist, die vorzuführenden Consequenzen einzuleiten; denn die geschichtlichen Spezialitäten selbst erscheinen dem Meister wenig geeignet den malerischen Werth eines Kunstwerkes zu erhöhen. Mit dem Streben nach hoher Lebensfähigkeit ergibt sich in der Gestalt des David die göttliche Beseelung, die in der Kunst jene Ruhe erheischt, wie man sie in den besten Werken des griechischen Alterthumes beobachtet findet. Das Haupt des Goliath und ein dem David beigesellter staunender Jüngling sind für das Gegenständliche bezeichnend genug.

In diesem Sinne ist auch eine Judith in meinem Besitz behandelt, welche das Gepräge einer der drei Frauengestalten des Altarblattes in Kirche St. Chrysostomo zu Venedig enthält. Auch in der „Teniersgalerie" existirt von dieser Judith ein kleiner Kupferstich, wenn auch nur sehr mangelhaft. Manchen Aufschluss erhält man über die Eigenthümlichkeit dieses Meisters durch mehrere alte Copieen, die ich während meines Aufenthaltes in Venedig noch vorfand und deren Originale verschleppt zu sein scheinen. Die Galerie Manfrin daselbst enthält einige schätzenswerthe Bilder dieser Art, von welchen eins, zwei musicirende Frauen vorstellend, ein entschiedenes Gepräge der Aechtheit trägt. Eine Auferstehung Christi, in der Kirche St. Giovanni bei Venedig, lässt eine genauere Untersuchung ihrer hohen Placirung wegen nicht zu, ist aber dem Anschein nach original.

Eine Anbetung der Hirten, welche bei Versteigerung der Galerie Fesch in Rom in englischen Besitz übergegangen, ist eben so naiv, wie originell mit einer Innigkeit durchgeführt, die ein um so grösseres Interesse gewährt, da Giorgione anderwärts als ein freisinniger Naturphilosoph erscheint. Wenn das Rituelle genauer betrachtet nichts Anderes ist als die schwerer erkennbare philosophische Religionswahrheit in populärer Glaubensform, so darf dies nicht befremden und es kann dieses Bild zum Beweise dienen, in welchem Grade dieser treffliche Meister objektiv zu sein wusste, — eine Folge wahrer Erkenntniss, der es immer leicht wird, sich eine andere Ausdrucksweise dienstbar zu machen, wenn sie das Hohe in sich schliesst.

Dieses Werk, sowie das der musicirenden Geistlichen im Palast Pitti, können als die eben so reinen wie ergiebigen Quellen betrachtet werden, aus denen ein Aufschluss in fraglichen Fällen über Giorgione's artistische Leistungen zu schöpfen ist, die sich gemeiniglich durch eine eigenthümliche intensive und nachhaltige Wirksamkeit auszeichnen.

Bei Giorgione besonders wird es anschaulich, wie bei Traktirung irgend eines Vorwurfs dieser selbst in der bildenden Kunst weniger zu meinen sei, als seine Schönheit. Um deswillen macht sich in Hinsicht seiner Wahl des Gegenständlichen eine manchmal bis an's Eigensinnige grenzende Verschiedenheit bemerkbar und wenn manche seiner Vorwürfe deshalb als solche räthselhaft geblieben sind, so steht dies mit einem häufig von ihm grundsätzlich beobachteten Indifferentismus des Aktionellen im Zusammenhang, der, ob-

gleich schon bei den grössten Meistern des griechischen Alterthums bemerkbar, so häufig der Verkennung preisgegeben
ist, wie ich bereits in meinem Werke „das Wesen der Malerei etc." an seinem Orte näher auseinandergesetzt habe.

Die Galerie des Belvedere zu Wien enthält einige treffliche Werke von ihm; so besonders unter No. 10: Ein junger Mann mit Weinlaub bekränzt wird von einem geharnischten Krieger, der hinter dem Rücken einen Dolch verbirgt,
von hinten angefallen. No. 36: Ein geharnischter Krieger,
dessen Profilkopf in der Behandlung sehr viel Aehnliches mit
dem der Berliner Galerie hat. Das Bild No. 6, die Feldmesser aus dem Morgenlande genannt, ist leider für sein
Format zu hoch befindlich, lässt aber auch so noch allerdings
eine fremde Hand erkennen, welche der Angabe nach die
des Sebastian del Piombo sein soll. Die übrigen dem
Giorgione hier zugeschriebenen Werke sind sehr zu bezweifeln und das unter No. 51, Maria Magdalena bittet den
Heiland an der Tafel des Simon, ihm die Füsse salben zu
dürfen, gehört offenbar der Schule des Bassano an, als
diese noch nicht in die ihr später so eigene Lockerheit ausgeartet war.

Sehr zu beklagen ist es indess, dass die Hand eines unwissenden Restaurateurs die beiden erstgenannten Bilder so
schonungslos angegriffen, ein Schicksal, das in einem zum
Theil gesteigerten Grade leider hauptsächlich die Werke der
venezianischen Schule in dieser Galerie betroffen hat.

Bei dem Bilde der Rebekka am Brunnen in der Galerie zu
Dresden No. 187, deren Nummer und Placirung sich indess,
seitdem ich den Vortrag über Giorgione im mittelalterlichen
Kunstvereine zu Berlin gehalten, geändert hat, muss es dank-

bar anerkannt werden, dass dieses Werk nun dem Studium dieses wichtigen Meisters bedeutend zugänglicher ist. Dass Palma
der Aeltere, sein Schüler, besonders ihm nachgestrebt,
wird in diesem Werke sehr anschaulich. An naiver Auffassung
und lebensvoller Farbengluth schliesst es aber einen viel bedeutendern Fond in sich, als Palma erreichen konnte, selbst
wenn man die ausgeführteren Werke des Letzteren in nähern
Betracht zieht, deren diese Sammlung mehrere treffliche besitzt, auf die ich später zurückkommen werde.

Aehnlich behandelte Werke besitzt die Leuchtenbergische
Galerie in München (jetzt in Petersburg?), woselbst sich auch
in der Pinakothek ein Portrait befindet, das der Angabe nach
des Künstlers eigenes sein soll, No. 586. Der Wahrscheinlichkeit, ob dasselbe als ein Werk Giorgione's gelten
könne, lässt sich nichts Erhebliches entgegenstellen, zumal
die Behandlung der Hand, welche bei der Art ihrer Beschädigung eine genauere Untersuchung zulässt, mehr dafür,
als dagegen spricht. Das Bild der sogenannten Eitelkeit,
No. 474 ebendaselbst, ist als eines seiner schönsten zu bezeichnen. In demselben wiederholt sich in Behandlung der
Hände eine Eigenthümlichkeit, die man weder bei Tizian
noch bei Palma, auf die man im ersten Anblick dieses Werkes verfällt, vorfindet, wodurch man vornehmlich bewogen
wird, die Schwankung des Urtheiles, ob es von einem oder
dem andern der letztgenannten Meister, aufzugeben, da zugleich die Art und Weise der Sättigung der Farbe und ihres
Traktamentes in vielen Stücken für Giorgione spricht.
Bei aller Reinheit des Stiles liebt es Giorgione, die individuelle Bildung dieser Gliedmassen manchmal bis auf gewisse Abnormitäten festzuhalten. Zugleich weiss er mit einem

überaus feinen Sinn in Stellung der Finger die physische Regung mit Adel auszudrücken, ohne hierin den convenzionellen Satzungen zu verfallen, indem er wie immer das Zweckmässige mit grosser Naivetät dem Angenehmen vorzieht, was besonders bei den Fingergliedern gilt, die er nach der Situation des Vorzustellenden nicht selten bis zum gänzlichen Verschwinden verkürzt. Die im Schatten befindliche Hand behandelt er nach Massgabe des Lichtes natürlich unbestimmt, — doch nichts desto weniger in Auftrag und Farbe mit grosser Entschiedenheit. Denn auch das Unbestimmte der Erscheinung ist bestimmten Gesetzen unterworfen, in deren bedeutsamer Offenbarung eben der feinste Theil der bildenden Kunst zu suchen ist. Hieraus erklärt sich, warum dieser Meister die Hand im Schatten befindlich in der Regel nur wenig ausführt, da sich so die malerischen Intentionen am positivsten und verständlichsten kundthun. Besonders erscheint so die Transponirung der Farbenverhältnisse in die tiefere Tonart im hohen Grade interessant durch die Energie seines bestimmten Wollens.

Dass Hirt das Bildniss der sogenannten Fornarina in der Tribune zu Florenz für ein Werk des Giorgione hält, hat manches für sich. Der Urheber dieses vortrefflichen Bildes hat die Idee der zum Grunde gelegenen Individualität hier zu einer solchen geistigen Höhe und Vollendung gebracht, dass viele Zeichen seiner Eigenthümlichkeit, welche ihn erkennbar machen können, dabei verloren gegangen sind. Unter so bewandten Umständen ist bei Ermittelung eines fraglichen Meisters nur an ein geläutertes Kunstgefühl zu appelliren, da auch die Wucht des in einem Kunstwerke enthaltenen Lebensfonds der Eigenthümlichkeit des Meisters

Unger, Kritische Forschungen. 2

nicht entbehrt. Diesem gemäss ist allerdings G i o r g i o n e eher, als R a f a e l, dem man dieses Bild zuschreibt, herauszufühlen, zumal dieser Gestalt jene interessante Seite nicht fehlt, die mehr G i o r g i o n e den weiblichen Wesen in bestimmterer Würdigung der Individualität zu verleihen weiss.

Bei meinem späteren Aufenthalt in Italien ist es mir gelungen, dem Urheber dieses fraglichen Bildes näher auf die Spur zu kommen, wie ich an seinem Orte zeigen werde.

§. 2.

Tizian Vezellio.

T i z i a n V e z e l l i o, der grösste venezianische Maler des fünfzehnten Jahrhunderts, ist 1477 zu Pieve di Cadore unter glücklichen Verhältnissen geboren und erhielt eine sorgfältige Erziehung. Schon früh zeigte er entschiedene Neigung und Talent zur Malerei, wodurch sich sein Vater bewogen fühlte den Knaben, obschon er erst zehn Jahr alt war, nach Venedig zu G e n t i l e B e l l i n i in die Lehre zu bringen.

Dieser Meister gehörte zur Zeit noch der alterthümlichen starren Richtung an, die der nachfolgenden grossen Kunstperiode naturwüchsig voranging, und auch dieser Umstand kam dem jungen T i z i a n zu statten, weil er die enge Begrenzung des Kunstzieles, das schon früh mit der Sicherheit des primären Kunsttriebes gefunden wurde, mit der kindlichen Auffassung desselben in entsprechendsten Einklang brachte.

Nach einigen Jahren verliess er diese Schule und begab sich zu G i o v a n n i B e l l i n i, dem Bruder des vorigen, mit dem bereits jene grosse Periode beginnt. Hier traf er den

genialen Giorgione, dem er bald mit regem Eifer nachstrebte, wodurch sich sein Blick für Naturauffassung um so
mehr erweiterte, als der Lehrer die individuelle Anschauung
seiner Schüler als die eigentliche Grundlage ächter Originalität einsichtsvoll zu schonen und zu fördern wusste.

Scheint es doch, als wenn Bellini selbst von den so
schnell erlangten Resultaten Giorgione's und Tizian's
gewonnen hätte; denn es machte sich schon damals bei ihm eine
Neigung bemerkbar, seinen strengen Stil mit der Natur in
eine sanftere Verbindung zu bringen, und diesem Umstand
hat man in der That aus dieser Zeit, wo sich der Einfluss
Giorgione's bei verschiedenen Meistern so erkennbar macht,
von Bellini in mehreren Kirchen Venedigs Werke zu danken, die sich mit den schönsten Tizianischen Bildern der spätern Periode in vielen Stücken messen können.

Tizian fühlte sich von der in den Bildern Bellini's
enthaltenen sinnigen Naivetät vornehmlich angezogen, und
wenn überhaupt das, was der Kunsttrieb der frühern Meister
in seinen entwickelten Consequenzen Schönes hervorgebracht,
von ihm als ein mehr Bewusstes in seinen späteren Bildern
sich dargestellt, so gilt dies besonders von dieser Eigenthümlichkeit, die er gleichzeitig mit der höchsten Virtuosität
zu verbinden weiss.

Dass beide Künstler, sowohl Tizian als Giorgione,
sich anfänglich den Grundsätzen Bellini's eng angeschlos-
sen, konnte ihnen nur zu gute kommen, denn die Eigenschaften des bedächtigen und gewissenhaften Bellini, zügel-
ten die zur Formennachlässigkeit geneigten Naturen, die mehr
oder weniger immer mit einem gesteigerten Farbensinn, wie er
den beiden jungen Künstlern eigen, verbunden ist, sehr heilsam.

Wenn aber nichts desto weniger bei G i o r g i o n e , der die strenge Schule B e l l i n i's bald wieder verliess, nachmals so verschiedene Schwankungen in der Auffassung der Formen zum Vorschein kommen, so lässt sich eben aus der Art dieser Schwankungen mit ziemlicher Sicherheit erkennen, dass er sich anfänglich längere Zeit als ein begabter Naturalist allein überlassen war, während T i z i a n in dieser Hinsicht jene Festigkeit gewann, die man zunächst von seinem frühern Lehrer G e n t i l e B e l l i n i herzuleiten hat. Indessen ist bei diesen Verhältnissen nicht zu übersehen, dass man dem früher so selbständig eingeschlagenen Weg des jungen naturalistischen Giorgione die schönen Blüthen des Colorits zu danken hat, die sich in T i z i a n zur herrlichsten Frucht gestalten sollten.

Von diesem Colorit des T i z i a n machen zwar alle Schriftsteller, die darüber berichten, viel Rühmens, aber nur in allgemeinen Ausdrücken, die das, worin eigentlich seine grosse Meisterschaft vornehmlich besteht, unerörtert lassen. Es dürfte daher von Interesse sein, darüber etwas Näheres zu erfahren, in soweit es die Schwierigkeit dieses Gegenstandes zulässt. da man im Allgemeinen nicht wohl im Stande ist, die gerühmten Vorzüge des grössten der Coloristen aufzufinden, und seine Bilder gerade in dieser Beziehung ein Ansehn haben, das scheinbar so sehr gegen die wirkliche Farbe der Erscheinung zurückbleibt, zumal, da man sich durch die Resultate der neuesten Kunst, die meist den Nachdruck auf den concreten Farbenreiz der Wirklichkeit legt, zu derartigen Anforderungen einer sinnlich reizenden Wirkung berechtigt glaubt. Der nähere Sachverhalt ist aber der:

Indem man sich in der neuesten Kunst meist eng an die Realität anschliesst, um ihren natürlichen Reiz aufzufinden und möglichst natürlich wiederzugeben, so kann auch nur die Naturscheinbarkeit gewonnen werden, wozu allerdings schon ein gewisser Grad von Kunstvermögen erforderlich ist. Allein das ächte Kunstverdienst kann bei solchem Streben nur ein geringes sein, weil die Kunst selbst dabei nicht frei und schöpferisch zu Werke geht und von der Schönheit, deren Offenbarung die Hauptaufgabe aller Kunst ist, im besten Falle daher nur so viel zu Tage kommt, als die Natur selbst blicken lässt.

Anders verhält es sich mit der ältern Kunst und ihrer Auffassung der Naturverhältnisse; anders im Besondern mit der Kunst des Tizian. — Diesem Meister ist es darum zu thun, die Verhältnisse der wirklichen Erscheinung, kraft seiner freien Kunst, durch die Darstellung zur geistigen Höhe der ihnen zum Grund liegenden Idee zu erheben, die in der Naturzweckmässigkeit enthalten, welche durch den Hinzutritt des Zufälligen getrübt ist.

Daher ist nur höchst selten in der Naturerscheinung selbst der ihr inwohnende Geist deutlich ausgesprochen. Die Aufgabe der Kunst ist keine andere, als bei ihrer Darstellung schöpferisch einzuschreiten und den Geist zu enthüllen, was sie dadurch bewerkstelligt, dass sie in der künstlerischen Darstellung das Wesentliche von dem Unwesentlichen sichtet; denn das Unwesentliche ist die Ursache, dass das Geistige nur getrübt zum Vorschein kommt. Der reine Schein des Geistigen aber ist die Schönheit. Alles kommt daher darauf an, die Idee der Erscheinung richtig zu erkennen, da ihr ursprünglich reiner Ausdruck in der Erscheinung durch den Hinzutritt des Zufälligen oft so unkenntlich geworden ist.

Das Streben, die Idee von jenen zufälligen Einwirkungen so zu läutern, dass die von der Natur beabsichtigte Zweckmässigkeit der Theile der Erscheinung harmonisch zum Vorschein kommt, ist die Idealisirung, ohne welche keine wahre Kunst gedacht werden kann, da durch sie die Lebensbedingungen gefunden werden, unter welchen sich die Schönheit offenbart. Die Art und Weise der vernünftigen Auffassung der Erscheinung, solchem Sinne gemäss, ist der Stil und was dieser im Verein eines artistisch geläuterten Gefühles als höchstes Ergebniss hervorbringt, ist das Kunstschöne, das als ein Positives in der Kunst höher stehen muss, als das zufällige Naturschöne.

Um nun der geistigen Idee des Colorits zu entsprechen, ist es vor allem nothwendig, die Farben in ein Verhältniss zu setzen, dass ihre Mittel auch dazu ausreichen; denn die concreten Verhältnisse der Naturfarben sind als solche unnachahmlich. Die Farben des Tizian erscheinen daher in einer freigewählten einheitlichen Tonart stilistisch transponirt und in seiner geistvollen Abweichung von der Wirklichkeit ist eben die Sichtung des Wesentlichen von dem Unwesentlichen enthalten, die artistisch Aufschluss über die der Natur zum Grunde liegende Idee gibt.

Das Colorit des Tizian ist nichts Anderes, als ein ideeller Parallelismus mit der Realität, der von dem Zufälligen geläutert als eine feine Lebensäusserung, der Schönheit dienstbar ist und dadurch seine künstlerische Weihe empfängt.

Tizian dringt auf diese Weise bis in's feinste Leben der unterschiedlichen Materie und weiss seinen einfachen Darstellungsmitteln durch die empfindungsvollste Behandlung ein Leben abzugewinnen, das am bewunderungswürdigsten durch die genaue Bestimmung des natürlichen Masses der entsprechenden Wirkung alles Einzelnen und der Gesammtheit ist. Daher kommt es vornehmlich, dass sich die Farbe dieses wunderbaren Meisters gar nicht bemerkbar macht, man muss ihre Feinheiten mit derselben Anstrengung des Sehorganes und der Erkenntniss suchen, wie dieses in der Natur selbst der Fall, denn sie geht rein in ihren Zweck auf.

Tizian gelangte durch seine Kunst bald zu einem so grossen Rufe, dass ihn die höchsten Potentaten mit Bestellungen überhäuften, so dass es ihm oft schwer wurde, ihnen zu genügen. Schon aus dieser Thatsache ist abzunehmen, dass seine grosse Virtuosität im Colorit in seiner Kunst nicht allein steht. Wie sollte dies auch anders sein, da dieser Meister schon in der kunstvollen Auffassung desselben Beweise von dem Umfang seiner Weisheit gibt, indem er bis in's Innere der Idee dringt, die, ein Mal in ihrer wahren Bedeutung erfasst, alle Consequenzen des ganzen Kunstgebietes in sich begreift. Der Irrthum, welcher sich oft bei Beurtheilung seiner Werke bemerklich macht, entspringt offenbar aus einem verkehrten Schönheitsbegriff, der so häufig die angenehme Form mit der Schönheit selbst verwechselt und Forderungen stellt, die mit einer tiefern Auffassung der Erscheinung nicht wohl zu vereinbaren sind. So findet man oft die scheinbare Indifferenz in Beziehung auf die seinen Bildern zum Grunde liegende Handlung verwerflich, weil der Natur des Vorwurfs oft ein verstärkter Ausdruck zum Grunde liegt.

Es sei, was diesen Punkt betrifft, vorläufig nur darauf hingewiesen, dass es sich mit diesem scheinbaren Mangel der Tizianischen Bilder eben so verhält, wie mit seinem Colorit, das im Interesse wahrer Schönheit so merkliche Unterschiede zwischen Kunst und Natur erkennen lässt.

Diese Unterschiede konnten in der damaligen Zeit nicht auffallen, denn es war die Eigenthümlichkeit der ältesten Kunst, dass sie von dem Wesentlichen ausging und das Begehren der Menge war aus gleichen Gründen des primären Kunsttriebes nach dem Wesentlichen gerichtet.

Diese Sicherheit der menschlichen Natur im Verfolg des ächten Kunstzweckes, der immer derselbe bleibt, ist durch den Andrang verwickelter Culturverhältnisse nach und nach verloren gegangen und schon im siebzehnten Jahrhundert werden daher in der Schule von Bologna Versuche gemacht, den deshalb eingetretenen Verfall der Kunst aufzuhalten. Aber was hier noch Erhebliches hervorgebracht wurde, ist nur selten ein Selbständiges. Der Irrthum, der dem bolognesischen Eklekticismus zum Grunde liegt, fand in den niederländischen Meistern die entschiedenste Opposition, die nur die endliche Feststellung des Schönheitsbegriffs zum Zwecke hatte. Da aber diese Opposition nur auf bildnerischem Wege stattfand, so wurden diese Meister in ihren abweichenden Formen nicht verstanden, wiewohl man ihren Geist im Allgemeinen bewunderte.

Der Inhalt der trefflichen Werke dieser Meister aber besagt, dass die Schönheit ein Gemeingut der gesammten Welt der Erscheinung sei, und wie Rubens in dieser Beziehung durch das eifrige Studium der Werke Tizian's zur Gewissheit gelangte und daran die geistvollste bildnerische Dialektik knüpfte, so wies der nicht minder geniale Rembrandt mit ernster Ironie die Schönheit selbst im Hässlichen nach.

Tizian gelangte durch den Ertrag seiner Kunst, was
sonst bei andern grossen Meistern so selten der Fall ist, zu
grossem Vermögen, wodurch es ihm möglich wurde selbst
Könige in seinem Hause mit Aufwand zu bewirthen. Hier
und in seinem ausserhalb Venedigs gelegenen Garten wusste
er einen Kreis geistiger Männer und schöner Frauen zu ver-
sammeln, und die Feste, welche er gab, gehörten zu den
sinnigsten und heitersten. G. M. Verdizotti, Pietro
Aretino und der Baumeister Sansovino waren am häufig-
sten bei ihm. Auch stand er mit vielen auswärtigen Gelehr-
ten in Verbindung. Pietro Bembo, Ariosto, Paul
Jovius, Bernhard Tasso u. a. waren seine Freunde.

Die glänzendsten Anerbietungen verschiedener Grossen,
ihn für sich zu gewinnen, vermochten nicht, ihn auf längere
Zeit von Venedig zu entfernen. Dieser seiner „Vaterstadt"
war er mit grosser Liebe ergeben und er war in der Menge
grosser Meister, die hier in regster Thätigkeit beisammen
waren, der hervorragendste.

Es kann daher nicht Wunder nehmen, dass man in
den meisten Kirchen dieser Stadt die herrlichsten Bilder
von seiner Hand besitzt. Nur ist zu beklagen, dass viele
dieser Kirchen so dunkel sind, dass man von ihrer Schönheit
nur wenig erkennen kann, zumal gerade diese Werke durch
Kerzendampf und sonstige Verwahrlosung fast gänzlich unkenntlich geworden sind. Man würde staunen, wenn man
endlich diese Bilder an's Licht zöge und reinigte, wie dies
mit den nachstehenden geschehen ist, die dadurch erst zu
einem erspriesslichen Studium geeignet geworden sind.

In der Kirche S. Maria ai Frari ist es die Madonna
im Thron mit der Familie Pesaro, in der Jesuitenkirche

die Marter des heiligen Lorenz, in der Kirche S. Gio-
vanno-Paulo der Tod des Pietro Martyrer. Erst vor
Kurzem ist in der Kirche Madonna della Salute ein
treffliches Bild, vorstellend S. Marcus und S. Sebastian zum
Vorschein gekommen. Alle diese Bilder geben denen in der
Galerie der Akademie befindlichen nicht allein nichts nach,
sondern übertreffen sie zum Theil an Vollendung. Beiläufig
bemerkt, muss es sehr befremdlich erscheinen, dass diese
Galerie kein zuverlässiges Bildniss besitzt, da doch die Bildnisse Tizian's zu den schönsten gehören, welche die Kunst
überhaupt aufzuweisen hat.

Werke dieses Meisters enthält fast jede bedeutende
Galerie. Hierbei kann nicht mit Stillschweigen übergangen
werden, dass sich von dem berühmten Bilde der Grablegung
das Original in der Sammlung des Louvre zu Paris
befindet, dasselbe Bild in der Sammlung Manfrin zu Venedig aber nur eine schwache Copie ist. Dieses Bild gehört
unstreitig in jeder Hinsicht zu dem Grossartigsten, was die
christliche Malerei hervorgebracht hat.

Wenn Tizian's Werke nicht immer mit gleicher Vollendung durchgeführt sind, so ist gerade bei diesem Meister
nicht zu übersehen, dass sein Verfahren immer von seinem
Stile geboten erscheint und ihn um desswillen nicht der Vorwurf der Flüchtigkeit treffen kann. Die weniger von ihm
ausgeführten Bilder bieten daher oft für den tiefern Forscher
ein gesteigertes Interesse, da die weiteren Zwischenräume in
der Ausführung eine deutlichere Einsicht in die Lebensbedingungen der Erscheinung gewähren, und die hier gebotene
Fülle von Ideen, durch welche der Geist des Beschauers angeregt wird, solchen Bildern ein geistvolleres Ansehn geben,

als die ausgeführteren, da diese natürlich geschlossener erscheinen müssen. Ein solches Verhältniss ist in der Kunst
schon häufig missverstanden worden.

Tizian kam auch in Hinsicht seiner äussern Stellung
zu hohen Ehren, wurde in Venedig nach dem Tode Bellini's mit einem einträglichen Posten am Salzamte im Kauf-
hause der Deutschen betraut, wozu man immer den bedeutendsten Künstler der Stadt wählte und mehrere Male wurde
er vom Kaiser Carl V., sowie von anderen Grossen berufen,
ohne, wie schon bemerkt, bleibend festgehalten werden zu
können. Seine Kunst, sowie seine Eigenschaften als Mensch
hatten ihn diesem Kaiser so werth gemacht, dass er ihn,
sobald es sich nur thun liess, sehr gern um sich sah.
Dieser Monarch überhäufte ihn mit Bestellungen, deren
Ergebnisse noch jetzt zu dem schönsten Schmuck Madrid's
gehören.

Durch das verdienstliche Buch des Dr. Guhl, „Künstler-
briefe", sind mannigfache Quellen für die Kunstforschung
zugänglich geworden. Die Sammlung der Briefe Tizian's
gehört zu den zahlreichsten und man erfährt hier unter man-
chem Interessanten, dass dieser Meister, ausser dem Bildniss
Kaiser Carls V., auch noch das seines Sohnes Philipp malte,
mit dem der Künstler ein gleiches Verhältniss, wie mit seinem Vater bei dieser Gelegenheit einleitete, was für ihn später von wichtigen Folgen war, indem Philipp eine gleiche
Vorliebe für Tizian's Kunst hegte und ihn in gleicher Weise
in Ehren hielt.

Es ist von Interesse, hier auch zu erfahren, dass Tizian auch bei dieser Gelegenheit in Augsburg den vom
Kaiser Carl V. gefangen gehaltenen Churfürst Moritz von

Sachsen portraitirte. Nicht minder ist es die wenig bekannte Erhebung Tizian's durch den Kaiser Carl V. zum Grafen des lateranischen Palastes, eine Stelle, die mit bedeutenden Einkünften und bemerkenswerthen Privilegien verknüpft war. So ernannte z. B. Tizian in späterer Zeit, von 1540 bis 1568, sechzehn aus seiner Vaterstadt Cadore gebürtige Männer, daselbst zu Notarien, sowie auch bekannt ist, dass er zwei natürliche Söhne eines Pfarrers für legitim erklärte.

Man hat später viel darüber gestritten, ob Tizian verheirathet gewesen sei, obgleich feststeht, dass er Söhne und Töchter hatte, für die er väterlich sorgte. Das obige Factum, welches den damaligen sittlichen Stand bezeichnet, lässt diesen Streit eben nicht befremdlich erscheinen.

Wie fast alle grosse Meister, ist auch Tizian von dem Vorwurf menschlicher Schwäche nicht frei geblieben und mehrere seiner Biographen erzählen auf Treu und Glauben, dass er auf seine Kunstgenossen oft neidisch gewesen sei, während doch bekannt genug ist, wie edel er sich benommen, als man im Begriff stand, die Werke an der Kuppel zu Parma von Correggio zu vernichten, um für seine hier auszuführenden Bilder Raum zu gewinnen. Ausserdem sollte man hierbei bedenken, dass ein Meister erster Grösse zur hohen Stufe seiner Kunst nur durch die Tiefe seiner Weisheit und sein dadurch geläutertes Gefühl gelangt, solche Eigenschaften aber mit kleinlichen Zügen des Charakters im Widerspruch stehen. Die boshaften Naturen einiger Meister, wie sie die Kunstgeschichte bezeichnet, beweisen nur, dass es solchen Künstlern nicht vergönnt war, auf der eigentlichen Lichthöhe der läuternden Kunst zu stehen und ein Ribera kann um deswillen sich bei aller Virtuosität auch in der Kunst des Gemeinen nicht entäussern.

Tizian starb im Jahre 1575 in Venedig an der Pest und liegt in der Kirche S. Maria ai Frari begraben, wo man ihm durch Canova hat ein prächtiges Denkmal setzen lassen, das jedoch erst in neuester Zeit vollendet werden konnte.

Wenn man sich bei geschichtlicher Auffassung grosser Charaktere sehr in Acht zu nehmen hat, dass man nicht Meinungen, Ansichten und Erfindungen mit der Wahrheit verwechselt, so verdient hier schliesslich eine Tradition nicht unerwähnt zu bleiben, die ich bei meinem Aufenthalt in Venedig im Jahre 1855 aus dem Munde eines alten Künstlers daselbst vernommen, da sie viel innere Wahrscheinlichkeit enthält.

Als Tizian sein nahes Ende spürte, soll er gesagt haben: „Nun, nachdem ich endlich gelernt habe ein Auge zu malen, muss ich sterben." Diese Aeusserung, ob wahr oder nicht' wahr, ist von grösserer Bedeutung, als es den Anschein hat. Die Auffassung und malerische Darstellung dieses edeln Theiles nämlich, dessen Ausdruck von jedem Beschauer bis zu einem ungewöhnlichen Grade verstanden wird, ist eine Sache von der grössten Schwierigkeit, wenn es sich darum handelt, dass dem besondern Fall auch sein besonderes Recht gegeben werde. Das Hinderniss dabei ist, möchte ich sagen, eine zu genaue Kenntniss dieses Theiles an sich, die dem Bildner immer mehr oder weniger bei seiner Darstellung mit einer vorgefassten Meinung erfüllt, wodurch er verleitet wird, eine gemachte Erfahrung auf den neuen Fall überzutragen, der oft ganz andere Bedingungen in sich schliesst, wodurch gewissermassen jene Erfahrung Lügen gestraft oder wenigstens negirt wird. Denn sowohl die Oertlichkeit, als auch die Art der Beleuchtung und die dadurch entstandenen Modificationen in Form und Farbe sind Umstände, die es nothwendig machen, dass man sich aller Kunst entäussere, um eine Unbefangenheit der Anschauung zu erlangen, damit das in's Leben getretene neue Gesetz einer gewissen Naturundeutlichkeit zu seinem ungeschmälerten künstlerischen Rechte gelange. Tizian besonders war deshalb bei dergleichen Erscheinungen stets auf seiner Hut und bewahrte sich dadurch den unbestochenen Blick, der vornehmlich in seinem Colorit so bewunderungswürdig ist. Das warme Interesse, mit welchem er diesem zufolge alle seine Werke durchdringt, schützte ihn gegen jeden nüchternen Calcül, sowie sein harmonisches Gefühl ihn vor jeder Zersplittelung des Einzelnen schützte. Auf solchem Wege ächt künstlerischer Forschung, bei empfindungsvoller Werkthätigkeit, gelangte dieser Meister endlich zu den sogenannten Kunstgeheimnissen, die bei ihm keine andern, als die Naturgeheimnisse selber sind, nur dass er sie, wie nur wenige der bedeutendsten Coloristen, in dem entsprechendsten Grade zurückzuhalten weiss. In der grossartigen künstlerischen Auffassung solcher und ähnlicher feiner Verhältnisse, ihrer tiefern Idee nach, hat aber Tizian nicht seines gleichen.

Tizian ist unendlich, wie die Natur selbst, und suchte noch zu lernen, als seine Hand vor Alter schon zitterte. Er erreichte ein Alter von neun und neunzig Jahren und war bis zu seinem Ende in seiner Kunst noch thätig, wobei sein Sohn Oratio ihm mitunter behülflich war. Bei einer grossen Menge seiner Werke, die ich Gelegenheit hatte näher zu

untersuchen, ist die Beihülfe seines Sohnes nur selten erkenn-
bar und wo dieses der Fall, da zeigt sich Oratio als ein
Künstler untergeordneten Ranges, etwa. wie Palma der
Jüngere, bei dem das seelenvolle Innere und jene Behandlung
fehlt, die sich in ihrer Gediegenheit als ein integrirender
Theil desselben zu erkennen gibt.

§. 3.

Licinio Pordenone und sein Verhältniss zu gleich- zeitigen venezianischen Meistern.

Von Giovanni Antonio Licinio Pordenone sind
mir bis jetzt nur wenige zuverlässige Bilder zu Gesicht gekommen, so sehr ich mir es auch in Italien habe angelegen
sein lassen, Werke dieses Meisters aufzusuchen. Gleichwohl
ist man geneigt, zweifelhafte Bilder aus der Tizianischen
Schule von mehr als gewöhnlicher Bedeutung diesem Meister
zuzuschreiben, vornehmlich wenn deren Manier zwischen der
des Tizian und Palma schwankt.

Betrachtet man das ächt bezeichnete Werk Pordenone's, befindlich in der Galerie der Akademie zu Venedig, vorstellend den heiligen Johannes mit dem Lamme
Christi unter heiligen Kirchenvätern genauer, so begreift man
nicht wohl, wie man in fraglichen Fällen von der bezeichneten Art auf diesen Meister kommen kann.

Wenn sowohl Tizian als auch Palma in der Zeichnung manchmal Irrthümer begehen, so ist doch immer ersichtlich, bis zu welchem Grade einer correcten Vollendung
und der geistigen Auffassung sie zu gelangen vermögen. Das

obige Werk, anerkannt eines der bedeutendsten Pordenone's, zeigt indess, dass dieser Meister in dieser Hinsicht
weder mit Tizian, noch mit Palma concurriren kann, da
es bei der allgemeinen Formenbestimmung, die es enthält,
gar kein Bedürfniss einer tiefern Gründlichkeit erkennen lässt,
das sich in Werken des Tizian und Palma mehr oder weniger immer kund gibt und selbst in einer weitschichtigen
Durchführung jene Gewissenhaftigkeit bezeichnet, die ihre
ungewöhnliche Grösse der Meisterschaft auch noch so wenigstens ahnen lässt.

Dasselbe Verhältniss findet auch in Hinsicht des Colorits
statt, das im Vergleich zu den beiden Meistern in allgemeineren Prinzipien gefasst, nicht bis zur Eigenthümlichkeit des besonderen Falles gelangt. Es ist dieses Sich-
zufriedengeben bei Darstellung des Allgemeinen ein so
durchgehender Zug in dem in Rede stehenden Bilde, dass
sich Pordenone nicht ein Mal die Mühe genommen hat, den
sechs Heiligen, die es enthält, verschiedene Individualitäten
zum Grund zu legen, weswegen sie sich, trotz ihrer verschiedenen Wendungen der Köpfe, unter einander so ähnlich sehen.

Wenn nun demungeachtet diesem Werke eine grosse
künstlerische Bedeutung nicht abzusprechen ist, so liegt der
Grund vornehmlich in dem gesinnungsvollen religiösen Ernst,
mit dem das Ganze aufgefasst und bis zur heiligen Feier gesteigert ist. Die gesammten künstlerischen Zurüstungen gelten lediglich diesem Zwecke, für den der Künstler sich auf
solche Weise so gesammelt zu erhalten strebt, dass es ihm
möglich wird, einen um so höheren Grad des geistigen Ausdruckes zu gewinnen, in welchem sein Verfahren gewissermassen als gerechtfertigt erscheint.

Die Eigenthümlichkeit einer mehr allgemeinen Auffassung scheint nach den mir zu Gesicht gekommenen Kirchenbildern ein feststehender Zug Pordenone's zu sein und es kann sonach das grosse Bild der genannten Galerie als eine der zuverlässigsten Quellen betrachtet werden, nach welchen in fraglichen Fällen ein Urtheil zu begründen ist, da er sich derselben auch selbst da nicht entäussert, wenn seine Darstellungen einen genreartigen Charakter tragen, wo die Bestimmung des besondern Falles unerlässlicher ist.

Dieses gilt namentlich von seinen Bildern, welche Gesellschaften Musicirender vorstellen, wie sich z. B. ein solches in der Galerie zu München befindet. Wenn Pordenone in solchen Stücken die Farbentöne heiterer und mannigfacher anschlägt, so ist doch die Anzahl von Localfarben in den Gewändern und dem Beiwerklichen bei seinen Kirchenbildern im Ganzen so beschränkt, als anspruchslos; sein Traktament geht hier geschlossen ebenso auf das Ganze los, ohne für seinen geistigen Inhalt aus dem Farbenauftrag und der Pinselführung eine besondere Beisteuer zu ziehen, was ihn leicht von Palma unterscheidbar macht.

Besonders aber ist in Uebereinstimmung mit den angeführten Eigenschaften die Verleugnung des künstlerischen Systems in den Gesetzen der Haltung, die gleichwohl nach ihrer Bedeutung gewürdigt ist, ein Zeichen mehr, wodurch er sich auffallend von Palma unterscheidet, der hier die Prinzipien Tizians zu einer grössern Geltung bringt, wie Tizian selbst, dem immer die feine natürliche Mässigung höher steht, als das Kunstprinzip, welches ihm nur Mittel zum Zweck ist.

Die freie Wahl der Localfarben im Allgemeinen anlangend, so ist bei Palma zu bemerken, dass er sich besonders in den Gewändern sehr zu entschiedenen Farben hinneigt, besonders zu einem warmen saftigen Grün und zu orange, vornehmlich in seinen vollendeteren Werken. In seinen weniger vollendeten ist in dem Beiwerklichen meist ein energisch orangefarbiger Ton vorherrschend, der in dem Landschaftlichen oft durch eine herbstliche Belaubung der Bäume kräftig unterstützt wird, wogegen seine Carnation oft mit kaum merklichen Schatten sanft contrastirt. Der so gewonnene feine Lebensausdruck ist mehr das Product einer ächt malerischen Speculation, als das der Ausführung selbst, die so ihrer ideellen Wirkung nach vollendeter erscheint, als sie es an sich ist.

Diese Art der Bilder Palma's sind häufig mehr skizzenartig, stellenweise mit sehr dünnen Farben ausgeführt und die Zeichnung nur lose gehalten. Bei nachlässiger Ausführung der Köpfe und Hände werden sie trotz des grossen Interesses, das sie in ihrer geistvollen malerischen Behandlung bieten, ihres schweren Verständnisses wegen nur gering geschätzt. Ihr Format beträgt in der Regel nur ein Drittel Lebensgrösse und so ist anzunehmen, dass sie den ausgeführten lebensgrossen Bildern als Skizzen gedient haben. Ausgeführte kleine Bilder sind mir von Palma nicht vorgekommen, wohl aber von Tizian. So namentlich eine Anbetung der Könige in der Galerie zu München, ein Bild, das zu den schönsten gehört, die dieser Meister hervorgebracht hat.

Es gibt wohl selten einen Meister, der in seinen Manieren so verschieden, wie Palma ist. In mehreren Kirchen Venedigs sind umfangreiche Bilder von ihm, wo er dem Ti-

zian sehr nahe steht. Hier sind nur die Gestaltungen und
Typen der Köpfe bezeichnend. Die meisten Werke von ihm
sind aber leider wegen der dunkeln Placirung hier nicht genauer zu untersuchen. Eine Ausnahme hiervon macht ein
Altar mit mehreren Tafeln in der Kirche S. Maria Formosa, dessen Mittelbild die heilige Barbara in einer einzelnen Figur vorstellt. Hier erscheint Palma wider seine
Gewohnheit höchst einfach und gross, sich der Antike
nähernd. Dass indess der sonst so edel geformte Kopf dieser Figur nicht zu dem Grade des geistigen Ausdruckes gelangt, wie man ihn in ähnlichen Bildern von Tizian und
Giorgione sieht, welcher letztere auf dieses Werk eingewirkt zu haben scheint, möchte ich dem Umstande zuschreiben, dass die Ausführung, in dem vorwiegenden Streben nach Plastik, ungewöhnlich geschlossen ist. Eine solche
Ausführung, unbeschadet des geistigen Ausdruckes, ist aber
nur den Meistern erster Grösse möglich, zu denen Palma,
bei aller Trefflichkeit, nicht zählt. Gleichwohl ermangelt
die ganze Gestaltung durch die stilvolle Zusammenfassung bedeutsamer Massen, in Form und Farbe, jener Wirkung nicht,
durch welche sich dieses Werk den bedeutendsten Meisterwerken nahe stellt.

Was sonst bei Palma selten vorkommt, ist hier die antike Auffassung der Füsse, die in der Ausführung nichts zu
wünschen übrig lassen, während er sonst bei allem Streben
nach Gründlichkeit, der Natur gegenüber, in der Darstellung
menschlicher Gliedmassen nicht immer glücklich ist, was
namentlich da der Fall, wo es sich um den ideellen Zusammenhang solcher Theile handelt.

Gleichwie Giorgione erscheint Palma in seinen voll-

endeteren Bildern durch die Wahl entsprechender Individualitäten interessant, nur dass sie nicht selten durch gewisse
Incorrectheiten beeinträchtigt werden, wogegen er durch
Ernst und Würde der Auffassung schadlos hält. Es sind
dieses Eigenschaften, die zugleich mit dem religiösen Sinn
dieses Meisters in Uebereinstimmung stehen, der sich in seinen Kirchenbildern ausspricht, die auf eine Gesinnung hinweisen, die dem geistigen Gehalte derselben so zu gut kommt,
dass man jene Irrthümer kaum gewahr wird.

So wenig nun Palma mit Pordenone verwechselt
werden kann, wenn man sich mit den angeführten Eigenschaften ihrer Werke vertraut gemacht hat, eben so wenig ist
dieses in Beziehung auf Tizian der Fall.

Wenn Pordenone in der freien Wahl seiner Individualitäten nur wenig Unterschiedlichkeit erkennen lässt, indem
er sich mit der Auffassung des Allgemeinen begnügt, so ist
besonders in den ausgeführteren Bildern Palma's, die mehr
eine ruhige Darstellung bedingen, die Individualität, mit Ausnahme der göttlichen Gestalt des Christus oder der Maria,
bis zur Portraitähnlichkeit gesteigert, während bei Tizian
die Persönlichkeiten mehr das Ergebniss seiner freien Ideen
sind, die sich in einer freien Charakteristik bewahrheiten,
deren Reichthum unerschöpflich ist. Es hat dieses seinen
Grund vornehmlich darin, dass seine künstlerische Thätigkeit
so oft im Bildnissfach in Anspruch genommen wurde und er
dadurch jene vielfachen Anlässe gewann, durch welche sich
seine Phantasie so befruchtete, dass sie vor einseitigen Wiederholungen hinlänglich geschützt war. Nur der Christus und
die Madonna sind auch bei ihm mit weniger Abwechselung
typisch, weil es sich hier um höhere, inmateriellere Naturen

handelt. Bei seiner Darstellung der Maria unterscheidet er streng den Charakter des Jungfräulichen von dem des Mütterlichen. So befindet sich in der Kirche S. Salvatore zu Venedig ein Bild der Verkündigung von ihm, wo die Maria, solchem Sinne gemäss, ganz anders aufgefasst ist, wie eine Madonna mit dem Kinde und mehreren Heiligen, die ich aus der Sammlung des Grafen Dolfin in Venedig erworben, die ganz denselben Typus trägt.

Eine besondere Vorliebe für bestimmte Localfarben in den Gewändern und dem Beiwerklichen überhaupt lässt sich bei diesem ersten Meister des Colorits nicht entdecken, da er als solcher der Eigenwilligkeit einer jeden Farbe mit der höchsten Virtuosität in dem einheitlichen Gesetze der Harmonie die entsprechendste Beihülfe zum Ganzen bewunderungswürdig abzugewinnen weiss und eine solche Vorliebe zuletzt immer zu einer Bequemlichkeit führt, deren man den Tizian nie zeihen kann, da er den Farbenproblemen immer mit ganzem Kunstinteresse zugewendet ist und sein stets reges Gefühl, den besondern Fall für die Einheit des Ganzen richtig zu würdigen, keine nüchterne Spitzfindigkeit aufkommen lässt.

Dabei übersieht er keineswegs die Nothwendigkeit einer entsprechenden Charakterisirung auch in diesem Zweige der Kunst, welche durch sein geläutertes Bedürfniss auf das Entschiedenste ausgesprochen wird. Eben so wenig lässt sich in seiner Behandlung, die immer das feinste Leben erstrebt, etwas Einseitiges erblicken, da mit Rücksicht auf dieses Leben der Farbenauftrag schon an sich auf das Ideenreichste bewerkstelligt ist.

Mit Beziehung hierauf ist die mehr saftige Farbe des

Palma, bei allem Verdienste, das sie als solche haben kann, kein Vorzug, da sie für einen Tizian zu wenig sagend ist. Dahingegen besitzt wieder Pordenone die Vorzüge des Palma'schen Colorits nicht, welches sich im Allgemeinen jenem Schmelze nähert, der von der künstlerischen Bewältigung der rohen Bildungsmaterie Kunde gibt; vielmehr erscheint Pordenone in dieser Hinsicht nicht selten trocken, was vornehmlich von solchen seiner Bilder gilt, in denen man die Liebe und Lust zur Darstellung des gewählten Vorwurfes vermisst. So namentlich in dem Bilde seiner Familie, befindlich in der Galerie Borghese zu Rom, das deshalb ungewöhnlich leer und fast wie eine Copie erscheint. Ueberhaupt vermisse ich in den mir zu Gesicht gekommenen zuverlässigen Werken dieses Meisters jene erquickliche Genugthuung, mit welcher ein productives Kunstgefühl auch den Beschauer zu erfüllen vermag.

Nicht viel besser, wie das erwähnte Bild, ist ein anderes, befindlich in der Galerie Ciarre zu Rom, vorstellend die Enthauptung Johannes, das man hier fälschlich dem Giorgione zuschreibt, wie überhaupt diese Sammlung bei Bestimmung der Meister sehr unzuverlässig ist. Zu dieser Verwechselung scheint die Kriegergestalt, welche das Haupt auf die Schüssel legt, Veranlassung gegeben zu haben, die einige Aehnlichkeit mit der Manier des Giorgione hat. Die Frauen hingegen gleichen hier denen in dem obigen Familienbilde, sowie die Farbe und Behandlung und Auffassung es ausser Zweifel stellen, dass Pordenone der Urheber dieses Bildes ist.

Leichter wäre eine Verwechselung mit Giorgione möglich gewesen bei dem Bilde des heiligen Georg, befindlich im Quirinal zu Rom, aus welchem deutlich der Einfluss Giorgione's hervorgeht. Nichts desto weniger hielt ich auch dieses Bild, trotz seiner schlechten Uebermalung, für ein ungewöhnlich interessantes Werk Pordenone's und ich fand auch später die ächte Bezeichnung dieses Meisters. Nur konnte ich nicht erkennen, ob es der Name des jüngern oder ältern Pordenone war, deren artistisches Verhältniss zu einander überhaupt noch nicht ermittelt ist.

Bei diesem Bilde, das gleichfalls als eine zuverlässige Quelle zur Beurtheilung dieser Art von Bildern betrachtet werden kann, darf eine Eigenthümlichkeit nicht übergangen werden, die vielleicht den Unterschied beider Pordenone's bezeichnet, jedenfalls aber zu neuen Fingerzeigen in fraglichen Fällen dienen kann.

Das Beiwerkliche hat hier im Traktament sehr viel Uebereinstimmendes mit Paul Veronese. Dahingegen sind die Haupttheile mit einer gewissen Auswahl und Vorliebe aufgefasst, was man beim Veronese später nicht findet, da die Haltung seiner Bilder alsdann im weitesten Sinne des Wortes bei ihm immer auf ein grosses Ganzes gerichtet ist, sie müssten denn in eine Periode fallen, wo seine Manier noch nicht fest begründet war.

Aus diesen Umständen ergibt sich, dass eine Verwechselung dieser beiden Meister bei dem Bilde 201 in der Galerie des Museums zu Berlin, vorstellend Maria im Thron mit dem Kinde, Joseph und den heiligen Sebastian. leicht möglich ist. Da dieses Bild hier keinen bestimmten venezianischen Meister zugeschrieben war, sprach ich im Jahre 1844 die Vermuthung aus, dass es vielleicht ein Werk aus Paul Veronese's erster Periode sei, wo dieser Meister,

mehr gesammelt, noch nicht die künstlerische Routine erlangt
hatte, welche bedeutend mehr Merkmale enthält, die zur genauern Bestimmung seiner Bilder dienen. Besonders war es
eben die Behandlung, deren Unterschied von der seiner spätern Periode ich nur einer grössern gefühlvollen Zurückhaltung, wie solche im Anfang bei bedeutenden Künstlern
oft vorkommt, zuschrieb, sowie der Kopf des Josephs, den
ich in einem Kirchenbilde dieses Meisters in Venedig genau
wiederfand, das in demselben Geschmacke und mit derselben
Liebe ausgeführt war.

Auf diese meine kritische Untersuchung im Kuglerschen
Kunstblatte entgegnete Herr von Remon von Florenz aus,
das fragliche Bild sei von einem zuverlässigen italienischen
Kenner als ein Werk des Pordenone befunden und als solches an die Galerie des Berliner Museums verkauft worden.

Und wirklich ergibt sich, dass es mit einem andern
Bilde derselben Galerie, welches unter 158 dem Bernardo
Pordenone zugeschrieben ist und einen Ballschläger vorstellt,
manches Uebereinstimmende hat; so besonders der Stil der Carnation, namentlich in den Köpfen der Madonna und des Kindes.

Jedenfalls geht aus diesem Bilde, wenn es wirklich von
B. Pordenone herrührt, eine Beziehung zu Paul Veronese hervor und dieser Umstand, wenn er sich in Bildern bemerklich macht, von denen man nicht weiss, ob
sie von dem jüngern oder dem ältern Pordenone herrühren,
kann als ein Merkmal des jüngeren gelten, da der ältere
ohnehin, wie die bereits angeführten Bilder beweisen, mit
einem gewissen starren Eigensinn, selbständiger seinen
Weg geht.

Den Einfluss Giorgionischer Werke müssen natürlich

beide gemein haben, da der jüngere Pordenone ein Schüler des ältern und dieser letztere ein Schüler Giorgione's
war, dessen warmes Colorit er anfangs übertreibt. In dem
Bilde des Ballschlägers macht sich hingegen eine treffliche
Mässigung des Colorits bemerkbar, dessen Prinzipien besonders in dem Beiwerklichen entschieden zu denen des Giorgone
hinneigen, dabei aber zugleich Spuren einer Veronesischen
Behandlung zeigt.

Dass Licinio Pordenone berühmter, als sein Ver-
wandter und Schüler Bernardo Pordenone ist, scheint
darin seinen Grund zu haben, dass er, wie die Geschichte
meldet, ein erheblicher Concurrent des Tizian gewesen sein
soll. Es sind mir indessen bis jetzt noch keine sichern Beweise zu Gesicht gekommen, die dieses zur Genüge heraus-
stellen und so ist anzunehmen, dass viele Werke dieses
Meisters entweder verschleppt oder zu Grunde gegangen sind.

Nach mehreren mir vorgekommenen zuverlässigen Bildern desselben zu urtheilen, verfällt er nicht selten in gewisse Rohheiten, wie z. B. ein Bild in der Galerie des
Museums zu Berlin unter 165 beweisen kann, das man
ihm zuschreibt und welches Christus, den Aposteln die Füsse
waschend, vorstellt. Bei der Höhe der Placirung dieses Bildes
zeigt es viel Aehnlichkeit mit der Manier des Tizianischen
Nachahmers Bonifazio.

Sehr bedeutend ist ein anderes Bild derselben Galerie,
196, vorstellend die Ehebrecherin vor Christus, lebensgrosses
Kniestück, das, wenn es wirklich von Pordenone ist, als
ein Werk gelten kann, welches ihn dem grossen Tizian
nahe stellt. Aus den mir bis jetzt bekannten Werken dieses
Meisters lässt sich dies zur Zeit noch nicht schliessen und

so lange mir es nicht möglich ist, Anknüpfungspunkte für diese Meinung zu finden, werde ich dieses Bild eher für ein Werk Palma's des Aeltern halten.

Die bereits erwähnten Altartafeln in der Kirche S. Maria Formosa zu Venedig stellen in einzelnen Abtheilungen rechts und links des lebensgrossen Mittelbildes der heiligen Barbara auch nur einzelne Heilige in kleinerem Maasstabe statuarisch dar, von denen der Sebastian noch deutlicher, wie die Barbara die Einwirkung Giorgione's zu erkennen gibt. Die Beschränkung auf die Darstellung einzelner Figuren liess hier Palma von seiner Manier so sehr abweichen, dass es dadurch sehr schwierig geworden wäre, den Ursprung dieser Bilder zu ermitteln, wenn man nicht auf negativem Wege zu einem bestimmten Resultate gelangen könnte.

Vermöge der Merkmale, die sie enthalten, kann man unter den grossen Meistern Venedigs zuletzt nur noch zwischen Giorgione und Palma die Wahl haben. Gegen Giorgione spricht aber die Farbe, das Traktament, der Faltenstil und das Impasto; vornehmlich aber die Idealisirung der Persönlichkeit, die besonders in der Hauptfigur jene Anlehnung an gewisse Individualitäten vermissen lässt, die im Verein mit einer gesteigerten Lebenswucht bei Giorgione immer so überaus anziehend wirken, wie man dieses z. B. bei dem Altarbilde der Kirche S. Chrisostomo in Venedig sehen kann. Auch ist die Wirkung der Bilder Palma's insofern eine ganz andere, als ihnen der Charakter einer gewissen Humanität nicht eigen ist, durch welche Giorgione einem den schüchternen Zutritt in die Nähe seiner Heiligen erleichtert, während Palma's strengere Religiösität

den Beschauer mehr in einer Entfernung hält, auch wenn er die
gleichen Modelle Giorgione's zu seiner Darstellung benutzt.

Auf dergleichen übereinstimmende Hülfsmittel ist in
fraglichen Fällen überhaupt ein sehr wachsames Auge zu
richten, indem man durch die Art und Weise, wie sie aufgefasst und benutzt werden, bestimmte Fingerzeige für bestimmte Meister erhält. Wenn z. B. bekannt ist, dass
Tizian, mit Palma sehr befreundet, häufig dessen Töchter als
Modell zu seinen Bildern benutzt hat, so ist der Umstand
von Belang, dass die Persönlichkeiten, welche auch bei Palma's Kirchenbildern häufig vorkommen, bei Tizian um Vieles schwieriger aufzufinden sind.

Es hat dieses seinen Grund darin, dass Tizian die
Individualität, auch bei noch so anziehender Form, nur als
etwas Zufälliges betrachtet und daher jede Vorliebe dafür
vermeidet, weil das Zufällige dem irdisch Wirklichen näher,
als dem Höhern steht, zu dem er auch das Individuelle erhebt. Selbst bei seinen Bildnissen ruht daher der Nachdruck
weniger auf dem Charakteristischen, als auf seiner der bestimmten Erscheinung zum Grund liegenden höhern Idee.

Von Bildern Giorgione's, die mir in Venedig zu Gesicht gekommen sind, ist hier eine Kreuztragung Christi, zwei
Drittel Lebensgrösse, in mehreren Figuren zu erwähnen, die in
Form und Farbe und Charakteristik der einzelnen Gestalten wohl
das Vollendetste ist, was man von diesem Meister sehen kann.
Die ungewöhnliche Anziehungskraft, welche auch denjenigen
Werken seiner Hand eigen ist, wo die Formen mangelhaft
sind, verspürt man hier in gesteigertem Grade. Das Bild
ist Eigenthum eines Privatmannes, dessen Namen ich nicht
erfahren konnte, von Ridolfi beschrieben und im Jahre

1855 zum Restauriren gegeben worden. Im Ganzen wohl erhalten, sollte nur oberhalb der Luft desselben ein Stück angesetzt werden.

Im Anfang des sechszehnten Jahrhunderts ist der Einfluss Giorgione's auf die venezianischen Künstler mehr wahrzunehmen, als der des Tizian, der sich ja selber unter diesem Einfluss gebildet hatte. Es ist daher mit Wahrscheinlichkeit anzunehmen, dass Bilder anderer Meister, in denen sich der Einfluss Giorgione's mehr, als der des Tizian erkennen lässt, in die früheste Periode der damals wirkenden Meister zu setzen sei.

Mit Rücksicht hierauf ist ein Bild in der Frarikirche zu Venedig von Pordenone, vorstellend eine Madonna im Thron, von mehreren Heiligen umgeben, das ich in der Nähe einer genauern Untersuchung unterwerfen konnte, in Folge dessen ich auch die ächte Bezeichnung des älteren Pordenone gefunden habe, früher als das Bild der Galerie der Akademie zu Venedig entstanden, da dieses Bild in lebensgrossen Figuren sich im Princip der Carnation sehr zur Manier des Giorgione hinneigt.

Was indessen bei Meistern oft geschieht, die es dem Giorgione im Colorit gleich thun wollen, ist auch hier der Fall. Die Wirkung des Colorits ist in diesem Bilde brennender, als leuchtend, weil ihm die Erkenntniss der vorhergegangenen Ursachen fehlte, die die Empfindung Giorgione's, bei allen Abweichungen von den realen Verhältnissen, in der stilistischen Zusammenfassung ihrer natürlichen Faktoren immer im reinen Interesse der inneren Lebensbedingungen des Darzustellenden wirken lassen.

Die Störung der direkten Beziehung zur Natur durch

Annahme eines fremden Endresultates ist bei diesem Bilde des Pordenone auch beeinträchtigend für die Modellirung, deren Gesetze so innig mit denen des Colorits zusammenhängen, weswegen sich in den meisten Köpfen dieses Bildes, welche sich wieder unter einander ähnlich sehen, eine gewisse Leere wahrnehmen lässt, die sich erst später verlieren konnte, wo dieser Meister sich selber wiedergegeben war, wie das erwähnte Bild in der Galerie der Akademie zu Venedig beweist, wo er die Erscheinung mit seiner eigenen Empfindung auffasst.

Für die Annahme, dass das Bild der Frarikirche der frühern Periode seines künstlerischen Wirkens angehört, spricht auch der Umstand, dass es mit bedeutend entschiedenern Localfarben gemalt ist, wie die beiden andern, da erst im Stadium einer höhern Virtuosität sich die Neigung für auffallende Unterscheidung der Localfarben verliert, wenn, wie bei diesem Meister, der Sinn mehr auf das Allgemeine gerichtet ist, um mehr für das Geistige gesammelt zu sein.

In Uebereinstimmung mit dem brennenden Colorit ist die Farbe zugleich trocken, das Fleisch, ganz jenem grossen Bilde der Akademie entgegen, pastos, wie mit dem Spitzpinsel, in einzelnen kleinen Parzellen derart aufgetragen, dass eine Art von Korn entsteht. Auch in diesem Bilde spricht sich bereits im Ganzen Ernst und Würde aus, wogegen jedoch der Lebensausdruck, durch ein starres Traktament gefesselt, zurückbleibt.

Dass sich schon in diesem Bilde, namentlich in der Madonna, wenig Liebe für angenehme Formen kund gibt, darf bei Pordenone nicht übersehen werden.

§. 4.

Hieronymus Rumani und Palma der Aeltere.

Ein anderer Meister der venezianischen Schule, der wieder leicht mit Pordenone verwechselt wird, ist Hieronymus Rumani. Von diesem befinden sich mehrere Werke in der Galerie des königlichen Museums zu Berlin, von welchen das Bild 157, vorstellend eine Madonna im Thron mit Heiligen und zweien musicirenden Engeln am Fusse derselben, diesen Meister am bezeichnendsten vertritt. Eine zuverlässige Quelle zur Bestimmung dieses Meisters befindet sich im Kreuzgange der Kirche S. Augustino zu Padua in einer Altartafel, die einen ähnlichen Gegenstand, wie das obige Bild vorstellt und die ächte Aufschrift trägt: Hieronymus Rumani de Brixio opus. Das Berliner Bild hielt man früher für ein Werk Pordenone's.

Auch in Italien selbst wird dieser im Ganzen leicht erkennbare Meister mit andern Meistern verwechselt, so namentlich in der Galerie Borghese zu Rom, wo man eine Madonna unter Nr. 30, offenbar von ihm, dem J. Bellini zuschreibt, und eine andere, in der Galerie Doria eben daselbst, denselben falschen Namen führt.

Rumani steht seiner Manier und Eigenthümlichkeit nach zwischen Giorgione und Palma, ohne die Vorzüge dieser Meister zu erreichen, weil er ins Manierirte ausartet und es ihm an Tiefe der Empfindung gebricht, obschon es seinen Gestalten nicht an einer soliden Scheinbarkeit fehlt, die er im Ganzen charakteristischer, als edel auffasst. Seine ritterlichen Gestalten erinnern in gleichem Grade an Giorgione, wie seine Madonnen an Palma. Ebenso hat sein Colorit einen soliden Schein, es ist aber convenzioneller, als ideenreich. In der Carnation neigt er sehr zu rothbraunen Tinten, ohne gerade dadurch eine Einwirkung Giorgione's zu beurkunden. Bei einer ungewöhnlichen malerischen Geschicklichkeit in Auffassung und Behandlung der Natur, die in einer gewissen Fertigkeit ein für allemal abgeschlossen zu sein scheint, sind die künstlerischen Verdienste Rumani's, genau betrachtet, nicht viel mehr, als die seiner Schule überhaupt. Schon um des willen interessiren seine Werke und das um so mehr, da sich nicht gerade ein eklektisches Streben in ihnen bemerkbar macht.

Hat man sich mit Rumani's ausgeführtern Bildern einigermassen vertraut gemacht, so wird man ihn in fraglichen Fällen leicht wieder erkennen, da die ihm eigenen Merkmale, seine Typen der Köpfe und sein abgeschlossenes Colorit, sowie seine Art der Behandlung und Auffassung, immer wiederkehren.

In den weniger ausgeführten kleineren Bildern, wo man leicht versucht ist, den Mangel an erforderlicher Lebenswirkung auf Rechnung des Mangels an Ausführlichkeit zu setzen, ist er leicht mit Palma zu verwechseln, wenn man die von ihm etwas manieristisch aufgefassten Augen übersieht und sich durch den dadurch erzielten interessanten Blick derselben bestechen lässt, besonders in den dargestellten Kindern, die im Ganzen gewisser naiver Züge nicht ermangeln. Auch ist in solchen Bildern sein Vortrag leichtfertig, während der des Palma leicht und trotz den mit untergelaufenen Incorrectheiten der Formen eine tiefere Einsicht in den Naturreichthum erkennen lässt, bei dessen Andeutungen er gewissermassen das Mangelhafte gut heisst, damit der Beschauer hier nicht aufgehalten werde, seinen wesentlichern Intentionen nachzugehen. Diese Werke Palma's, auf deren schwieriges Verständniss ich schon hingewiesen, haben selbst dadurch die Eigenthümlichkeit des Räthselhaften; aber sie sind zugleich voll der reinsten Empfindung für das geistige Leben, wodurch man sich angeregt fühlt, den Sinn des, unscheinbaren Naturtheiles in den malerisch gegebenen Merkmalen seiner Tiefe zu ermitteln.

Dass solche Erscheinungen nur etwas Zufälliges sind. spricht Palma eben in jenen losen Andeutungen der Form in seinen skizzenhaften Bildern aus. Da sich aber der Geist vornehmlich in der menschlichen Form manifestirt, diese Form aber in seinen kirchlichen Bildern eine historische Bedeutung haben soll, so ist von Palma das Charakteristische als ein diese Bedeutung commentirendes Attribut im Einklang mit den übrigen Consequenzen seiner leichten Behandlung mit grösserer Bestimmtheit aufgefasst, als die Form selber, deren edele Bedeutung nur in den Motiven festgehalten ist.

Dergleichen tiefe Ideen einer ächt malerischen Auffassung sucht man in den Bildern Rumani's vergebens, wodurch sie von denen jenes grösseren Künstlers auch in dieser Beziehung leicht unterscheidbar sind.

Die Galerie des Berliner Museums hat mehrere Werke der eben bezeichneten Art von Palma, welche deshalb leicht unterschätzt werden, weil sie einen leichtfertigen Schein haben; ja es ist bei Beurtheilung solcher Bilder schon vorgekommen, dass Männer, welche in der Kunst sonst ziemlich bewandert sind, sie in der Uebereilung für Dosenbilder erklärt haben. Solche Unterschätzung mag der Grund sein, weshalb man Bilder dieser Art in grösseren Sammlungen nur selten antrifft und mehr darnach strebt, Werke zu erwerben, die ihrem Gegenstande nach gefälliger und ausgeführter sind.

Die Bilder, welche die königliche Galerie zu Dresden von Palma besitzt, sind von ungewöhnlicher Vollendung und Schönheit und es mag wohl dieses der Grund sein, dass man, im Hinblick auf diese, ein anderes Bild desselben Meisters mit freierer Behandlung 198, vorstellend die Anbetung der Hirten, das früher richtig bestimmt war, jetzt dem Giorgione zuschreibt.

Malerisch frei und speculativ wird aber erst die Kunst in Venedig in solcher Art, wie dieses Bild ausgeführt ist, — nach der Periode, da Giorgione blühte, der bei all seiner productiven Genialität die bis dahin alterthümlich geschlossene Ausführung noch möglichst festhielt.

Deshalb möchten auch die Bilder Palma's der Dresdener Galerie — 223, die drei Töchter Palma's, 222, das Christuskind auf dem Schoose der Maria liebkost den kleinen Johannes, daneben die heilige Catharina, 225, Maria mit dem Kinde, vor ihr Johannes der Täufer, beide halten eine beschriebene Rolle, zwischen ihnen die heilige Catharina — in seine früheste Periode zu setzen sein, woher der Umstand zu erklären ist, dass solche Bilder in Venedig selbst sehr selten sind. Das Bild 198 erscheint daher um so interessanter, als daraus deutlich hervorgeht, wie Palma sich die Prinzipien Giorgione's zu einer Zeit zu Nutze zu machen wusste, als man in Venedig anfing, die Malerei als solche in's Auge zu fassen, worin besonders Tizian und Paul Veronese so bedeutend sind.

Dass in der Galerie der Akademie zu Venedig solche Bilder fehlen, die den Entwickelungsgang Palma's und anderer grosser Meister dieser Schule anschaulich machen könnten, ist mit nichts zu rechtfertigen. Noch weniger, dass sie, wie schon bemerkt, kein zuverlässiges Portrait von Tizian besitzt.

Ob überhaupt der Mangel an Mitteln Schuld ist, dass viele venezianische Meister nur schwach oder gar nicht in ihr vertreten sind, weiss ich nicht. Die Folge hiervon ist, dass alles Derartige in fremde Hände nach ausserhalb übergeht. Ich habe während meines längeren Aufenthaltes 1845 in Venedig die traurige Erfahrung gemacht, dass man in den acht Jahren, die ich nicht hier war, Venedig in Hinsicht seiner Kunstschätze so ausgebeutet hat, dass ein käufliches gutes Bild jetzt zu den grössten Seltenheiten gehört. Faktisch aber ist es, dass man für die Galerie der Akademie daselbst ein grosses Bild von Garofalo erworben, als bedeutendere Bilder der venezianischen Schule noch käuflich zu haben waren. Jedenfalls wäre es besser gewesen, die dem Vernehmen nach nicht unbedeutende Summe, welche das Bild eines so häufig vorkommenden Meisters gekostet, den man am wenigsten in Venedig bei Kunstforschungen sucht, darauf verwendet hätte, zuvörderst die Werke der venezianischen Schule möglichst zu completiren.

Hier soll nicht unerwähnt bleiben, dass mit Ausnahme der durch Vermächtniss an die Galerie der Akademie zu Venedig in den letzten Jahren übergegangenen Suiten von Bildern, welche sich in den kleineren Zimmern befinden, die in den grossen Sälen meist als zuverlässige Quellen bedeutender venezianischer Meister zu betrachten, indem sie entweder ächt bezeichnet oder geschichtlich beglaubigt sind. Eben so wenig soll hier verschwiegen werden, dass die hier befindlichen trefflichen Werke durch die jetzt oberhalb der grossen Säle angebrachten unruhigen Decorationsverzierungen ihrer Wirkung nach sehr beeinträchtigt sind und dass der Johannes in der Wüste von Tizian ohne erheblichen Grund nach einem Corridor gebracht worden, wo er, von der Seite beleuchtet, sich gegen früher, wo er das Licht von oben empfing, kaum mehr ähnlich sieht, wenn ich auch in Anschlag bringe, dass mich bei dem vorgesteckten Ziele meines Werkes, „Das Wesen der Malerei" die Erinnerung an dasselbe vielleicht mehr begeisterte, als dieses Bild selbst.

Dass das Motiv zu diesem Bilde einem älteren plastischen Werke entnommen, kann sicher kein Grund für eine geringschätzende Placirung desselben sein, vielmehr war seine frühere Stelle in einem der grossen Säle dafür um so geeigneter, als seine Schönheit hier zur vollen Geltung kam und kaum ein anderes Werk Tizian's existiren dürfte, aus welchem so deutlich zu ersehen ist, wie dieser Meister die Plastik für die Malerei selbständig zu verwerthen wusste. Dergleichen Fälle entsprechend zu berücksichtigen, das ist ein wesentlicher Theil der Aufgaben für Galerien von solcher umfangreichen Bedeutung, wie die der Akademie zu Venedig.

§. 5.

Paris Bordone und Bonifazio.

Als ein Meister, der in Anwendung der Tizianischen Farbenprinzipien die Wirkung des Colorits bis zur äusser-

4*

sten Grenze führt, ohne wie die Bassano durch schroffe Gegensätze dabei einzuwirken, erscheint Paris Bordone in dem Bilde der Galerie der Akademie zu Venedig, vorstellend einen Gondolier, der dem Dogen und Senat einen Ring überreicht, welchen er von dem heiligen Marcus erhalten, mit vielen ein Drittel lebensgrossen Portraitgestalten, das nach seiner Farbenwirkung geeignet ist, die bedeutendsten Bilder in seiner Nähe zu beeinträchtigen, wovon selbst Tizian's treffliches Bild, der Tempelgang der Maria, keine Ausnahme machen würde, wenn man es diesem Werke näher bringen wollte.

Es ist indess hiermit keinesweges ein Tadel gegen das Colorit des grösseren Meisters ausgesprochen, da seine Aufgabe in Hinsicht der Farbenverhältnisse eine solche ist, deren Lösung nicht in einer effectuirten Wirkung gesucht werden darf, da er diese grundsätzlich vermeidet, um so grössere Feinheiten in den engen Zwischenräumen seiner Ausführung zur Geltung bringen zu können.

Denn wenn es sich um den Kunstwerth eines Bildes handelt, so ist zwischen gesteigerter Wirkung und gesteigerter Lebensfähigkeit ein genauer Unterschied zu machen. Jene ist mehr auf Reizung der äusseren Sinne gerichtet, diese aber führt in ein weiteres Reich der künstlerischen Ideen, wozu eine bei Weitem tiefere Kunst erforderlich ist.

Vollendete grössere Bilder von Paris Bordone, wie ein solches die Galerie des Museums zu Berlin unter 177 besitzt, vorstellend eine Maria im Thron mit mehreren Heiligen, gehören zu den grossen Seltenheiten, selbst in Italien. Im Vergleich zu den vielen ungleich geringeren Bildern dieses Meisters ist anzunehmen, dass er seine bedeutendsten Werke unter Aufsicht Tizian's vollführt hat. Denn seine Fähigkeit gelangt nur so lange zum vollendetern Ausdruck der Form, als er mit Sammlung und Fleiss sich ihr zuwendet, wie dies in den Schulen der grössten Meister jener Zeit üblich war; auch weisen die bessern Motive der Hände seiner vollendeteren Bilder auf den direkten Einfluss des grossen Tizian hin.

Von der vorzüglichen Qualität des obigen Berliner Bildes ist mir unter den vielen Werken, welche von diesem Meister in fast allen bedeutenden Sammlungen existiren, nur noch eins in der Galerie Colonna in Rom zu Gesicht gekommen, das aber sehr der Reinigung bedarf.

Ausser diesen beiden letzteren Bildern und dem des Gondolier erscheint Paris Bordone nur selten anziehend und wirklich vollendet. Besonders ermangeln seine Formen jenes Adels, der allen bedeutendern Meistern der venezianischen Schule mehr oder weniger eigen ist und da vornehmlich dieses von seinen Händen gilt, die er meist kurz und gedrungen in den Verhältnissen darstellt, so ist zunächst dieses ein Merkmal, dass man es in fraglichen Fällen mit diesem Meister zu thun hat, der, nachdem er sich selbständiger überlassen ist, fest abgeschlossen zu sein scheint, da er sich alsdann so häufig in fast jeder Hinsicht wiederholt, woher denn auch seine Werke leicht erkennbar sind.

Nächst Paris Bordone, der in seinem effektvollen oben erwähnten Bilde zeigt, wie eine sonnige Lichtwirkung zu erzielen sei, wenn dabei noch eine malerische Schönheit bestehen soll, ist es Bonifazio, der, obgleich mehr Nachahmer des Tizian, trotz der vielen trefflichen Werke in den Sälen der Akademie zu Venedig die Aufmerksamkeit auf sich zu ziehen weiss. Genau betrachtet wird dieses sein Verdienst aber dadurch geschwächt, dass es eigentlich das Verdienst Tizian's ist, da es sich bei einer näheren Untersuchung herausstellt, dass sich die Nachahmung, wenn anders sie in der Kunst zu billigen wäre, bei keinem Meister besser lohnt, als bei ihm, indem sie den Nachahmer zugleich zwingt, in einem ungleich höheren Grade, als bei andern Meistern, sich in eine direkte Beziehung zur Natur zu stellen.

Das Bild, vorstellend eine Gesellschaft Musicirender in beinah lebensgrossen ganzen Figuren, und das des bethlehemitischen Kindermordes der genannten Galerie liefern den Beweiss hiervon. Gleichzeitig ist aber nicht zu übersehen, wie bei aller Schönheit des Colorits der erwähnten Bilder dieses hinter dem Colorit des Tizian in demselben Grade zurückbleibt, als Bonifazio's Zeichnung schwach und mangelhaft ist.

Am ersichtlichsten wird dieses in denjenigen seiner Bilder, die mehr als gewöhnlich von ihm ausgeführt sind, weil eine grössere Ausführung eine gründliche Kenntniss dessen bedingt, worauf es in der Kunst überhaupt ankommt, nämlich auf den möglichst zu steigernden Lebensausdruck, der bei Ermangelung einer richtigen Selbstkritik durch eine grössere Ausführung gerade eine Schwächung erleidet.

Wenn das Bild derselben Galerie, vorstellend Christus unter den Pharisäern, seiner Eigenschaft einer nicht gründlichen Selbstkritik, wie diese aus seinen erwähnten obigen Bildern zu erkennen, widerspricht, so geht daraus hervor, dass auch dieses Bild wahrscheinlich unter Tizian's direktem Einfluss von ihm vollführt worden.

Der solide Schein von Bonifazio's bessern Bildern ist nur ein solcher, weil er auf den des Tizian fusst, vor des-

sen Prinzipien er mehr Ehrfurcht hat, als vor der Natur
selber. Diese Ansicht gewinnt auch dadurch Grund, dass wenn
man seine schwächern Werke in näheren Betracht zieht, die
in ihrer nachlässigen Ausführung oft noch deutlicher darthun,
dass es ihm der Natur gegenüber an jener erforderlichen
Pietät fehlt, die den grössern Meistern nie mangelt, weil sie
nicht mit manieristischen Meinungen nach der Natur bilden,
sondern, von ihr direkt mit warmem Interesse angeregt, ideenreich schaffen. Dieses vornehmlich ist der Unterschied zwischen Tizian und Bonifazio.

§. 6.
Tintoretto und Paul Veronese.

An allgemeiner Productivität, wie an Colorit, stehen
Tintoretto (Jacopo Robusti) und Paul Veronese dem
Tizian am nächsten.

Wenn es von Tintoretto einzelne vollendete Bilder
gibt, die an Lebenswucht denen des Tizian nahe kommen, so
ist dabei ein Unterschied wahrzunehmen, der beide Meister
zugleich wesentlich unterscheidet.

Wenn nämlich die Lebenswucht eines Kunstwerkes das
Mass bestimmt, welche Menge der Lebensfactoren in ihm
enthalten sind, und hiermit auch der Grad von Erkenntniss
eines Meisters zu entnehmen ist, wonach sein künstlerischer
Werth im Allgemeinen sich richtet, so kann dieser Werth noch
dadurch eine Steigerung erhalten, wenn die ursächlichen Bedingungen solcher Lebenswucht zugleich deutlich dargethan

sind, da es, wie schon oben bemerkt, eine grosse Kunst erfordert, bei näherer Ausführung des Einzelnen den geistigen Gesammtinhalt, den ein Meister zu erreichen vermag, nicht zu schwächen.

Diese Eigenschaft besitzt Tizian, wie kein anderer Meister der venezianischen Schule, auch Tintoretto und Paul Veronese nicht ausgenommen. Während nämlich Tizian die Eigenschaften der Erscheinung selbst im einheitlichen Zwecke des Schönen gibt und dabei eine Fülle künstlerischer Ideen entwickelt, so hat es Tintoretto mehr mit dem Kraftmasse der Lebenswirkung solcher Eigenschaften zu thun, die er im gleichen Zwecke mehr summarisch zusammenfasst.

Die Folge hiervon ist ein gewisses, wenn auch stilles und heimliches Effektuiren, mit einzelnen Mitteln mehr seiner Gefühlsforderung in Hinsicht jener Lebenswucht im Allgemeinen genug zu thun, als die ursächlichen Bedingungen seiner auf diese Art erreichten Wirkung einer nähern Prüfung preis zu geben.

Dieses künstlerische Verfahren des Tintoretto ist allerdings ein Schritt zur Wahrheit näher; denn der Grad einer entsprechenden Naturverschlossenheit erfordert gleichfalls eine künstlerische Berücksichtigung, die von grosser Wichtigkeit ist. Die feinere Kunst soll aber auch diesen Zug der Natur mit allen seinen Consequenzen nicht allein in Rücksicht nehmen, sie soll viel mehr thun und ihren Sinn enthüllen und das ist eben Tizian's bedeutende Seite, die er auch in der weitschichtigsten Ausführung der Bilder seiner letzten Periode nie verleugnet, daher er nie in Vielmalerei ausarten konnte, während dies bei Tintoretto der Fall war,

wozu man diesem Meister in dem reichen Venedig nur all-
zuviel Gelegenheit bot.

Wenn Deutlichkeit im Interesse des Wahren und Schönen eine Hauptbedingung der Kunst ist, wodurch zugleich
eine dieser entsprechende Ausführung geboten ist, und solcher
Deutlichkeit besonders durch die Prinzipien Tizian's das
Wort geredet wird, weswegen auch den Bildern seiner gesammten Schule jene Wirkung nicht fehlt, die von einer grossen
Menge innerer Lebensfactoren Zeugniss gibt, welche nur auf
dem Wege der künstlerischen Deutlichkeit gewonnen werden:
so besitzt die venezianische Schule in Paul Veronese einen
Meister, dessen Grösse nicht bestechen darf, einen Umstand
zu übersehen, der ihn vornehmlich in den Sälen der Galerie
der Akademie von Venedig auffallend und nicht vortheilhaft
von den grossen Meistern seiner Zeit, die hier vertreten sind,
unterscheidet.

Indem ich mich auf die von mir in meinem Werke, „Das
Wesen der Malerei" enthaltene Charakteristik Paul Veronese's beziehe, wo ich sage, dass er derjenige unter den
venezianischen Meistern ist, der als einer der ersten die
Malerei als solche mit einem mehr objektiven Geiste in einer
Methodik vertritt, — seinen Bildern somit der religiöse Her-
zensantheil mangelt, mit Ausnahme derjenigen, die in seine
frühere Periode fallen: so ist hier noch nachzuholen, dass
diese ihm endlich so geläufig gewordene Methodik bei dem
grossen malerischen Interesse, das sie gewährt, oft nicht zu
dem Grade der Lebenswirkung gelangt, wie solche in den
Werken anderer grossen Meister ausgesprochen ist, obschon
von ihm der Lebenssinn der Erscheinung mit malerischer
Schärfe aufgefasst ist.

Gibt man sich der allgemeinen Wirkung der Kunstwerke in jenen Sälen unbefangen hin, so erscheint Veronese unter den deutlich wahrnehmbaren frommen Weisen, die, in reiner Schönheit verklärt, einem aus den übrigen Bildern grosser Meister entgegenklingen, wie mit verhaltenem Ton, als getraute er sich hier nicht, seine mehr weltliche Gesinnung deutlicher kund zu thun. Seinen Werken fehlt hier das letzte Agens der deutlichern Verlautbarung des Ganzen. Der so überaus gewandte Redner spricht hier mit verhaltener Stimme und kann in seiner Weise des Ausdruckes und an solchen Orten besser vernommen werden, wo man sich mit ihm allein befindet.

In der Manier einer leicht wahrnehmbaren, geistvollen Methode sind die meisten seiner Werke ausgeführt, durch deren malerischen Calcül auch ein minder Geübter so angezogen wird, dass er jenen Mangel im Endresultate nicht gewahr wird. Genau betrachtet ist hier die Empfindung Veronese's nicht mehr von der darzustellenden Erscheinung selbst angeregt, sondern mehr der Behandlung zugewendet, deren Ergebniss der ein für allemal ergründeten Wahrheit dienstbar ist.

Der religiöse Vorwurf ist diesem Künstler mehr Mittel, als Zweck, seine Kunst zu bethätigen, die in ihm am entschiedensten unter seinen lebenden Kunstgenossen als Selbstzweck auftritt und sowohl aus seiner Methode, wie aus dem grossen Umfang von malerischen Ideen verschmähten selbst ein Rubens und Van Dyck nicht für ihre Kunst zu schöpfen.

So wichtig auch der Dienst sein mag, welchen Veronese der Malerei in seiner geistvollen Methode leistet: diese Methode ist zugleich der Grund, dass eine strenge Kritik ihn nicht unter die Meister ersten Ranges zählen kann. Denn statt der Begeisterung besitzt er die Gewandtheit und statt der Pietät für die Erscheinung das Kunstinteresse.

Damit würde aber dieser Meister nicht so weit gekommen sein, als es wirklich der Fall, wenn er nicht in früherer Zeit mit Geist und reiner Empfindung durch eine direkte Anregung der reichen Natur sich eine so umfangreiche Naturanschauung erworben hätte, dass seine letzte Manier mit Erfolg noch so lange davon zehren konnte, als die Zwischenräume seiner Ausführung noch eng und bedeutsam genug waren, das Fehlende in ihr vorerst nicht vermissen zu lassen.

Nächst dem Bilde des Darius im Palaste Pisano Moretta zu Venedig enthält die Sebastians-Kirche ebendaselbst wohl die vollendetsten Werke dieses Meisters.

Die lebenskräftigen trefflichen Bilder in der Dresdener Galerie sind so ziemlich von einem und demselben Grade einer grossen Vollendung, ein Umstand, der wieder Veranlassung gewesen zu sein scheint, dass man ein kleines Werk dieses Meisters 296, vorstellend den Tod der heiligen Catharina von Alexandrien, hier nicht für ächt hält, obgleich es in Uebereinstimmung mit seiner mehr skizzenhaften Manier zugleich jene Wucht enthält, welche seine vielen Nachahmer nie erreichen, die den Stil des grossen Meisters in der geläufigen Handhabung seiner äusseren Merkmale zu haben vermeinen.

Es liegt in der Natur der Sache, dass ein so überaus productiver Meister, wie Veronese, durch seine förderliche Methode bald zu einer Routine gelangte, im geistvollen Vortrage seine Eigenschaften zu einer allgemeinen Geltung zu

bringen. In solcher Weise charakteristischer, als vollendet,
ist die bedeutendste Zahl seiner Bilder ausgeführt und darin
dieser Meister freilich leichter zu erkennen, als in den wenigen Bildern seiner früheren Periode, ein Umstand, der auch
bei anderen Meistern unter ähnlichen Verhältnissen bei
Bestimmung derselben demjenigen immer Skrupel erregen
wird, dem die Zeichen individueller Denk- und Gefühlsweise
fremd geblieben und vornehmlich da fremd bleiben, wo die
Werke, wie in den Anfangsperioden, geschlossener ausgeführt sind.

Da man nun die Bilder grosser Meister, welche sicherer
zu bestimmen sind, den fraglichen oft schöneren beim Sammeln
vorzieht, so kann es nicht fehlen, dass gemeiniglich jene als
allgemeinere Richtschnur gelten. Ein wohlfeiler Zweifel,
der dem Nimbus sogenannter Kennerschaft einen bequemen
Vorschub leistet, macht dieses Verhältniss nur um so schlimmer und den wahren Kunstforscher um so vorsichtiger.

Einzelne Werke aus Veronese's erster Zeit sind in
verschiedenen Kirchen Venedigs zerstreut, aber von Staub
und Schmutz bedeckt bei ungünstiger Placirung so schwierig
zu untersuchen, dass eine ungewöhnliche Uebung und Ausdauer
dazu gehört, sie als das zu würdigen, was sie in Wirklichkeit sind.

Ich kann hierbei meine Vermuthung nicht unterdrücken,
dass das Verhältniss, in welchem Bernardino Pordenone
zu Veronese stand, sich leicht noch näher aufklären würde,
wenn man diese letzte Gattung von Bildern näher untersuchen
könnte.

§. 7.

Die Bassano.

Unter den Bassano ist in der Galerie der Akademie zu Venedig besonders Leandro Bassano wirkungsreicher, als gediegen vertreten, eine Eigenschaft, die allen Bassano mehr oder weniger eigen ist, mit einzelnen Ausnahmen des Jacop'o Bassano, welcher der bedeutendste unter allen ist.

Von ihm sah ich in der Galerie der Akademie S. Lucas zu Rom ein Werk von einer Vollendung und Farbe, wie sie mir unter den vielen Bildern dieser Schule nie vorgekommen ist. Dieses in seiner Art einzige Bild idyllischen Charakters, mit Vieh, zog mich um so mehr an, als es sich durch eine Präcision in jeder Hinsicht auszeichnete, deren ich zwar diesen Meister trotz seiner Verwilderung fähig hielt, aber nirgends so angetroffen habe.

Die Geringschätzung, welche sich die Bassano durch allmälige Vernachlässigung der Form zugezogen, darf den Kunstforscher nicht hindern, ihr Verhältniss zur Kunstgeschichte näher in's Auge zu fassen.

Wie Tintoretto und Paul Veronese, hatte auch Jacopo Bassano vornehmlich unter seinen Verwandten Nachfolger, welche die künstlerischen Resultate ihrer bedeutenden Vorgänger überkamen, ohne, wie jene, aus unmittelbarer Quelle mit Selbständigkeit zu schöpfen, was um so misslicher ist, als diese Meister selbst mehr oder weniger zuletzt zu einer Vielmalerei gedrängt waren, wobei sie sich der schwächern Kräfte ihrer Schüler bedienten. Von einer innern

Sammlung, wie sie gediegene Kunstwerke erfordern. konnte daher nicht wohl die Rede sein. Indessen waren die Forderungen der Leiter dieser Schulen noch laut genug, ihre Schüler vor einer leeren Fertigkeit zu schützen.

Unter den Nachfolgern der genannten Spitzen bieten die jüngeren Tintoretto zuletzt nur wenig künstlerisch Interessantes; die des Veronese gewähren in der ihnen überkommenen Methode manches Anziehende: nur bei den Bassano gestaltet sich das Sachverhältniss anders.

Die älteren Formen waren bereits gebrochen, und der allgemeine Mangel an Pietät hatte die Künstler für den religiösen Inhalt ihrer Vorwürfe gleichgültiger gestimmt.

Vornehmlich die Bassano wandten sich daher mehr dem Genreartigen zu und wenn sie zuletzt auch hier zu bequem waren, den correcteren Formen zu genügen, so verfehlten sie doch nicht in ihren skizzenhaften Bildern, oft ohne Zuziehung der Natur, in freier Ungebundenheit, malerisch interessante Pointen zur Anschauung zu bringen, vornehmlich in Hinsicht des Colorits, dessen innern Lebensbedingungen sie mit feiner Empfindung nachspürten und so der Wirkung nach nicht selten darin dem anregenden Tizian beinah gleich kamen.

Aber auch im Colorit war ihr Verfahren ein anderes und, wie jenes sehr bestechliche Bild der Galerie S. Lucas zu Rom mir nach genauer Untersuchung gezeigt, ein bequemeres. Dieses Bild ist nämlich meist mit Lasuren so geschickt vollführt, dass man dieses Verfahren nur mit der angestrengtesten Aufmerksamkeit entdecken kann, da es gleich mit Rücksicht hierauf untermalt ist.

Es ist anzunehmen, dass dieses auch so nicht unerhebliche Bild eins von den unangetasteten Ueberresten des älteren Bassano ist, da er doch so viel gemalt hat, obschon er in Venedig nicht so, wie Tintoretto und Paul Veronese, begehrt war. Seine Bilder sind sehr pastos und meist auf grobkörniger Leinwand, untermalt und haben durchschnittlich das Ansehn, als wären sie in gleicher Art vollführt. Ihre Reinigung ist daher sehr gefährlich, und es sind gewiss die meisten Bilder der obigen Art beim Putzen zu Grunde gegangen.

Bei dieser Gelegenheit sei auf eine ausgeführte Skizze von Tizian aufmerksam gemacht, vorstellend den heiligen Hieronymus, die sich gleichfalls in der Galerie S. Lucas zu Rom befindet, da sie das Grossartigste ist, was mir im Kleinen vorgekommen, sowohl in Auffassung und Behandlung der Figur, als auch der Landschaft.

Ebenso ist sein Dianenbad derselben Galerie, zwei Drittel lebensgrosse Figuren, von grossem Interesse, obgleich dieses Bild leider nicht gut erhalten ist. Von ungewöhnlich sorglicher Ausführung, scheint es der mittlern Periode des grosen Künstlers anzugehören. Besonders bemerkenswerth ist hier die genaue Auffassung individueller Leibesformen, die deutlich darthun, wie er sich von allem Convenzionellen auch hierin fern zu halten wusste, um der Idee des Besonderen möglichst nahe zu kommen.

§. 8.

Rocco Marcone und Lorenzo Lotto.

Von zwei Meistern sind mir in Venedig Bilder aufge-
stossen, die zu dem Bedeutendsten gehören, was man in der
Malerei sehen kann, obgleich diese Meister selbst in der
Kunstgeschichte keine sonderliche Stelle einnehmen.

Eine Kreuzabnahme Christi in der Galerie der Akademie zu Venedig, ein Werk von der rührendsten Schönheit und Vollendung, ist mit seelenvoller Empfindung aufgefasst
und von jener einsichtsvollen Mässigung des Ausdruckes, welche
die Werke der Antike so bedeutsam auszeichnet. Dieses Bild
wird hier dem Rocco Marcone zugeschrieben, von dem
sich ein echt bezeichnetes Werk, vorstellend Christus zwischen
zwei Aposteln, wie jenes in lebensgrossen Figuren, in der
Kirche S. Giovanne Paulo befindet.

In Farbe und Behandlung zeigt dieses letztere Bild mit
jenem der Akademie zwar Aehnlichkeit, zumal wenn man
sich das Kirchenbild gereinigt denkt, aber die Fähigkeit, ein
so grossartiges Werk hervorzubringen, finde ich darin nicht
ausgesprochen. Mehrere Bilder, die ich von diesem Meister
gesehen, wahrscheinlich seiner früheren Periode angehörig,
behaupten noch eine mehr schlichte alterthümliche Richtung.
Gleichwohl finde ich mich veranlasst, meinen Zweifel über die
Bestimmung des trefflichen Bildes so lange zurückzuhalten,
bis mir vielleicht der Zufall einen erheblichern Grund dazu
gibt. So lange dieses nicht geschieht, muss jene Bestimmung
gelten, welche leider nicht, wie bei den meisten Werke der
Galerie, documentirt ist.

Das andere Bild befindet sich gleichfalls in der Kirche Giovanni e Paulo gewissermassen als Gegenstück zu dem Bilde des Rocco Marcone und ist von Lorenzo Lotto. Bei aller Schwankung, die ich in mehreren Werken dieses Meisters wahrgenommen habe in Hinsicht der Auffassung und Vollendung, erscheint mir doch ein so bedeutendes Resultat nicht so unwahrscheinlich.

Das Bild stellt vor einen Geistlichen im Thron, der seinen Blick auf eine Rolle heftet, die er in der Hand hält. Zwei in der Luft schwebende Engel sagen ihm etwas in die Ohren; zwei kleinere Engel zur Rechten und Linken halten einen Vorhang zurück. Ueber dem Ganzen befinden sich Cherubim, im blauen Ton vollführt. Etwas tiefer, als der erste stehen zwei andere Geistliche, die mild zum Volke herabschauen, das durch eine Schranke von ihnen gesondert steht, von deren Mitte ein geschmackvoller gewirkter Teppich herabhängt. Auf der einen Seite reichen einzelne Personen Bittschriften ein, auf der anderen suchen Andere etwas zu empfangen. Zu den Füssen des ersten Geistlichen Geldsäcke, Krummstab, Bischofsmütze und Bücher.

Dieses Bild ist von der geschlossensten Vollendung und der grössten Präcision in Zeichnung und Modellirung. Mit grosser Hinneigung zur geistvollsten Individualisirung, gleicht es im ersten Augenblick den vollendetsten Werken von Holbein dem Jüngern, denen es in keiner Art etwas nachgibt.

Lorenzo Lotto ist aus Bergamo und hat eine Zeit lang die Schule des Leonardo da Vinci besucht. Die Aehnlichkeit des angeführten Bildes mit Werken des ·Holbein kann daher nicht befremden, da man bekanntlich wegen solcher Aehnlichkeit ein Bildniss Holbeius in der Dresdener Galerie, vorstellend den Goldschmidt Thomas Morett, lange Zeit für ein Werk des Leonardo da Vinci gehalten hat.

Ob dieser Meister früher die Schule Bellini's besucht hat, wie man angibt, ist sehr zu bezweifeln, da besonders in der Färbung aller der Bilder, die ich von ihm kenne, ganz andere Prinzipien, als die dieses Meisters, zum Grund liegen. Der Einfluss, welchen Bellini mehr oder weniger auf fast alle gleichzeitigen Künstler in Venedig ausgeübt, der auch in den Madonnenbildern des Lorenzo Lotto nicht zu verkennen, ist kein Beweis dafür.

Die Galerie des Museums zu Berlin besitzt mehrere Werke dieses Meisters, unter denen sein eigenes Bildniss von ihm selbst das Interessanteste ist.

Wenn, wie angegeben wird, Lotto um die Zeit von 1513—1554 blühte und sein Bildniss ihn als einen Mann von ohngefähr 25 Jahren vorstellt, so geräth man in Verlegenheit zu bestimmen, wenn er die Schule Leonardo's besucht habe, da die Manier, in welcher er sein Bildniss ausgeführt, entschieden venezianisch ist und bereits eine grosse Meisterschaft verräth und doch das obige bedeutende Kirchenbild keinen Zweifel aufkommen lässt, dass Leonardo, der bereits 1519 gestorben, auf dasselbe unmittelbar eingewirkt habe.

Es mag daher der Zukunft vorbehalten bleiben, diese Verhältnisse aufzuklären. Denn wenn die meisten Bilder des Lorenzo Lotto, die oft schwer und schwärzlich in der Farbe, eben so oft nicht glücklich in gewissen Verkürzungen und der Conception überhaupt, nur einen Kleinmeister bekunden, so

macht die grosse Bedeutung des Bildes in der Kirche Giovanni e Paulo dies im hohen Grade wünschenswerth.
Jenes Bildniss, das angeblich sein eigenes sein soll, ist in
einem gewissen klaren Helldunkel vollführt, wodurch sich
einzelne Bildnisse Giorgione's auszeichnen, dem er hier nachgestrebt zu haben scheint. Das Vermögen, welches Lorenzo
Lotto in dieser Hinsicht an den Tag legt, machte ihn besonders geeignet, die Prinzipien Leonardo's mit grossem
Vortheil in sich aufzunehmen, weil diese hauptsächlich jene
vollendete Modellirung zum Zwecke haben, durch welche Leonardo seine Werke zu begeistigen weiss. Eine solche Modellirung erhält besonders ihren Vorschub durch die Kunst
des Helldunkels.

Allem Anscheine nach gehört auch Lorenzo Lotto zu
der Schaar von Naturalisten, denen es vom Schicksale nicht
vergönnt war, von Haus aus die Schule eines tüchtigen Meisters besuchen zu können und welche daher so lange lediglich
nur auf das Studium vorhandener Werke angewiesen waren,
bis ihr selbsteigener Erwerb ihnen die Mittel verschaffte, den
so lang gehegten Wunsch einer gründlichen Lehre endlich
in's Werk zu setzen. Das dann dadurch gesteigerte Selbst-
vertrauen, eine damit zusammenhängende gesteigerte geistige
Sammlung, im Verein mit einer Menge selbständig gemachter
Kunst-Erfahrungen, bringen so freilich Erscheinungen zu Wege,
die um so mehr überraschen, als diese dann so bedeutend
über den Leistungen der früheren Periode stehen, woraus sich
ersehen lässt, dass solchen Künstlern nur ein Weniges gefehlt hat, um das zu werden, was sie ihrem Vermögen nach
eigentlich schon waren.

§. 9.

Jan Calcar.

Unter den Bildern der Galerie des Museums zu Berlin, deren Urheber noch nicht ermittelt sind, ist es ein männliches Bildniss 190, angeblich aus der Schule von Bergamo, das für mich von Interesse war, da es unter dem Einfluss des grössten venezianischen Bildnissmalers hervorgegangen, gleichwohl eine Selbständigkeit erkennen lässt, deren nationaler Charakter mich immer nach der Gegend von Nieder-Deutschland hinwies.

Die Art und Weise der Ausführung des Kopfes und besonders der Hände und des Degengefässes steht der Gefühlsweise eines italienischen Meisters eben so fern, als der eines niederländischen, da die in diesem Bilde vorherrschende allgemeine Idealität für den ersteren zu speziell verfolgt erscheint, während für den niederländischen diese Spezialitäten einen zu allgemeinen Charakter tragen.

Dass sich der Einfluss des Tizian dabei gleichwohl so bemerklich macht, liegt mehr in der Auffassung des Ganzen. Besonders ist es die stillfeierliche Sammlung des Künstlers einer Erscheinung gegenüber, deren geistige Bedeutung er eben so tief wiederzugeben trachtet, als er sie empfunden, die zunächst für das Tizianische Schulprinzip spricht.

Wenn indess dieses Streben bei Tizian selber von jener grossmeisterlichen Sicherheit unterstützt wird, die den Werth des Einzelnen nur nach dem geistigen Inhalt des einheitlichen Ganzen misst und malerisch bestimmt, so macht sich hingegen bei dem fraglichen Bilde bemerklich, dass es dem Künstler nur sehr wenig um die Faktoren des Ganzen zu thun ist, obschon er es sich sehr angelegen sein lässt, dem Gesammtinhalte ähnlicher Werke des grossen Meisters zu entsprechen.

In diesem sorglichen Eifer geschieht es bei ihm, dass die Ausführung so weit getrieben wird, dass daraus zu entnehmen ist, diese Ausführung an sich erwecke im Künstler mehr Interesse, als das, worüber sie Aufschluss zu geben hat.

Auf diese Weise verschliessen sich ihre stilistischen erklärenden Zeichen und der künstlerische Zweck, durch die Art der Ausführung für die stillen Räthsel der Natur malerischen Aufschluss zu geben, geht verloren.

So ist namentlich der Kopf des fraglichen Bildes behandelt. woher es zugleich kommt, dass die Prinzipien der Färbung, die auch wieder in ihrer Gesammtheit die Tizianische Schule beurkunden, als solche kaum zu erkennen sind.

Aehnlich verhält es sich mit der Zeichnung oder der Begrenzung der Formen überhaupt, deren überaus correcte Bestimmung im Vergleich zu der Tizianischen zu künstlich erscheint.

So wenig es auch den Anschein haben mag, einen äussern Anlass dazu zu finden: das Bild gemahnt zugleich an die Eigenthümlichkeit einzelner Werke der mittlern Periode Holbein's des Jüngern, nur dass sie bei diesem Meister in consequenterem Zusammenhang mit einer Gefühlsweise steht, deren Grundzug eine noch selbständigere und naivere Naturanschauung ist. Die Ausführung Holbein's ist anspruchslos und zugleich ideenreich, von der innigsten

Liebe zu der Wahrheit erfüllt, die ihm am nächsten liegt; — die des fraglichen Künstlers ist so gewitzigt, als berechnend, sein Naturell steht in keinem so reinen Verhältniss zur darzustellenden Erscheinung und es hat den Anschein, als wollte er es dem grossen Tizian gleich thun, ja, als suchte er ihn womöglich noch zu übertreffen.

So gross auch der auf diese Weise erzielte geistige Inhalt sein mag, wodurch der Werth dieses Bildes gesichert ist: — ihm fehlt nach Lage der grossartigen Aufgabe die naturhistorische·Aufklärung der malerischen Idee, die sie in sich schliesst, ein Theil der Kunst, der von Tizian so wichtig erachtet wird, dass er die äussere Wirkung des Ganzen, die nur auf Kosten desselben gesteigert werden kann, oft zurückhält, woher es kommt, dass solche Werke leicht unterschätzt werden können.

Zieht man in dem fraglichen Bilde das Nebensächliche in näheren Betracht, was bei Ermittelung eines Meisters um so bedeutsamer ist, als sich hier der Künstler am freiesten bewegt, wodurch seine Eigenthümlichkeit mehr zu Tage tritt, so zeigt sich, besonders in der Auffassung und Behandlung der Hände und des Degengefässes, die Anschauung und Gefühlsweise eines deutschen Künstlers am unverkennbarsten. Besonders bei dem letztern nähert sich die Eigenthümlichkeit desselben um Vieles der des Holbein, was auch bei dem Traktamente des goldenen Fingerringes der Fall, das von dem eines italienischen Meisters ganz abweichend ist.

In Hinsicht der Färbung der Hände herrscht eine wesentliche Verschiedenheit von der des Tizian vor. Von der Menge Tinten, welche einer männlichen Hand eigen, bei deren künstlerischer Darstellung sich Tizian nicht die

Mühe verdriessen lässt, sie schon in der Untermalung auf so interessante Weise vorzubereiten, wie man an seinem eigenen Bildniss derselben Galerie sehen kann, ist nur wenig in dem fraglichen Bilde wahrzunehmen, da die Carnation hier viel bequemer, als nach der Individualität aufgefasst ist. Erst zu Ende des sechszehnten bis zur Mitte des siebzehnten Jahrhunderts sind es viele Bildnissmaler in Deutschland, die in solcher Weise die Hände behandeln. Der Mangel einer entsprechenden Färbung scheint daher zu rühren, dass man sich bei diesem Theile mit Auffassung nur seiner allgemeinen Motive begnügte, ohne bei der Ausführung selbst die Natur wieder zu Hülfe zu nehmen, ein Umstand, der, wie es mich dünkt, auch schon bei dem fraglichen Bilde stattfand.

In den Niederlanden war um die erwähnte Zeit eine bedeutend gewissenhaftere Auffassung der unmittelbaren Natur vorherrschend, während in Italien sich die Kunst durch einen falschen Schönheitsbegriff immer mehr und mehr auflockerte. Ein nüchterner Calcül, von dem ich bereits in dem fraglichen Bilde Spuren zu entdecken glaube, machte sich mit geringer Ausnahme allmälig in Deutschland geltend.

Schon vor geraumer Zeit hatte ich dem Herrn Direktor der Galerie mitgetheilt, dass ich das fragliche Bild für ein Werk eines deutschen Meisters hielte, obgleich sich der venezianische Einfluss darin so geltend mache. Auf meiner Kunstreise, die mich später nach Paris führte, fand ich diese Meinung dadurch bestätigt, dass ich in der Galerie des Louvre, bei unwesentlichen Abweichungen, ein Bildniss fand, das denselben Ursprung verräth.

Da mir unter allen Galerien, die ich bis jetzt gesehen,

keine vorgekommen ist, in welcher die italienischen Meisterwerke mir so sicher bestimmt erschienen, als die des Louvre,
so war ich gespannt, aus dem Catalog die Angabe des für
mich so fraglichen Meisters zu ersehen. Sie lautet auf Jan
Calcar aus Calcar im Cleve'schen, der schon bei
Vasari als einer der bedeutendsten Schüler des Tizian bezeichnet wird.

Der eigentliche Name des Hans von Calcar ist
Hans Stephanus. Er liess sich in Venedig nieder und
wird, wie viele Künstler der damaligen Zeit, die sich die
Prinzipien Tizian's zu eigen zu machen suchten, unter die
Schüler dieses Meisters gerechnet. Dass indessen Calcar
den unmittelbaren Unterricht Tizian's nicht genossen, geht
deutlich aus der so wesentlich abweichenden Behandlung des
obigen Bildnisses hervor. Calcar hat hier zwar die Scheinbarkeit Tizianischer Bildnisse bis zu einem gewissen Grade
erreicht, aber unter ganz anderen ursächlichen Bedingungen,
welche die erörterten Abweichungen zur Folge haben mussten.

Prüft man die beiden erwähnten Kirchenbilder von
Paris Bordone genau, wovon sich das eine in der Galerie
Colonna zu Rom, das andere in der Galerie des Museums zu Berlin befindet, und die ohne Zweifel unter der
unmittelbaren Leitung Tizian's vollführt worden, so wird
man den Unterschied der gediegenen Art der grossmeisterlichen Anlage und Vollführung leicht herausfinden, zumal da
die Stellen, wo Paris Bordone selbständiger wirkte, gegen
jene, wo Tizian vielleicht selbst thätig war, erheblich zurückbleiben. Von Paris Bordone ist es nicht allein gewiss, dass er ein Schüler Tizian's war, sondern es ist auch
eben so gewiss, dass er im Hause dieses Meisters wohnte,

eine Vergünstigung, die er weniger seinem Talent, als seiner hohen Geburt verdankt zu haben scheint.

Nachdem ich viele Werke genau untersucht, die von Meistern herrühren, welche unter die Schüler Tizian's gerechnet werden, habe ich gefunden, dass die meisten von ihnen nur indirekt, wie eben auch Calcar, aus den Werken des grossen Meisters, nach Massgabe ihres Talentes, Nutzen gezogen haben.

Was die Werke Tizian's eigentlich waren, könnten sie nur durch ihn selbst sein. Es fällt somit ein wesentlicher Grund weg, der so oft andere grosse Meister, bei denen viele Bilder bestellt worden, veranlasste, sich mit einer Menge von Schülern zu umgeben, die ihnen so häufig als Gehülfen dienten.

Vielleicht schreibt es sich aus diesem Umstand her, dass Tizian als neidisch verschrieen war, weil er nur wenig Schüler aufnahm. Auf welchen Meister sollte ein Tizian neidisch sein?

Calcar war auch ein geachteter Holzschneider. Die anatomischen Tafeln in einem Werke des Vesalius, die den Namen Tizian's tragen, rühren nicht von diesem, sondern von Calcar her.

§. 10.

Bilder der Katharinenkirche zu Venedig.

Die Katharinenkirche in Venedig, ein unscheinbares entlegenes, verstecktes Gebäude, ist wenig bekannt und für den Fremden schwierig aufzufinden, da sie weder in den

Reisehandbüchern, noch in den Spezialkarten von Venedig angegeben ist. In der Nähe der Jesuitenkirche befindlich, gehört sie zu einem ehemaligen Kloster, das jetzt dem Anschein nach zu einer Reitschule benutzt wird.

Diese Kirche enthält eine nicht unbeträchtliche Anzahl grossentheils verwahrloster Bilder, unter denen die umfangreichsten der Schule des älteren Palma angehören und zum Theil vielleicht vom jüngeren Palma herrühren. Ein dicker, sehr nachgedunkelter Firniss, mit dem sie überzogen sind, lässt dies schwer erkennen.

Jedenfalls gehören diese Bilder, die Legende der heiligen Katharina darstellend, der Periode der venezianischen Vielmalerei an.

Eine für Palma den Jüngeren ungewöhnlich solide Praktik und Vollendung, die an die bolognesische Manier erinnert, macht es wahrscheinlich, dass vielleicht Camillo Proccacini bei diesen umfangreichen Bildern mit thätig war.

Das Bild des Altars ist dagegen von der besten Erhaltung und von einer Frische der Farben, die bei vieler Uebereinstimmung mit den Werken des Paul Veronese die anscheinende Aechtheit desselben verdächtigt.

Mit Rücksicht auf das Material und den Prozess der Farben fällt es ohngefähr in die Zeit des Tiepolo.

In diesem Bilde sind die Zeichen einer grossen Virtuosität sprechender, als die der Ursprünglichkeit und eine gewisse beschränkte Sicherheit in der Behandlung weist bei aller Leichtigkeit des Vortrages auf irgend ein anderes Bild des Paul Veronese hin, das vielleicht hier zur Grundlage gedient hat. In dieser Meinung wird man durch die

Art der Färbung bestärkt, die bei all' ihrer harmonischen Mannigfaltigkeit, in ihrer sorglichen Reinheit, den Mangel ursprünglicher Ideen erkennen lässt.

Dieses Bild ist besonders geeignet, bei Bestimmung derartiger Werke vorsichtig zu machen, zumal da man jetzt in Italien, vornehmlich zu Venedig, den Paul Veronese mit vieler Geschicklichkeit nachahmt und dazu in betrüglicher Absicht alte Bilder zur Grundleinewand benutzt.

Das erheblichste unter allen in dieser Kirche befindlichen Werken ist eine Darstellung des Tobias, mit dem ihn begleitenden Engel, in zwei Drittel lebensgrossen Figuren, auf einer Holztafel mit dem Wappen des Bestellers gemalt.

Bei seiner unvortheilhaften hohen Placirung erschien mir die Zeichnung der Füsse für die in mehrfacher Hinsicht begründete Annahme, dass es ein Bild von Tizian sei, zu mangelhaft, weswegen ich vorerst zwischen diesem Meister und Giorgione bei der Bestimmung schwankend war.

Nachdem ich alle mir wichtig scheinenden Eigenthümlichkeiten dieses Bildes, soviel mir hier möglich, meinem Gedächtniss eingeprägt und in reifliche Ueberlegung gezogen und so mehr Wahrscheinlichkeit für Tizian, als für Giorgione fand, wiederholte ich meinen Besuch.

Auch bei dem vortrefflichen Bilde Tizian's, das sich seit Kurzem in der Kirche Salute befindet, vorstellend den heiligen Marcus mit mehreren Portraitgestalten und den heiligen Sebastian, fand ich die Füsse der lezteren Figur nicht glücklich in der Form.

Derartige Mängel bezeichnen die erste Periode dieses Meisters, in der er dafür durch eine naive Anschauung und Auffassung der Natur schadlos hält, die, von einem ächten

Schönheitsgefühl unterstützt, diese beiden Bilder so überaus anziehend macht.

Mit Hülfe einer Leiter wurde mir es möglich, das Bild des Tobias ganz in der Nähe zu betrachten. Die scheinbaren anderweitigen Mängel verschwanden, und auch die Füsse gewannen ein vortheilhafteres Ansehen. Auffassung, Farbe und Traktament liessen mir nicht den mindesten Zweifel übrig, dass ich hier ein Werk des Tizian vor mir hatte und zwar aus der Zeit, wo er mit Giorgione wetteiferte und daher seine Bilder sehr ausführte. Gesund in jeder Hinsicht, ist dieses Werk im deutlichsten Ausdruck dieser Periode von besonderem Interesse, indem es die Keime seiner nachmaligen Grösse unter den Bildern, die ich von ihm kenne, am offensten darlegt.

Wohl kein Meister hat wie Tizian das Bedeutsame der Produkte des primären Kunsttriebes in der Zeit seiner höchsten Meisterschaft besser zu würdigen gewusst. Ein lehrreiches Beispiel bietet er in dieser Hinsicht in einem Werke, wo er denselben Gegenstand in ziemlich derselben Grösse frei wiederholt. Es befindet sich in der Marzialkirche, einem gleichfalls kleinen Gebäude, nicht allzuweit von der Katharinenkirche entfernt. Ungewöhnlich hell, wie diese Kirche, ist eine genaue Untersuchung auch hier möglich.

Die Abweichungen dieses Bildes von dem ersten sind dem Aeussern nach sehr verschieden. Aber das Wesen des Gegenstandes ist mit derselben kindlichen Unbefangenheit und Liebe aufgefasst und festgehalten, nur dass der dunkele Drang zur Schönheit durch ein gesteigertes Bewusstsein dessen, worauf es in der Kunst ankommt, hier die reinste Form und Vollendung gewinnt.

Wahrscheinlich ist es aber gerade das erste Bild, dessen Tizian mit einer gewissen Genugthuung Erwähnung thut. als ihn Vasari in Rom herumführte, denn nur dieses fällt in die von ihm bezeichnete Periode, welche der Zeit voranging, als er mit Giorgione gemeinschaftlich die Aussenseite des Kaufhauses der Deutschen gemalt hat.

Es kann diese Vorliebe, welche Tizian einem schwächern Bilde von sich zuwendet, nicht befremden, da es im Gebiete der Kunst nicht selten vorkommt; dass Meister in den Jahren einer reiferen Erkenntniss ihre Liebe vorzugsweise ihren Erstlingswerken zuwenden. Und in der That kommen in den frühesten Werken eines Meisters oft Dinge zum Vorschein, die eine höher entwickelte Kunst bei allem Vorsatz nicht wohl wieder zu erreichen vermag.

Es ist hiermit gleichsam, wie mit der Erscheinung des blauen Aethers, er setzt einen dunkeln Grund voraus.

§. 11.

Zwei Bilder der Sammlung des Verfassers im Verhältniss zu einander, das erste von Tizian, das andere von Correggio.

Maria empfängt vom heiligen Hieronymus das Christuskind auf ihren Schooss, dessen Füsse der letztere mit Inbrunst küsst. Rechts steht der Johannesknabe, welcher ein Körbchen mit Blumen emporreicht, hinter ihm der heilige Franziscus.

Dieses Bild ist eine der grossartigsten Compositionen, welche Tizian vollführt hat. Die Maria trägt den genauen Typus, wie er in dem Bilde der Verkündigung in der Kirche

St. Salvatore in Venedig wahrzunehmen ist, nur dass sie, in diesem als Jungfrau dargestellt, jünger erscheint. Hier als Mutter blickt sie mit ruhigem Ernst nach dem Kinde, während sie im Begriff ist, aus einem neben ihr stehenden Korbe auf der entgegengesetzten Seite das Weisszeug zu nehmen. Ihr Kopf ist tief begeistigt, die Bewegung der Arme und Hände, voll hohen Adels, drückt trotz des Mangels an angenehmen Formen ein Wesen höherer Art aus. Nicht weniger gilt dies von der Art und Weise ihres Sitzens.

Es bestätigt sich hier, was ich bereits in meinem Werke „Das Wesen der Malerei" über Tizian's Darstellung der Maria im Allgemeinen gesagt habe. Sie ist nicht als Mutter des Heilands allein, sie ist als Mutter der Menschheit aufgefasst, der sie den Heiland geboren.

In Beziehung auf das göttliche Kind macht sich bei ihr ein gewisser Indifferentismus geltend, der schon in der Antike ein Zeichen jener Symbolik ist, in welcher der historische Vorgang, von äusseren Zufälligkeiten geläutert, durch die Offenbarung des Schönen seine höhere Bedeutung erhält.

In der grossartigen Abweichung von der Wirklichkeit, um solchem Sinne gemäss ein höheres Dasein zu beurkunden, begegnet Tizian in diesem Werke dem Michelangelo, mit dem er zugleich den Mangel angenehmer Formen gemein hat, da es beiden Meistern vornehmlich darauf ankommt, den Beschauer für das Wesen der Erscheinung gesammelt zu erhalten. Der Nachdruck ruht diesem gemäss mehr auf dem grossen Ganzen; die weitumfassende Gefühlsforderung dieser Meister lässt die äusseren Reizmittel nicht zu, die ihnen mit dem Zwecke der Erbauung im Widerspruche stehen. Solche Bilder sollen wirken, wie der Orgelton, dessen ungefügige

Natur nur durch die geistige Kraft des Stils gebändigt wird.
Die ernste, charaktervolle Gliederung der Weisen, in der sich
die tiefste Regung der Seele kundgibt, ist es, um welche
sich die Harmonien einheitlich kreisen, der Schönheit hul-
digend, bei deren geistiger Offenbarung sich die Andacht zum
Himmel erhebt.

Tizian hat in der Maria hier eine von jenen Urkräften
geschaffen, die von Goethe unter der Idee „der Mütter" begrif-
fen werden, bei deren dichterischer Erwähnung Einen jedes
Mal ein heiliger Schauer durchdringt.

Wenn es die hohe Bestimmung war, den von der rechten Bahn abirrenden menschlichen Geist durch die Mensch-
werdung Gottes auf seinen reinen Urquell des Heiles zurückzuführen, so ist die Gotterwählte von Tizian mit einer
Schöpfungskraft dargestellt, die ihrer geistigen Belebung nach
kaum ihres Gleichen haben dürfte. Ihre menschliche Gestalt
ist nur das äusserlich Zufällige.

Es kam dem unsterblichen Meister mehr darauf an, die
Manifestation des Göttlichen in der psychologischen Geber-
dung möglichst grossartig zu erkennen zu geben. Ihr Antlitz, der Form nach rein menschlich, ist ohne allen irdischen
Affekt. Völlig leidenschaftslos, blickt sie nach dem Kinde.
Keine menschliche Erfahrung vermag in diesem Antlitz etwas
zu entdecken, das auf irgend ein menschliches Interesse
schliessen liesse. Ihr Beginnen ist nur ein irdisches Gleich-
niss einer höhern Natur, der man in scheuer Ehrfurcht gegenübertritt.

Mit eben so tiefer Einsicht einer grössten Meisterschaft
ist die Bedeutung des göttlichen Kindes mehr in der Wirkung zu erkennen, die es auf den heiligen Hieronymus her-

vorbringt, als an ihm selbst; denn die unentwickelte Vernünftigkeit steht der Absicht entgegen, in ihm mehr zu geben, als das Kind, da es als solches schon durch seine Unschuld das Göttliche repräsentirt. Tizian's Weisheit gibt sich in dieser Hinsicht auch in anderen derartigen Bildern dadurch zu erkennen, dass sie sich nicht für weiser erachtet, als den sichern instinktiven Bildnertrieb seiner frommen künstlerischen Vorgänger, die in der Vorstellung solcher kindlichen Unschuld unübertroffen sind, weil ihr selbsteigener kindlicher Sinn durch die Trugschlüsse des Verstandes noch nicht verleitet ward, von dem eigentlichen Wesen ihrer Darstellung abzugehen.

In dem in Rede stehenden Bilde überreicht der heilige Hieronymus der göttlichen Mutter das Christuskind mit andächtiger Zerknirschung. Dieser Affekt steht mit der überirdischen Ruhe der Mutter in einem Gegensatz, der die Natur beider Gestalten bedeutsam kennzeichnet. Nicht minder ist dies der Fall bei dem heiligen Franciscus und dem Knaben Johannes. Ersterer, bereits zu einem höhern Leben entrückt, ist als Symbol des hingebenden Glaubens aufgefasst. Mit durchstochener Hand und Brust, den Blick mit Zuversicht auf die Gottesmutter gerichtet, ist er dargestellt, und wie sein bleiches Gesicht auf die Ertödtung des Sinnlichen im Dienste des Herrn hinweist, so stellt sich in dem Johannesknaben die Berechtigung des Irdischen in der strotzenden Fülle eines blühenden Lebens dar, dessen höheres Gedeihen nur im gläubigen Hinblick nach dem Göttlichen zu gewärtigen ist.

Dieses Bild, von mir aus der Sammlung des Marchese Dolfin in Venedig erworben, erregte nach seiner Reinigung, nach welcher man seine Schönheit erst beurtheilen

konnte, grosses Aufsehen daselbst unter den Sachverständigen,
welche mir der dortige Maler N e r l y zuführte. der mir jede
Hoffnung abgesprochen hatte, nur irgend ein Werk von Ti-
z i a n's Hand in Venedig erwerben zu können.

Es gehört der letzten Periode dieses Meisters an, wo
seine Schöpfungskraft noch ungeschwächt war. Nicht in dem
Maasse ausgeführt, wie die Hauptbilder seiner früheren Perioden, enthält es in einer allgemeinern Auffassung gleichwohl
jene grosse Lebenswucht, welche er seinen Bildern zu geben
wusste, nur um so eindringlicher.

Diese Eigenthümlichkeit, im Verein mit der Gediegenheit
seines stilvollen Colorits, wusste sich T i n t o r e t t o nur bis zu
einem gewissen geringern Grade anzueignen, ohne dabei als ein
blosser Nachahmer zu erscheinen, weshalb solche Bilder des
T i z i a n leicht für Werke des T i n t o r e t t o gehalten werden,
obschon ihr Unterschied ein sehr bedeutender ist, indem sich
beide Meister zu einander verhalten, wie die ächte Virtuosität zur Routine. So umfangreich auch die letztere sein
kann, sie ist begrenzt und abgeschlossen, während die erstere
bei T i z i a n eine Universalität zum Kerne hat, welche, im
Endlichen das Unendliche ahnend, im steten Streben begrif-
fen ist, das Geistige vielgestaltig zu erfassen.

In Uebereinstimmung hiermit hat sich die Denkweise
T i z i a n's kunstphilosophisch ausgebildet, und nur so erst ist
er zu jener tiefgeistigen Symbolik gelangt, die in der bildenden Kunst unerlässlich ist, wenn in ihr wahrhaft Bedeutendes hervorgebracht werden soll, weil ein concreterer Weg
immer mehr oder weniger von der Schönheit abführt.

Bis zu einem solchen Standpunkte. der in dem in Rede
stehenden Bilde deutlich ausgesprochen ist, vermochte sich

Tintoretto niemals emporzuschwingen, weswegen er in eine
Vielmalerei ausartete, die bei allem Reichthum der Erfindung
nicht damit zu vereinbaren ist. Seine Routine beschränkte die
ursächliche Basis der Wirkung. die er seinen Bildern zu geben
verstand; sein Vortrag ist viel geläufiger, als geistig bedächtig.

Diese Eigenschaften stehen im Widerspruch mit denen
des Tizian, die sich in dem obigen Bilde kundgeben, und
nur derjenige kann beide Meister mit einander verwechseln,
der den äussern Schein nicht von dem innern Wesen zu unterscheiden vermag. Wo hätte Tintoretto je eine Maria
gemalt, die an geistigem Gehalt der in Rede stehenden gleich-
käme? — — So grossartige Intentionen, wie sie hier in der
psychologischen Bewegung ausgesprochen sind, lagen gänzlich
ausser seinem Vermögen, da, wie seine vielen Bilder beweisen, er sich wohl für die Kunst im Allgemeinen, aber nicht
für den religiösen Gegenstand im Besondern begeistern konnte.
Sein Streben, möglichst grossräumige, vielgestaltige Compositionen zu malen, bezeichnet zum Theil den Zustand dieser
Sinnesart, deren Rüstigkeit nur selten eine geistige Sammlung zuliess, deren er nur bei einzelnen Portraits fähig war,
weshalb diese wieder leicht für Werke des Tizian gehalten
werden, wie dies z. B. mit dem Bildniss eines Mannes
mit dem Palmzweig in der Dresdener Bildergalerie unter
No. 108 der Fall, das offenbar von Tintoretto herrührt.

Tintoretto fühlte sich wohl von den Werken des
Michelangelo angezogen, ist aber durchaus nicht in die
Eigenschaft eingedrungen, die seine eigentliche Grösse ausmacht. Diese Eigenschaft ist die grossartige, geistvolle Charakterisirung religiöser Persönlichkeiten. Nur hierdurch wird
der Irrthum Michelangelo's erst erträglich, den er, durch

den überaus grossen Raum in der Sixtinischen Kapelle verleitet, dadurch beging, dass er in ein Zuviel ausartete, von
dessen Künstlichkeit Tintoretto mehr eingenommen war, wie
von der eigentlichen Kunst dieses grossen Meisters.

Tizian ermass dieses Verhältniss mit einem sichereren
Blick, weshalb er in einem Bilde, wie das in Rede stehende,
wo er es mehr mit einer geistigen Gesammtwucht als mit
einer speciellen Ausführung zu thun hatte, wie dies auch in
Michelangelo's jüngstem Gericht der Fall ist, diesem
Meister wesentlicher begegnen musste. Diese Eigenthümlichkeit, welche vornehmlich in den Werken seiner letzten Periode wahrzunehmen ist, hat keiner von allen grossen Meistern
Venedigs mit Tizian gemein. — Von dem grossen Werthe
dieser Art seiner Bilder war Tizian so überzeugt, dass er, als
man in seiner Gegenwart zweifelte, ob er das Bild der Verkündigung, befindlich in der Kirche St. Salvatore, selber
ausgeführt habe, da er es nicht so speciell wie andere Bilder
aufgefasst hatte, so in Zorn gerieth, dass er in Gegenwart der Besteller seinen Namen zweimal darauf geschrieben
hat, wie man dies noch heutigen Tages sehen, und von jedem
Venetianer dieses Faktum vernehmen kann, der sich für den
grossen Meister interessirt.

Eine zuverlässige Quelle für die Bestimmung Tizianischer
Bilder letzter Periode ist in Deutschland ein Bild in der
kurfürstlichen Galerie zu Cassel, vorstellend eine
ritterliche Portraitgestalt in ganzer Lebensgrösse, in der einen
Hand eine Fahne haltend; rechts ein Hund, links Amor, als
Sinnbilder der Treue und Liebe. Es ist ächt bezeichnet,
wohl erhalten und zur kritischen Untersuchung so hell und
bequem aufgestellt, wie selten ein Bild solcher Art.

In der Galerie des königlichen Museums zu Berlin befindet sich ein lebensgrosses Brustbild, angeblich von Tizian, das offenbar dieselbe Person vorstellt, die nach der Inschrift des Portraits der Admiral Mauro sein soll.

Ein anderes Bild meiner Sammlung, von Correggio, ist im Gegensatz zu dem des Tizian sehr geeignet, die verschiedene Auffassung und Behandlung beider Meister näher zu bezeichnen. Es stellt vor in ganzen, beinahe lebensgrossen Figuren Maria, den in der Wiege stehenden Christusknaben haltend, links im Helldunkel Joseph, rechts Katharina, dem Kinde eine Frucht reichend, in der linken Hand einen Dorn haltend. Die Wahl der Formen, sowie die einem Bilde zum Grunde liegenden Individualitäten gehören in das Bereich des Zufälligen. Indem Tizian im obigen Bilde kein Gewicht auf das äusserlich Angenehme legt, erwächst ihm der Vortheil, dass er den Beschauer für die Begeistigung seines Werkes um so gesammelter erhält und für die Schönheit desselben empfänglicher macht.

Die Werke Correggio's erster Periode, welche sich noch der alterthümlichen Richtung seiner Vorgänger anschliessen, sind noch in solchem Sinne gebildet. Später, wo man den Zweck der Erbauung aus dem Auge verlor, trat oft der des Reizes an seine Stelle, und besonders war es Correggio, der in seinen graziösen Stellungen unerschöpflich war, dadurch die äussern Sinne gefangen zu nehmen. Wenn in dem in Rede stehenden Bilde die Formen bedeutend angenehmer, als in dem Bilde Tizian's sind, so kann es auch nicht fehlen, dass es vorerst den Beschauer mehr anzieht. Diese angenehmen Formen sind es vornehmlich, welche die vielen Nachahmer Correggio's sich zu eigen zu machen suchten, und da ihnen die tiefern Eigenschaften des grossen Meisters verborgen geblieben sind, oder sie nicht im Stande waren, das wahrhaft Schöne seiner Bilder zu erreichen, weil dies eine tiefere Auffassung der Lebensbedingungen voraussetzt, so entstanden dadurch eine Menge von Bildern, die an Scheinbarkeit den ächten Werken Correggio's zwar ähnlich, aber bedeutend hinter diesen zurückblieben, was selbst bei Baroccio und Parmegianino der Fall war. Daher kommt es, dass später, wo man gegen diese Art angenehmer Bilder gleichgültig wurde, durch Liebhaber und Halbkenner, welche das Aechte nicht von dem Unächten zu unterscheiden wissen, solche ganz allgemein in Misscredit kamen. Hierbei übersieht man, was bereits oben berührt worden: die angenehme Form oder die weniger angenehme sind nur das Zufällige in der Kunst, das erst nach Massgabe des Stiles seine Bedeutung erhält.

Betrachtet man das in Rede stehende Bild Correggio's genauer, so ergibt sich leicht, dass man hier durchaus nicht eins von jenen Werken einer gehaltlosen Nachahmung vor sich habe. Seinem Stile nach fällt es weder in die erste, noch in die letzte Periode des Meisters, aus denen beiden die königliche Galerie zu Dresden Werke besitzt, sondern es steht diesen beiden Perioden mitten inne. Das Dresdner Bild No. 132 aus der ersten Periode stellt vor: Maria mit dem Kinde segnet vom Throne herab den heiligen Franziskus, dabei mehrere Heilige; das andere der letzten, No. 135, ist „die Nacht". Die Werke der ersten Periode machen sich durch einen strengern Kirchenstil kenntlich.

Bei einem Anflug von Einfluss des Leonardo da Vinci, der ihm wahrscheinlich auch den Anlass zu einer Grazie gegeben, die in seiner letzten Zeit auf Kosten des kirchlichen Stiles und der ernsten Würde so vorwiegend wurde, wie man bereits an dem Bilde der „Nacht" ersehen kann; besonders aber an dem Bilde des heiligen Georg, No. 136 derselben Sammlung.

In dem in Rede stehenden Werke meiner Sammlung ist von einer beabsichtigten Grazie, die so oft in das Affektirte ausartete, noch nichts wahrzunehmen. Ein ächter innerer Seelenadel, von welchem die Gestalten durchdrungen sind, leitet die Bewegung der edlen Glieder, die in ihrer charakteristischen Klärung jenes Mass hält, das bei allem rhythmischen Wohlklang nur einer wahren Naivetät dienstbar ist. In heiliger, stiller Feier sind Alle von einem göttlichen Ernst durchdrungen, der den Beschauer zur Andacht stimmt. Selbst das Christuskind ist bei aller Lieblichkeit der Formen von diesem hohen Ernst erfüllt, und wenn es von der heiligen Mutter herzlich umfasst wird, so geschieht dies in einer Art, welche ihre höhere Natur erkennen lässt. In solchem Sinne ist auch die heilige Katharina aufgefasst. Diese grossartige sitzende Gestalt stellt deutlich heraus, was schon frühere Kunstforscher behauptet haben, dass Correggio von der Antike Kenntniss gehabt haben müsse. Es wäre auch zu verwundern, wenn dem nicht also wäre, da er den Rafael um 14 Jahre überlebt hat und Squarcione in Padua beinahe einhundert Jahre früher nach Antiken hat zeichnen lassen, aus dessen Schule Mantegna hervorgegangen, welcher nicht ohne Einfluss auf Correggio war. Abgesehen von alle diesem, würde aber das Bild selber dafür sprechen, es wäre nur nachzuweisen, dass sein Urheber wirklich Correggio ist.

Zunächst leiten die Typen der Köpfe, besonders der der Katharina, auf diese Vermuthung, sowie die Gefühlsweise, mit welcher die ganze Composition vollführt ist. Die Gewandung und Draperie ist seinem Stil und Geschmack völlig entsprechend. Seine Eigenthümlichkeit, dass einzelne Theile der Gewänder sich öfter nicht hinter den Figuren fortsetzen, ist auch hier als ein sehr erheblicher Grund der Bestätigung zu bezeichnen, da sich bei keinem andern Meister eine solche Eigenthümlichkeit kundgibt. Der gelbgrüne Mantel, mit welchem der rechte Schenkel der Katharina bedeckt ist, bezeichnet diese Eigenthümlichkeit genau. Correggio kam es mehr darauf an, in den sichtbaren Theilen seiner Bilder das möglichst Mannichfaltige in Linien und Farben zu gewinnen und harmonisch zu verbinden, als die unsichtbaren Theile mit den sichtbaren im Zusammenhang zu wissen. Diese Freiheit, welche sich Correggio zum öftern nimmt, weiss er als solche so geschickt zu verbergen, dass man diese seine Eigenheit kaum gewahr wird.

Eben so bestimmt drückt sich sein Geschmack in dem Bildwerk aus, mit welchem die Wiege des Kindes verziert ist. Dass aber das Colorit und das Helldunkel durch die Benutzung der Camera obscura bewerkstelligt worden, wie man am deutlichsten an der Figur des Joseph ersehen kann, ist ein Umstand, der auf das Bestimmteste auf Correggio hinweist, da kein anderer italienischer Meister sich eines solchen Mittels zu seinen Darstellungen bedient hat. Die Art der Bläue seines Gewandes, sowie die chromatische Umgrenzung dieses, sowie auch des weissen Gewandes der

Katharina, sind unverkennbare Zeichen der Benutzung dieses
optischen Mittels. Eben so ist die linke Hand ·des Joseph
in Auffassung und Stellung der einzelnen Theile seinem
eigenthümlichen Stile gemäss vollführt. Mit grosser Wahrscheinlichkeit ist die so eigenthümliche Manier Correggio's
hauptsächlich dem Studium der Erscheinungen, wie sie sich
in der Camera obscura zeigen, zuzuschreiben. Das daraus
sich ergebende Verhältniss der Wirklichkeit, durch welches
diese hier harmonischer wird und daher angenehmer erscheint, musste seiner Sinnesweise besonders zusagen, da
sich schon in einzelnen Bildern seiner früheren Periode, in
der er die Camera obscura noch nicht angewandt, vielleicht
noch gar nicht gekannt hat, eine Hinneigung zu angenehmen
Formen in einem bis dahin unbekannten Grade wahrnehmen
lässt. Glücklicherweise lag in Correggio bereits so viel
künstlerische Strenge, dass er im Stande war, die auf diesem Wege entdeckten Wahrheiten zweckgemäss verwerthen
zu können. Er lernte dadurch genau kennen, was andere
grosse Meister mehr fühlten: dass die Erscheinung der
Farbe kein materieller Theil sei, welcher dem Gesehenen
anhaftet, sondern ein Process, den das Licht mit der festern
Materie der Erscheinung eingeht, dessen geistigen Sinn er
durch die Malerei zu veranschaulichen suchte. Das zart-
verblasene Farbenspiel, welches die Camera obscura gibt,
wusste Correggio nach seiner physikalischen Bedeutung
malerisch so bestimmt aufzufassen, dass er dadurch jenen
Zauber der Harmonien gewann, deren ideeller Reiz sich
nach und nach auch auf die Formen übertrug, die daher bei
mancher Incorrectheit, welche so oft bei grossen Coloristen
anzutreffen, im Ganzen nie eines überaus anziehenden Ein-

klanges entbehrt. Besonders gilt dies von dem in Rede stehenden Bilde, obgleich es mehr, als andere Bilder dieser Art sich der directen Wirklichkeit nähert.

Bei so verführerischen Reizen, als sie dem Correggio durch dieses optische Mittel geboten waren, wusste er zwischen einer verblasenen Weichheit und der bis dahin üblichen Strenge der körperlichen Umgrenzung die entsprechende Mitte zu halten, von welcher seine Nachahmer nach einer oder der andern Seite hin immer mehr oder weniger abweichen. Es gehört eben der geistige Eifer des ersten Entdeckers einer neuen grossen Wahrheit dazu, ihre Bedeutung in's hellste Licht zu stellen und die erspriesslichsten Resultate davon herzuleiten. In zweiter Hand ist ein ähnlicher Eifer entweder kälter oder auf Dinge gerichtet, die den Punkt, um welchen es sich hier handelt, nicht wesentlich treffen. Correggio kam es besonders darauf an, dem reizenden Farbenspiel der Camera obscura die künstlerische positive Seite abzugewinnen, da dieses Farbenspiel ein zu verschwommenes und indirectes war. In diesem seinem Streben bildete sich seine Auffassung und Behandlung der Farben zu einer eben so hohen, als selbständigen Virtuosität aus, von welcher selbst ein Tizian überrascht war, als er die Kuppel dieses Meisters in Parma erblickte, die in Hinsicht der Formen von je her viel zu tadeln gab.

Nur selten löst Correggio seine Farbenharmonie und Accorde in wirkliche Weisen auf, er bewegt sich lieber in dem Bereiche idealer allgemeiner Möglichkeiten, während Tizian der besondern Weise eines speciellen Falles ihr besonderes Recht gibt und sie zur einheitlichen Idee erhebt. Selbst die Grossartigkeit seines Stiles verhindert ihn nicht,

in's Einzelne zu gehen, wie man in seinem oben erwähnten
Bilde ersehen kann. Die marmorirte Säule in der Mitte
desselben entbehrt der Localtinten des Marmors nicht, und
zwar sind sie mit der ganzen Energie einer pastosen Farbe
hingesetzt. Dieser Zug bezeichnet die Eigenthümlichkeit
Tizian's genau, der auch im Kleinen grossartig zu sein
weiss, was in solcher Art bei anderen Meistern nicht der
Fall ist, am wenigsten bei Tintoretto.

Wenn Correggio es mehr mit allgemeinen Harmonien
zu thun hat, so musste ihm besonders an der Art und Weise
ihrer gegenseitigen Verschmelzung viel gelegen sein, und zwar
musste diese so bewerkstelligt werden, dass daraus kein die
Wahrheit mystificirendes Verhältniss entstand. Das besonders
ist die starke Seite seines Colorits, dass er nach der allgemeinen Vertreibung seiner Tinten durch die scharfsinnigsten
Retouchen hier zu den positivsten Resultaten gelangt, die
den wahren Kenner in Erstaunen setzen. Sein überaus feines
Maasshalten in Hinsicht der Tinten und Töne und deren
Modificationen durch Schatten und Licht macht es fast unmöglich, seine Werke genügend zu copiren, weil Vieles aus
einer geläuterten Gefühlsfordrung entsprungen, auf welche er
sich mehr, als auf sein prüfendes Auge verlassen hat.

In dem obigen Bilde ist es besonders der Kopf der
Maria, der in Hinsicht der Behandlung bewunderungswürdig
ist. In Beziehung auf ihren geistigen Gehalt hat die Kunst
von verschiedenen grossen Meistern wohl Gleiches aufzuweisen; was aber den harmonischen Zauber der Farben und
deren Behandlung betrifft, so kann wohl behauptet werden,
dass es nur einem Correggio möglich ist, aus dem scheinbar Naturunbestimmten der Form- und Farbenverhält-

nisse, mit Werthhaltung des Gesetzes dieses Naturunbestimmten, ein so bedeutendes Resultat mit künstlerischer Bestimmtheit zu erlangen. — Der Gefühltsakt und die Kunsterkenntniss, mit welcher Correggio das entsprechendste Mass des Naturunbestimmten in Form und Farbe zu finden weiss, so dass das geistige Ergebniss ein künstlerisch bestimmtes werde, ist eine Eigenthümlichkeit dieses Meisters, die in so vorwiegendem Streben nach idealer Allgemeinheit nicht ihres Gleichen hat. In seinem Colorit, als solchem, wird, wie bei Tizian, das Farbenmaterial von der Idee des darzustellenden Lebens vollständig so in Anspruch genommen, dass man nichts von ihm gewahr wird, als nur den geistigen Reiz, in dem es aufgeht. Die oberflächliche Ebenheit des Farbenauftrages im Vergleich mit Tizian's pastoser Behandlung ist nur eine scheinbare, die sehr an Werth verlieren würde, wenn sie wirklich so glatt wäre, als sie in den Werken Correggio's scheint. Denn da, wo die selbständige Kunst einzuwirken hat, den Natursinn hier zu verdeutlichen, oder das Bild seiner Wirkung nach zur möglichst geistigen Höhe zu erheben, entfaltet er trotz dieses Scheines der Glätte einen Vortrag und eine Dialektik, die in der Schärfe ihrer gedanklichen Bestimmung zugleich ein thatsächliches Agens bilden, durch welches sich das geistige Leben wunderbar steigert.

In Hinsicht der Auffassung weiblicher Charaktere, die nachmals bei Correggio in eine unbedingte Grazie aufgehen, welche, wie schon bemerkt, oft auf Kosten des erforderlichen kirchlichen Ernstes und der Würde erzielt wird, ist sowohl die Maria, als auch die Katharina in dem in Rede stehenden Bilde ein Beweis, was die Schöpfungskraft dieses

Meisters in dieser Beziehung vermochte, ehe er sich den ver-
lockenden äusseren Anziehungsmitteln völlig hingab. Die
jungfräuliche Unschuld kann nicht zarter und inniger ausgedrückt werden, als es bei dieser Maria der Fall.

Bei der Katharina ist die Aufgabe eine ganz andere,
und ihre Lösung nicht minder bewunderungswürdig. In ihr,
die mit aufopfernder Hingebung für den Glauben den Tod
erlitt, ist ein gesinnungsvoller, hoher Ernst ausgedrückt.
Correggio beweist in jedem Zuge dieser edlen Gestalt nicht
nur, dass er die Antike gekannt, sondern dass er ihre geistige Bedeutung erkannt habe. Die Wirklichkeit ist hier in
einer läuternden Symbolik zur höchsten Idealität erhoben.
Die Art und Weise, mit welcher sie dem Kinde die Frucht
reicht und für sich den Dorn behält, ist nur der höchsten
Meisterschaft möglich, weil alle Hülfsmittel der wirklichen
Natur nicht ausreichen, wenn es die Darstellung eines höhern
Wesens gilt. Welcher Sterblichen wäre es möglich, eine
solche Bewegung der Glieder hervorzubringen, in welcher
fromme Demuth und Schüchternheit mit einer ächt weiblichen
Würde in den holdesten Widerstreit treten?

§. 12.

Ueber Leonardo da Vinci und seine bedeu-
tendsten Schüler.

Gemeiniglich dienen die in der Galerie des Louvre zu
Paris befindlichen, dem Leonardo zugeschriebenen Bilder
zu einer allgemeinen Richtschnur, um danach die Aechtheit

festzustellen, wenn es sich darum handelt, ob ein fragliches Bild von ihm selber herrühre.

Hierbei ist wohl zu erwägen, dass man höchst wahrscheinlich auch beim Sammeln dieser Werke nur nach einer Richtung seiner Manier im Anlass einiger zuverlässiger Bilder ausgegangen ist, wie dieses öfter auch in andern Galerien vorkommt.

Der hieraus sich ergebende Uebelstand ist ein sehr bedenklicher. Denn bei dem Mangel einer ächten Kritik, die da vermag ein Kunstwerk von Innen heraus zu erkennen, hält man sich gewöhnlich an äusseren Merkmalen fest, und es ist daher schon lange Zeit üblich, Bilder des Leonardo anzuzweifeln, wenn sie auch bei innerer Gediegenheit und Wahrscheinlichkeit jenen einseitigen Schein, der mehr oder weniger den Pariser Bildern eigen ist, verknüpfen, der doch nur eine schwache Gewährleistung bietet, wenn nicht zugleich die bestimmte Lebenswucht empfunden werden kann, deren hoher Grad nie von einem seiner Schüler erreicht worden ist. Das Vermögen der richtigen Schätzung dieser Wucht schon durch das Gefühl setzt voraus, dass man die ihr zum Grunde liegenden malerischen Lebensideen erkannt habe, um vorkommenden Falls eingetretene Modificationen in Auffassung und Behandlung in einen entsprechenden Anschlag bringen zu können.

Es wäre doch sonderbar, wenn ein Meister erster Grösse, wie Leonardo, eine Ausnahme von allen übrigen Meistern höchsten Grades machen sollte und bei einer und derselben Manier beharrte, während es doch gewiss ist, dass ein so bedeutender Grad von Kunstvollendung, wie sie diesem Meister eigen ist, nur auf verschiedenen Wegen der

Naturanschauung und der Kunsterfahrungen gewonnen werden kann.

Schon die hohe Vollendung der Bilder des Louvre lässt erkennen, dass Leonardo in der Malerei viel thätiger gewesen sein müsse, als man gewöhnlich annimmt; denn nur durch grosse und vielfache Uebung vermag auch ein Genie erst zu einer höhern Virtuosität zu gelangen. Auch lässt seine malerische Thätigkeit an verschiedenen auswärtigen Orten vermuthen, dass die äussern Einflüsse derselben nicht immer der Art waren, dass er die Auffassungs- und Behandlungsweise, wie solche bei jenen Bildern einer tiefern Stimmung und kraftvollern stetigen Modellirung ausgesprochen sind, nicht immer habe festhalten können.

In meinem Werke „Das Wesen der Malerei" habe ich bereits dieses Verhältniss berührt, und ich fühle mich bei der Wichtigkeit des Gegenstandes gedrungen, nochmals zu wiederholen, dass die dem Leonardo in der Pinakothek zu München zugeschriebenen Werke im Hinblick auf die Pariser Bilder dieses Meisters, trotz des befremdlichen äusseren Scheines, viel innere Wahrscheinlichkeit einer richtigen Bestimmung haben.

Ein wohlfeiler Zweifel, hinter welchen sich die Ignoranz so gern versteckt, zumal da man durch ihn so leicht einer Verantwortung entgehen kann, ist schon in früherer Zeit die Veranlassung gewesen, dass man ächte Werke Leonardo's, die man für Copien gehalten, für ein Geringes erworben hat, die jetzt, durch wirkliche Kenner, deren es freilich nur wenige gibt, wieder zu Ehren gekommen, für hohe Summen eine bleibende Stätte in England gefunden haben. Wie viele aber von Werken dieses Meisters, die in die Schablone seichter Köpfe nicht hineinpassen, mögen verschleppt und zu Grunde gegangen sein aus Mangel an gediegenem Urtheil?

Dass ein Meister, und sei er noch so gross, nur stufenweise zu seiner Grösse gelangen kann, ist einleuchtend. Nur Leonardo soll eine Ausnahme gemacht haben. Wenigstens ist die Absicht der Galerieen, nur vorzüglich Vollendetes, wie etwa die Pariser „Mona Lisa" zu besitzen, nicht anders zu verstehen. Und doch ist ein frühes Bild von Leonardo vorhanden, aus welchem man mit Sicherheit ersehen kann, dass auch dieser Meister von dem Gesetze eines allmähligen Wachsthums seiner Meisterschaft keine Ausnahme gemacht hat.

Dieses Bild ist das so viel bewunderte und überschätzte Medusenhaupt, befindlich in der Galerie der Offizien zu Florenz, das bei seiner Widerwärtigkeit und der Art, mit welcher es aufgefasst ist, kaum die nachmalige Grösse Leonardo's ahnen lässt, weil die Keime dieser Grösse hier verschlossener, als bei den Anfangswerken anderer grossen Meister enthalten sind. Nur die bereits eben so selbständige, als grosse Ausführlichkeit deutet insofern auf diesen Meister hin, als er es zur Zeit noch nicht verstanden hat, wie das bereits während der Arbeit erreichte Leben künstlerisch zu schonen sei, damit es sich im Laufe der Vollendung auch wirklich steigere, worin er später so gross erscheint, während er das bereits Erreichte durch unzweckmässige vermeinte Vollendung hier wieder schwächt. Daher kommt es auch, dass dieses Bild mehr das Ansehn einer Copie, als eines Originales hat.

Charakteristisch ist dieses schon von allen Biographen öfters beschriebene Werk für Leonardo dadurch, dass sich darin sein Forschergeist so früh schon zu erkennen gibt, der sich durch das Widerwärtige nicht behindern lässt, eine geistige Sammlung zu behaupten, durch die er später, wo er mit objectiverer Selbstkritik verfährt, so Bewunderungswürdiges hervorbringt.

Während es selbst in bedeutenden Galerien nicht selten vorkommt, dass man Werke der Schüler für die der betreffenden Meister hält, scheint jener so oft beliebte Zweifel bei Werken des Leonardo ein umgekehrtes Verhältniss hervorgebracht zu haben, wodurch die Anzahl derselben sich bisher auf so unglaublich wenige beschränkt hat.

Wie ich meinestheils die Skrupel über die Aechtheit des Bildes in der Galerie des Louvres, vorstellend die heilige Jungfrau auf dem Schoosse der heiligen Anna etc., nicht theilen kann, wenn ich auch gern zugebe, dass andere Hände bei der Vollendung mit thätig waren, die jedenfalls von dem hohen Geiste des grossen Meisters in's Schlepptau genommen worden, so glaube ich in dem Bilde des Vertumnus und der Pomona, das man in der Galerie des Museums zu Berlin lediglich dem Melzi zuschreibt, mehr ein Werk des Leonardo selbst zu erkennen, da mir kein Bild irgend eines Schülers dieses Meisters vorgekommen ist, das eine solche Höhe der geistigen Conception erreicht hätte, zumal wenn man in Erwägung zieht, dass dieses Bild mehrfach und nicht immer glücklich restaurirt worden ist.

Der Nachweis darüber ist freilich schwer zu führen, wenn man nicht an ein geläutertes Kunstgefühl appelliren kann, welches die Kraft der Lebenswucht solcher Bilder und die zufälligen Ursachen ihrer Schwächung zu schätzen vermag, welche auch darin mit bestehen kann, dass Gehülfen bei ihrer Vollführung mit thätig gewesen sein mögen. Die

Schwierigkeit des Nachweises hat hier vornehmlich darin seinen Grund, dass die Behandlung Leonardo's, wie man
eben schon an dem Erstlingswerke des Medusenhauptes ersehen kann, von Haus aus eine sehr geschlossene ist und somit die Spuren der subjectiven Empfindungs- und Denkweise
nur in einem sehr beschränkten Grade zum Vorschein kommen. Seine Art der Vollendung gipfelt vornehmlich in seiner
Modellirung, die das Wesen der Erscheinung mit der tiefsten Erkenntniss der Naturidee und mit einer Forderung des
geläutertsten Kunstgefühles in seiner Gesammtwirkung umfasst.
Leonardo zieht den Beschauer nicht allein unwiderstehlich ·
in die geistige Tiefe seiner Werke, — das Aeussere, besonders bei seinen weiblichen Gestalten, ist zugleich mit einem
Lebenshauch umflossen, der um so unnachahmlicher ist, als
die künstlerischen Ursachen, durch welche er solche Wirkung
hervorgebracht, so wunderbar verheimlicht sind, dass vielleicht der grosse Meister selbst davon keine Rechenschaft
zu geben weiss, da hier ein Punkt ist, wo die Gefühlsforderung, die ein ganzes Meisterleben hinter sich hat, gleichsam pythisch befriedigt wird.

Dass Leonardo bei der ihm zugeschriebenen Gelehrsamkeit einen solchen Missgriff begehen konnte, sein Medusenhaupt so darzustellen, dass es mehr Ekel als Grauen erregt, daraus ist zu entnehmen, dass er in den eigentlichen
Sinn der Antike zur Zeit noch nicht eingedrungen, wie dieses auch selbst später noch aus seinem berühmten Abendmahl zu ersehen, wo er die durch Symbolik heilsame Begrenzung der bildenden Kunst verlässt und auf zufällige Episoden einer Handlung einen besondern Nachdruck legt, welche
ein Interesse erwecken, das als zufällig nichts mit der

Schönheit gemein hat, und in das Bereich eines abstrakten Denkens führt.

Dass indessen sein wahres Ingenium ihn nichtsdestoweniger selbständig den Weg betreten lässt, auf dem er theilweise der Antike begegnet, möchte aus Folgendem zu entnehmen sein.

Ich habe bereits anderweitig nachzuweisen gesucht, dass die Keime des Kunstverfalles schon da zu finden sind, wo die Kunst ihren höchsten Punkt der Entwickelung erreicht hatte und man anfing die Grundsätze zu verlassen, die sich aus dem sichern Bildnertrieb der frühesten Meister von selber ergaben.

Solche Keime enthalten auch die Werke Leonardo's, welche den nachfolgenden Künstlern dadurch gefährlich wurden, dass sie nicht die hohe Kunst dieses Meisters besassen, der dabei noch die Schönheit festzuhalten wusste.

Wenn die griechische Antike durch ihre Auffassung des Göttlichen von einem Bewusstsein Zeugniss gibt, das die bildliche Darstellung des Göttlichen in Vermeidung des Affektes auf eine höhere Natur hinweist, so war in der altchristlichen Kunst dieselbe Idee aus dem sichern Gefühltakte entsprungen.

Auch Rafael's geläutertes Bildnergefühl hielt diese Idee noch fest, als er in seiner letzten Periode, wo die Menge bereits jenem frühern Erbauungsbedürfniss entfremdet war, das nur in dem Wesentlichen der künstlerischen Darstellung Befriedigung fand, ihr bei möglichster Festhaltung dieser Idee durch angenehmere Formen beizukommen suchte.

So sehr sich Rafael auch von den Werken des Leo-

nardo angezogen fühlte: die Einwirkung auf ihn änderte in
Beziehung auf den Ausdruck, den er seinen Madonnen gab,
nichts, da er den hohen göttlichen Ernst auch noch alsdann
festzuhalten suchte, wo er ihn mit der ihm eigenen Grazie
in Verbindung setzte, die sich mehr oder weniger immer
dem irdischen Affekte nähert, wozu ihn Leonardo verleitet zu haben scheint, welcher zu der Grazie noch den holdseligen Ausdruck gesellte, der mit ihr in einer noch innigern
Verbindung steht.

Der sinnliche Reiz der Grazie dieser beiden Meister war
es ganz besonders, dem man vielfach nachstrebte, weil man
die Grazie von nun ab für eine Grundbedingung des Schönen
hielt. Dass die Grazie mit dem ernsten Zweck der kirchlichen Erbauung im Widerspruch steht, wurde man kaum
gewahr.

Wenn nun auch Leonardo in dem holdseliglächelnden
Ausdruck seiner Madonnen dem göttlichen Ernst der Antike
widerspricht, mit dem sie selbst die Kypris darstellte, obgleich sie Homer die „holdlächelnde" nennt: dieser Zug,
welcher mit der Eigenthümlichkeit des Abendmahles dieses
Meisters zusammenhängt, die Charakteristik näher zu bezeichnen, beweist, dass nach Art seiner Vorgänger der dunkle
Bildnertrieb im künstlerischen Schaffen in ihm noch immer
glücklicher, als sein verständiges Wollen war.

Schon seit langer Zeit war es für die katholische Christen-
heit eine Frage von hoher Wichtigkeit, in welchem Verhältniss die Jungfrau Maria zur Gottheit gestanden, zu deren
Beantwortung man erst in neuester Zeit ein Organ gefunden
haben will.

Die biblischen Intentionen, die diesem Verhältniss zum

7*

Grunde liegen, sind in den Madonnen Leonardo's durch seinen Bildnertrieb bemerkenswerth ausgesprochen.

Seine Madonnen manifestiren eine jungfräuliche Unschuld, die im holdseligen Hinblick auf das göttliche Kind jener Freude theilhaftig wird, in deren Reinheit sich die wahre Unschuld kund gibt. Die Aufgabe erscheint hier nicht als künstlerische Darstellung des Göttlichen in der lediglichen Auffassung einer idealen Allgemeinheit mit Rücksicht auf einen Vorwurf, der bis dahin in einem rein mütterlichen Verhältniss bestand, sondern dieses Verhältniss selbst erfährt durch das schöpferische Ingenium Leonardo's eine nähere Bezeichnung, die ein höherer Bildnertrieb in dem Ausdruck modificirt erscheinen lässt, ohne in dieser Abweichung eine Beeinträchtigung der Schönheit mit sich zu führen. Es ist dieser Ausdruck ein symbolischer der Verbindung des Göttlichen mit dem unschuldvollen rein Menschlichen, aus dem das Heil der Welt erwächst.

Die Holdseligkeit der Gottesmutter ist nicht sie selbst als Gemüthsaffekt, sondern sie haftet nur äusserlich an einer Erscheinung, die das rein Menschliche repräsentirt, gleichfalls symbolisch die allgemeine Freude über den endlich erschienenen Messias kund zu thun.

So wird denn auch der Unterschied zwischen dem grossen Meister und seinem ihm am nächsten stehenden Schüler Luini fühlbar und deutlich.

Bei Leonardo fühlt man, trotz jenem Ausdruck eines holdseligen Lächelns, den hohen göttlichen Ernst, der im Grunde der Seele ruht, durch; Luini gibt bei all seiner Trefflichkeit mehr diesen äussern Ausdruck als solchen, wenn man seine Bilder mit denen seines grossen Lehrers vergleichen will.

Dass man so bedeutende Ergebnisse mehr dem dunkeln naturwüchsigen Bildnertrieb, als einem höhern Bewusstsein hier zu danken hat, raubt ihrem hohen Werthe nichts. Selbst der spitzfindelnde Verstand, der sich bereits in dem berühmten Abendmahl dieses Meisters bemerkbar macht, vermag dem wesentlichen Theile dieses Kunstwerkes, welcher jenem sichern Drang angehört, nur wenig anzuhaben.

Hier sei besonders auf die farbigen Studienköpfe dieses nun fast gänzlich untergegangenen wichtigen Bildes aufmerksam gemacht, welche sich im grossherzoglichen Schlosse zu Weimar wohlerhalten befinden.

§. 13.

Cesare da Sesto.

Wie über die Werke Leonardo da Vinci's, so herrscht auch über die Werke mehrerer seiner Schüler viel Dunkel. So namentlich über die Bilder des Cesare da Sesto.

Ein mit dem Namen dieses Meisters bezeichnetes ächtes Bild, vorstellend eine Madonna mit dem Kinde und Joseph in zwei Drittel Lebensgrösse, befindet sich in der Galerie des Vatikans zu Rom, in welchem der innere Gehalt, den er später seinen Werken zu geben vermag, nur schwach zum Vorschein kommt.

Der Grund hiervon liegt vornehmlich darin, dass sich hier ein Streben zu erkennen gibt, die Rafaelischen Formen zu gewinnen, wobei der Künstler seine Selbständigkeit verliert, die sich bis dahin mehr den Prinzipien und Eigenheiten des Leonardo zugewendet hatten. So namentlich in der Galerie des königlichen Museums zu Berlin unter 56, vorstellend eine Madonna im Thron mit zwei Heiligen und der knieenden Stifterin.

In der äusseren Behandlung bleibt sich Cesare da Sesto da ziemlich gleich, wo sich der Einfluss Leonardo's und Rafael's bemerklich macht. Es werden ihm aber auch Werke zugeschrieben, deren Aechtheit man annehmen muss, obgleich von solchem Einfluss nichts zu erkennen ist.

Es geht daraus hervor, dass er in früherer Zeit andere Schulen besucht haben mag. Schon in seiner frühesten Periode zeigt sich Uebereinstimmendes in der Behandlung der Carnation mit Lorenzo da Credi, dem Genossen des Leonardo in der Schule Verocchio's, was später noch mehr der Fall, wo er vielleicht schon den Unterricht Leonardo's genoss, dessen Typen der Köpfe er sich bald zu eigen zu machen suchte, während er in der Auffassung der Hände einförmig und gestreckt erscheint.

Bei wohlerhaltenen Bildern sind die Nägel der Finger in den Lichtern auffallend gehöht. Ich sage bei wohlerhaltenen; denn dergleichen Stellen, die von gewissen Meistern ganz zuletzt aufgesetzt werden, haben wenig technische Bindung mit der Untermalung und sind daher beim Reinigen solcher Bilder sehr gefährdet.

Seine Localfarben, besonders in den Gewändern, sind ziemlich entschieden und munter, mit einer gewissen Vorliebe für ein sanftgebrochenes Grasgrün, das in allen Bildern vorkommt, die ich bis jetzt von ihm gesehen habe. Die Falten seiner Gewänder sind mit Liebe, aber nicht frei von einem gewissen bequemen einförmigen Hin und Her behandelt, dem man öfter in der Schule Leonardo's begegnet.

In dem obigen Bilde des Vatikans sind die Augen, besonders beim Joseph, zur Zeit noch mit einer gewissen vorgefassten Meinung gezeichnet. Dabei ist der Ausdruck des Ganzen mild und fromm, erscheint aber wohl deshalb so schwach, weil man durch gewisse Anklänge an die beiden grossen Meister, Leonardo und Rafael, erinnert wird, denen er hier so weit nachsteht.

In Rom ist mir ein verputztes Bild dieses Meisters vorgekommen, das man für ein Werk Leonardo's selbst hielt, welches in diesem Zustande einen tiefen Blick in die malerische Behandlung gewährte und viel Uebereinstimmendes mit Luini's zarten Bildern zeigte. Aus diesem Bilde, das die Technik dieser ganzen Schule instructiv erkennen liess, ging deutlich hervor, dass deren Werke mehr, wie andere dem Missgeschick einer leichten Vernichtung beim Reinigen preis gegeben sind, da sie sehr zart und mit dünnen Farbenlagen vollendet sind und das mechanische Bindemittel, welches vielleicht aus einer Substanz besteht, die dem Oele beigemischt ist, keinen festeren Halt gewährt.

Man kann es daher nur höchlich billigen, dass das Bild der Mona Lisa in der Galerie des Louvre zu Paris, das eigentlich so sehr der Reinigung bedarf, bis jetzt unangetastet geblieben ist. Nur so steht zu hoffen, dass die in dieser Sammlung enthaltenen trefflichen und zuverlässigen Bilder Leonardo da Vinci's noch lange erhalten bleiben.

Wenn das zuverlässige Bild des Vatikans von Cesare da Sesto auch noch keinen Schluss auf die allgemeine Productionskraft dieses Meisters gestattet, so enthält es doch gewisse Eigenthümlichkeiten, die, wenn diese nach ihrer bildnerischen Bedeutung erkannt sind, seine Werke mit Sicher--

heit erkennen lassen, da alle die Meister, welche aus der Schule des Leonardo hervorgegangen, wesentlich von der Manier des Cesare abweichen.

Ich habe von ihm bei dem Kunsthändler Gaetano Menghetti zu Rom ein grösseres Bild einer heiligen Familie gesehen, das sich den Werken seiner grossen Lehrer würdig zur Seite stellt, deren Eigenheiten man hier bei grosser Selbständigkeit in mehrfacher Hinsicht wieder erkennt, obschon sie mit bewunderungswürdiger Einheit verschmolzen sind.

Eine innige Begeisterung und liebevolle Hingebung für die religiöse Aufgabe gelangen hier zu einer wahrhaften magnetischen Kraft des Lebensausdruckes, die nicht allein jenes ächte Werk des Vatikans, sondern auch alle Werke der Schüler Rafael's bedeutend überflügelt. Mit dem Vorzuge des empfindungsvollen Schmelzes in der Behandlung ist es besonders das harmonische Colorit, das bei seinem inneren Reichthum natürlicher Modificationen zunächst einen grossen Zauber ausübt, hinter welchem bei näherer Prüfung kein Theil des trefflichen Werkes in seiner Art zurückbleibt.

Die ins Bläuliche oder Schwärzliche spielenden tiefen Tinten der Schatten in der Carnation Luini's oder Melzi's und anderer Schüler des Leonardo, hat Cesare de Sesto weniger, und dieser Umstand, durch ein vorwiegendes Streben nach Klarheit der Farbe entsprungen, was sich auch in seinen munteren Localfarben der Gewänder zu erkennen gibt, ist die Ursache eines gewissen Mangels an Lebenskraft in seinen schwächern Bildern, da diese Klarheit hier öfter auf Kosten einer tieferen Wahrheit erstrebt ist. Indessen ist die grössere Lebenskraft bei anderen Meistern dieser Schule oft auch nur eine scheinbare, weil sie auch bei diesen Meistern nicht, wie bei Leonardo selbst in der ruhigen künstlerischen Werthbestimmung des Einzelnen beruht, das zu dem einheitlichen Ganzen seine ihm eigenthümliche Wirkung beisteuert. Die Wirkung des Ganzen bei diesem unsterblichen Meister beruht zuletzt vornehmlich in einer Befriedigung der reinsten und höchsten Gefühlsforderung, die kaum des Einzelnen bedarf, da er dieser Forderung mit universellem Geiste in geläuterter Unwillkührlichkeit genügt. Wenn Leonardo die künstlerischen Bestandtheile der Lebenskraft in der Darstellung einer bestimmten Erscheinung kunstvoll verleugnet, so tritt er dadurch der Natur nur um so näher. Zu solchem Verfahren hat nur ein Meister erster Grösse das Genie, der in der geistigen Wucht seines Werkes zu ergänzen weiss, was der Erscheinung als solcher zu mangeln scheint. Was den Werken von Meistern erster Grösse oft an wirklichem Scheine fehlt, wird daher durch ihren geistigen Gehalt reichlich ersetzt, weshalb solche Werke, sowie die Kunst, die sie hervorzubringen vermag, höher stehen, als die Wirklichkeit.

Leonardo's Streben ist hauptsächlich darauf gerichtet, in einer grösstmöglichen Abstufung von Schatten und Licht das Leben der Erscheinung so einheitlich, wie ideenreich zu completiren, und da hierbei auch die geistige Bedeutung der Farbe in Rücksicht genommen ist, so vermisst man auch in dieser Hinsicht nichts in seinen Werken, obgleich diese in seiner vollendetsten Periode nur aus einer einzigen Farbe entstanden zu sein scheint.

Es setzt diese Kunst eine Tiefe der Anschauung und Auffassung der Natur voraus, hinter welcher selbst seine besten

Schüler zurückbleiben. Denn wenn Leonardo daher auch bei seinen Schülern auf die Forderung einer sorglichen Modellirung einen grossen Nachdruck legt, weil diese das Hauptmittel ist, um zur möglichsten Kunstvollendung zu gelangen: bei all' ihrer Trefflichkeit vermochten sie es nicht, sich von einem gewissen Reiz der Wirklichkeit loszumachen, weil sie nicht, wie ihr grosser Lehrer, dafür ein so geistiges Aequivalent bieten konnten, diejenigen aber, welche darnach strebten, im Vergleich zu ihm meist leer und unstetig in ihrer Ausführung sind.

Dass das Bildniss der Johanna von Aragonien, in der Galerie Doria zu Rom befindlich, welches man dem Leonardo zuschreibt, nicht von ihm selbst gemalt ist, ist erwiesen, da im Wesentlichen dasselbe Bildniss in der Galerie des Louvre zu Paris sich befindet, in welchem der Kopf der Johanna von Argonien von Rafael, das Uebrige aber nach der Angabe Vasari's von Giulio Romano ausgeführt sein soll.

Ob überhaupt sich ein Meister, wie Leonardo, dazu verstanden haben kann, ein Bildniss nach Rafael zu wiederholen, davon kann kaum die Rede sein. Bei vieler Uebereinstimmung im Ganzen zeigt sich in dem fraglichen Bildniss im Einzelnen doch eine grosse Verschiedenheit. Da hingegen Cesare da Sesto später die Schule Rafael's besucht hat und im Besitze von Studien aus der Schule von Leonardo gewesen zu sein scheint, so war es diesem Künstler leicht möglich, in einer freien Wiederholung ein Bild, wie das fragliche, zu vollführen, welches wegen der offenbaren Verschiedenheit der Köpfe den Namen eines Bildnisses der Johanna von Aragonien mit Unrecht führt.

Wie bei fast allen Schülern des Leonardo der Kopf der Mona Lisa typisch geworden ist, so hat auch Cesare da Sesto diesen Kopf zu dem fraglichen Bilde frei benutzt. Die Carnation und deren Behandlung sowohl am Kopf, als auch an den Händen stimmt bei gleichem Farbensinn mit dem Bilde des Vatikans überein, nur dass bei jenem Bildnisse eine noch innigere Verschmelzung des Colorits stattfindet, die sich wahrscheinlich aus einer sorgfältigern Wiederholung des Kopfes der Mona Lisa herleitet.

Im Vergleich mit dem Leonardo selbst ist aber die Behandlung des Cesare, wie sich auch hier zeigt, so glatt und geschlossen, dass man sie beinah geleckt nennen könnte, wenn nicht auch so noch ein geistiges Leben zum Vorschein käme, das jedoch in einzelnen Partieen, besonders bei den Händen, dadurch beeinträchtigt wird.

Diese geschlossene und glatte Art der Behandlung, bei der so leicht die lebendige Wirkung ertödtet wird, hat keiner der übrigen Schüler Leonardo's. Die grosse Sorgfalt, die sich in dem zarten und dünnen Farbenauftrag mit Schonung des lebendigen Inhaltes bei Luini und Melzi zu erkennen gibt, ist durchaus nicht hiermit zu verwechseln.

Cesare da Sesto scheint diesen Mangel gefühlt zu haben. Er suchte besonders in den Schattenpartieen der Carnation durch eine gesteigerte Klarheit das durch seine Behandlung gedrückte Leben wieder aufzumuntern, wobei freilich der gewisse pflaumige Duft nicht selten verloren geht, den Luini in näherem Anschluss an Leonardo's geistigem Lebenshauch so empfindungsvoll zu erzielen weiss. Aus diesem Grund sind auch die Schatten Cesare's farbiger, als bei andern Meistern aus der Schule des Leonardo.

In gleicher Art vollführt, befindet sich unter 208 ein weibliches Profil-Bildniss mit Händen in der Galerie des Museums zu Berlin, das die Inschrift trägt: Margharita Coleonea filia Nicolini magni, Trivolzii prima uxor, dessen Urheber bis jetzt noch unbestimmt ist, welcher nach meinem Dafürhalten kein anderer, als Cesare da Sesto sein kann. An Lebensfeinheit dem obigen Bilde der Galerie Doria in Rom bedeutend nachstehend, ist der Kopf so glatt und geschlossen vollführt, ohne damit etwas Tieferes zu erreichen, dass das Bild dadurch beinah ein maskenhaftes Ansehen hat. Dahingegen sind die Hände, wo der Künstler in der Ausführung weniger lange verweilt zu haben scheint, bedeutend gelungener in der Farbe und Behandlung.

Auch selbst in diesem Bilde konnte sich dieser Künstler seiner Gewohnheit nicht entäussern, sein beliebtes Grün, wenn auch nur in der Tischdecke, anzubringen.

§. 14.

Ueber Rafael's Bilder in der Farnesina zu Rom und einige ihm fälschlich zugeschriebene Werke.

Wie völlig unerspriesslich es ist, bei der bildnerischen Ausschmückung architektonischer Räume sich abzumüssigen, neue Vorwürfe zu erfinden, die sich in Hinsicht ihrer ideellen Allgemeinheit sicher nicht den mythologischen an die Seite stellen lassen, deren tiefgeistige Entstehung ursprünglich schon den Charakter des Bildnerischen in sich trägt, das hat die moderne Zeit genugsam erfahren.

Es muss einleuchten, dass es ungleich rühmlicher ist, bei Zwecken, die es gestatten, einen mythologischen Vorwurf zu wählen, dessen kosmischer Sinn für jeden Gebildeten von hoher Bedeutung ist, und die Bildnerkraft hauptsächlich in der Offenbarung des Schönen zu concentriren, als sich mit sinnreichen abstracten Erfindungen zu befassen, die weder der Schönheit einen Vorschub leisten, noch sich mit dem messen können, was durch die Feuerprobe der Geschichte des menschlichen Geistes geläutert hervorgegangen ist.

Dass die Erfindung in den engen Schranken der Mythe oder der Historie Raum genug habe, sich bildnerisch zu bethätigen, das beweisen alle grosse Meister, besonders Rafael in dem Bildercyclus der Farnesina, vorstellend die Mythe der Psyche.

Der Mythus, wie sich Geist und Seele als Ausfluss des Göttlichen in der Realität durch die Schönheit offenbart, ist ein Vorwurf, den Rafael mit einer Meisterschaft erfasst, dass diese seine Schöpfung, selbst im Hinblick auf die Antike, um so weniger zu wünschen übrig lässt, als er dabei seine Selbständigkeit völlig zu wahren wusste. Der Charakter des Symbolischen ist nirgends treffender und feiner ausgesprochen, als hier durch Rafael.

Es ist sehr zu bedauern, dass dieser in Fresco ausgeführte Bildercyclus des Rafael, bei welchem ihm Giulio Romano, Francesco Penni, Giovanni da Udine und Rafael de Colle geholfen, von Carlo Maratta restaurirt worden ist, da sich hier, auch in Hinsicht der örtlichen Verhältnisse und des Lichtes, eine so günstige Gelegenheit für eine genauere Untersuchung der Bilder darböte und

man auf diese Weise mit der Eigenthümlichkeit der genannten Gehülfen Rafael's vertraut werden könnte.

In dem Zustande, in welchem sich die ursprünglich so
vortrefflichen Bilder jetzt befinden, hat die Darstellung der
Grazien die grösste Wahrscheinlichkeit, von Rafael selbst
ausgeführt zu sein, da der beste von den Gehülfen, Giulio
Romano, nicht wohl im Stande war, eine Figur, wie besonders die, welche dem Beschauer den Rücken zuwendet, mit
solcher Schönheit und Vollendung zu malen.

Die Pietät und sichere Behandlung bei Anwendung der
einfachsten Mittel, die stille Gemüthsheiterkeit des Bildners,
welche sich als Lohn des Gelingens in dieser herrlichen Gestalt bemerkbar macht, lässt keinen Zweifel aufkommen, dass
der grosse Meister hier selbst thätig war, dessen derartige
Werke der reinen edeln That gleichen, deren Giulio bei
dem Mangel an Gesinnungstüchtigkeit, der sich so oft in seinen Werken bemerkbar macht, nicht wohl fähig ist, da diese
Werke zwar das Gepräge einer grossen Virtuosität, aber nicht
das einer ächten Schöpfungskraft tragen, die als die eigentliche
Gottähnlichkeit im Menschen mit solchem Mangel im Widerspruch steht.

Wie Giulio Romano sein Augenmerk mehr auf einen
verstärkten Schein des Körperlichen richtet, so trachtet Rafael mehr darnach, in der entsprechendsten Mässigung der
Theile, die ein lebendiges Sein begründen, den geistigen
Inhalt der Erscheinung zu offenbaren, der mit jener Verstärkung des Ausdruckes, welcher nicht aus einer stetigen
Ausführung allmählig hervorgeht, nur allzu leicht gefährdet ist.

Aus dieser Eigenschaft des Giulio, die Wirkung zu

verstärken, entspringt seine oft so brennende Farbe der Carnation und die zu schroffen Gegensätze des Schattens und Lichtes, welche sich bis auf die freie Wahl der Localfarben erstreckt, die nicht selten das von Rafael intendirte feine Leben verzehren.

Selbst Carlo Maratta scheint von der Schönheit dieses Bildes der Grazien so berührt worden zu sein, dass sich seine Restauration besonders hier, was den Körper der erwähnten Gestalt betrifft, mit einer grösseren Schonung zu erkennen gibt, als in den übrigen Bildern.

Leider aber kann dieses nicht von den Köpfen gesagt werden, obschon auch hier noch der Rafaelische Geist in der Auffassung der Augen hindurchblickt.

Die Gehülfen Penni und Rafael de Colle erheben sich hier nicht viel höher, als bis zum Standpunkt geschickter Handwerker, mit denen Carlo Maratta auch vertrauter umgehen konnte.

Zieht man in Betracht, welche grosse Kluft sich zwischen diesen Malern, die schon in den biblischen Darstellungen der Logen des Vatikans thätig waren, und dem Genius Rafael's befindet, so muss man über die Geduld und Nachsicht des grossen Meisters wahrhaft erstaunen, da sich in ihrer Beihülfe weder Pietät, noch Begeisterung für seine Schöpfungen zu erkennen gibt.

Aber ein Gutes hat dieser Indifferentismus der Gehülfen bei diesen Bildern doch: man ersieht daraus, was die Schönheit der Bilder Rafael's zu ertragen vermag, wenn nicht eigenmächtige Eingriffe in seine künstlerischen Absichten stattfinden.

Wenn nun Penni und Rafaello de Colle sich nur

als bereitwillige Diener des grossen Rafael zu erkennen geben, so sieht man zugleich, wohin es führt, wenn Künstler, wie Carlo Maratta, bei Herstellung von solchen Meisterwerken sich Eingriffe erlauben. Das verstärkte Licht auf der Wange der einen Grazie ist unstreitig sein Werk. Wie todt und vereinzelt erscheint hier das vermeinte gesteigerte Leben.

———

Nach der Anstrengung, welche das Forschen nach den ächten Theilen in den obigen Bildern verursacht, kann der ungeschmälerte Kunstgenuss, den das Bild der Galatea, das sich gleichfalls in der Farnesina befindet, nur um so grösser sein.

Hier, wo die Grazie mehr an ihrem Platze ist, als in Heiligenbildern, ist ihre Wirkung wahrhaft bezaubernd, da der hohe Grad von Liebenswürdigkeit, den sie den schönen Gestalten verleiht, im ganzen Umfange fühlbar wird.

Besonders durch solche Wirkung wird es einleuchtend, weshalb in Kirchenbildern von der so oft unbedingt gepriesenen Grazie, wie schon erwähnt, ein sehr behutsamer Gebrauch zu machen sei.

Das Wesen der Grazie beruht in einem gewissen schüchternen Ausdruck der Verbindlichkeit, dessen schamhafte Zurückhaltung der Beobachter, wenn auch unbewusst, so gern auf seine persönliche Wirkung bezieht. Daher wo und wie sie ihm entgegentritt, fühlt er sich angenehm berührt. Dieses Verhältniss ist viel zu menschlich und liebreizend, um in der bildenden Kunst unbedingt verwendet werden zu können, weswegen es in der Antike nur im Erotischen symbolisch gemässigt zum Vorschein kommt.

Das ganze Bild der Galatea kann ein Bild des Liebreizes

genannt werden. Wie aber Rafael die Grenze des Liebreizes festgehalten, um dem mythologischen Vorwurf den ihm
gebührenden ernsten Charakter nichts zu vergeben, das ist
nur in dem Originale und allenfalls in dem Stich des M a r c
A n t o n zu ersehen und nicht aus den neueren, elegantern
Stichen, die durchgehends den Charakter des Reizenden verstärken und den Charakter der R a f a e l i s c h e n Kunst im
Allgemeinen auf einzelne Fälle übertragen, wo sich R a f a e l gewissermassen von sich selber losgesagt hat, um einem besondern Fall auch besonders zu entsprechen.

Daher kommt es denn, dass diejenigen, welche gewisse
Bilder R a f a e l' s nur aus modernen Stichen kennen, selbst
wenn sie von R a f a e l M o r g h e n herrühren, ganz andere
Vorstellungen von den betreffenden Originalen haben, und
kaum ihren Augen trauen, wenn ihnen ihr Anblick möglich
wird. Es gilt dieses vornehmlich von den Fresken R a -
f a e l' s im Vatikan und ganz besonders von diesem Bilde der
Galatea.

Sehr bemerkenswerth ist in diesem Werke die treffliche
Färbung, vornehmlich die der einen Figur der in der Luft
schwebenden Amoretten auf der rechten Seite des Bildes.
Andere Theile des Bildes, die durch einen etwas gesteigerten Effect in der Modellirung aus der einheitlichen Stimmung
herausgehen, geben zu der Vermuthung Anlass, dass G i u l i o
R o m a n o auch hier sich bei der Ausführung betheiligt habe.

Wenn nun anzunehmen ist, dass R a f a e l' s feines Kunstgefühl dergleichen Differenzen zur Zeit in Uebereinstimmung
gebracht hat, so liegt es in der Natur der Sache, dass der
Einfluss von einigen hundert Jahren, der sich in dem Material
eines Bildes immer mehr oder weniger geltend macht, solche

Differenzen einer ungleichen Behandlung wieder zum Vorschein bringt, da die angewendeten verschiedenen Mittel dem Einfluss der Zeit auch verschieden widerstehen.

Aus solchen Differenzen ist jedoch nicht immer der Schluss zu ziehen. dass sie von einer andern Hand, als der des Urhebers herrühren. Denn die Retouchen von derselben Hand, die das Bild begonnen, machen sich aus gleichen Gründen nicht selten mit der Zeit bemerkbar.

Dieser Umstand ist besonders bei Untersuchung der grössern Werke Rafael's in Rücksicht zu nehmen, die er in Oel ausgeführt hat, wo häufig ungleichartige Stellen vorkommen.

So namentlich in dem schönen Bilde der Madonna von Foligno in der Galerie des Vatikans zu Rom, die in solchen Stellen zugleich erkennen lässt, dass seine künstlerische Thätigkeit in der Freskomalerei diesem Bilde entweder kurz vorhergegangen sein muss, oder dass er es während derselben ausgeführt hat.

Ersichtlich ist dieses besonders in der Färbung der Füsse und des Kopfes des heiligen Franziskus und in der Behandlung der Schattenpartieen des rothen Gewandes der knieenden Gestalt, wo er mit einer dünnen rothschwärzlichen Farbe zur Kräftigung der Tiefen schraffirend, wie in Fresko, verfährt, während hier durch dünne breite Lagen solcher Schattenfarbe eben so wenig zu befürchten war, das in der Bildungsmaterie empfundene Leben zu ersticken, und letzteres Verfahren der Natur der Oelmalerei angemessener ist.

Wie aber ein grosser Meister jedes Verfahren sanctionirt, weil es immer nach dem Wesen trachtet, so gewinnt man gerade solche Stellen lieb, da sie den Beweis liefern, wie ein wahres Genie auch durch ein weniger zweckmässiges Mittel, ohne geistigen Verlust seines Werkes, zum Ziele zu gelangen vermag, ja es hat oft ein gesteigertes Interesse, zu sehen, wie ein solches Mittel der Absicht eines Meisters dienstbar ist.

In Bildern der frühern Periode ist bei Rafael eine ungleiche Behandlung eines und desselben Bildes nicht wahrzunehmen, was seinen Grund darin hat, dass sie weniger umfangreich waren, anderntheils lag es in seiner ursprünglichen Pietät, dass er, gleich seinem Lehrer und andern Meistern dieser Zeit, seine Bilder zu einem gleichmässigen Schluss brachte. Man wusste noch nichts von dem malerischen Reize künstlerischer Abweichung in der Behandlung, die erst da mit voller Kraft ihrer gedanklichen Bedeutung in's Leben tritt, wo die Kunst Selbstzweck wird. Keinenfalls verstanden sich die Besteller frommer Bilder auf den künstlerischen Sinn einer ungleichmässigen Behandlung und zogen dieser lieber eine fleissige gleichmässige Ausführung vor.

Immer aber hat bei Rafael die ungleichmässige Behandlung, wie sie später vorkommt, das schlichte Gepräge seiner so anziehenden naiven Denk- und Gefühlsweise, ein Umstand, der jeden vorsichtigen und gewissenhaften Forscher bei Betrachtung der Behandlung des berühmten Bildes der Grablegung in der Galerie Borghese zu Rom mit Zweifel über die durchgehende Aechtheit desselben erfüllen muss.

Um dieses anschaulich zu machen und den Meister zu bestimmen, der muthmasslich bei der Ausführung dieses Bildes mit thätig war, erscheint es mir zweckmässig, zuvor ein Bildchen, befindlich in der Galerie Camucini zu Rom. die nun in den Besitz des Herzogs Northumberland über-

8*

gegangen ist, in nähern Betracht zu ziehen. Es stellt vor
die Madonna mit der Nelke.

Wenn auch den äussern Merkmalen nach anders, wie
das obige Bild der Grablegung, so glaube ich doch in diesem Bildchen, dem Wesentlichen nach, dieselbe Hand in der
Ausführung beider Werke zu erkennen.

So unzweifelhaft auch in dem kleinen Bilde die Composition von Rafael ist, so wenig stimmt die Ausführung mit
der Gefühlsweise des grossen Meisters überein.

Statt der Pietät für den geistigen Inhalt· macht sich
eine gewisse Liebe für die künstlerische Ausführung als solche
bemerkbar, welche daher über ihren eigentlichen Zweck hinausgeht, den Rafael selbst immer unverrückt im Auge hat.
Wenn man vorerst in ächten Bildern die Ausführung Rafael's gar nicht gewahr wird und sie vorsätzlich suchen muss,
wenn man sie finden will, so ist sie bei dem fraglichen Bildchen das Erste, was sich dem Beschauer aufdrängt und daher
befremdlich erscheint.

Nichtsdestoweniger ist das künstlerische Geschick und
eben jene Liebe, im Anlass der schönen Composition, bestech-
lich genug, das Urtheil zurückzuhalten.

Wenn man aber endlich bedenkt, was auf Rechnung
eines bekannten werth gewordenen Anklanges zu stellen ist,
bei dem das Gefühl gar zu geneigt ist, gewisse Weisen mit-
klingen zu lassen, die das Gedächtniss ihrer Trefflichkeit
wegen so gern hegt und pflegt, und weiss, was man bei
Betrachtung eines Kunstwerkes, das solchen Anklang erweckt,
direct oder indirect fühlt, wenn eine anstellige Virtuosität
sich zur Ausführung desselben verstanden hat, so kann es
nicht fehlen, dass eine Virtuosität, wie bei dem fraglichen

Bilde, die für sich mehr, als für den geistigen Inhalt ist, ihr eigener Verräther wird.

Das in solcher Weise erweckte Misstrauen führt alsobald auf andere Merkmale, die nicht nur beweisen, dass Rafael dieses Bildchen nicht ausgeführt, sondern den Künstler zugleich selbst bezeichnen, der es ausgeführt hat.

So wenig Raum auch zwei Stellen in sich schliessen: die freie Wahl der sich hier geltend machenden Localfarben weist in Uebereinstimmung mit einer eigenthümlich festgeschlossenen Ausführung entschieden auf Garofalo hin, der viel zu spät in die von ihm aufgesuchte Nähe Rafael's gekommen ist, als dass er sich hätte seiner festgewurzelten Eigenschaften, als ein bereits fertiger Meister Ferrara's, völlig entschlagen können.

Bei der umfangreichen Beschäftigung Rafael's und seiner Gehülfen ist es gar nicht unwahrscheinlich, dass er anderweitige Bestellungen, zu welchen er die Zeichnungen oder Cartons entworfen, von einem Künstler, wie Garofalo, hat ausführen lassen, der sich so sehr geneigt zeigte, sich noch nach ihm zu bilden.

Der pastose und prallgeschlossene Farbenauftrag, mit Rücksicht auf eine Form, die durch solche Behandlung nicht selten ihren ursprünglichen Adel einbüsst, weil sich nichts von selbst versteht und Alles subjectiv vorsätzlich vollführt, liegt ganz in der Art Garofalo's.

Ebenso ist die überaus zart empfundene Behandlung des Schleiers der Madonna der grossen Gefühlsweise Rafael's gänzlich zuwider, die immer mit dem Grade der Wichtigkeit des behandelten Gegenstandes im Einklange steht und auch hier seine stilvolle Haltung zu erkennen gibt.

Im Vergleich mit der Art und Weise, wie **Rafael** ein Bildchen solcher Art ausführt, ist Alles hier zu deutlich ausgesprochen, und dabei zu viel und zu wenig gegeben. Zu viel, weil die Natur selbst nicht immer deutlich ist und einen sehr wesentlichen Grund dazu hat, den **Rafael** tief erkennt; zu wenig, weil durch eine zu grosse Ausführung untergeordneter Theile, die nur ideell anzudeuten waren, die unbefangene Anschauung wesentlicherer Theile verloren geht, die somit nicht selten unterschätzt sind.

So ist namentlich die Nackenpartie an der Madonna zu leer, was bei ächten Bildern **Rafael's** nie vorkommt, selbst bei Bildern nicht, die nur wenig ausgeführt sind, z. B. bei der **Madonna Collonua in der Galerie des Museums zu Berlin.**

Jenes Zuviel in dem fraglichen Bilde ist auch bei Behandlung des Haares der Madonna und des Kindes wahrzunehmen. Wie bei der erstern sich die blonde Farbe dadurch beinah bis zum Weiss steigert, so hätten bei dem Kinde bedeutend weniger Striche hingereicht, das Haar reicher und mannigfaltiger erscheinen zu lassen, wenn sie der phantasiereiche **Rafael** selbst vollführt hätte.

Endlich ist in der kleinen Landschaft des Hintergrundes die Ausladung des Laubwerkes, so gering sie auch dem Umfang nach ist, viel mehr der Gefühlsweise **Garofalo's** als **Rafael's** entsprechend.

Dergleichen nebensächliche Dinge führen in ihrem physiognomischen Ausdruck, als Ausklang einer subjectiven Gefühlsforderung, oft zur Entdeckung fraglicher Urheber.

Es existirt in Rom fast keine Bildersammlung, wo nicht wenigstens einige Werke von **Garofalo** vorhanden sind, ja manche hat deren im Ueberfluss. Es ist somit hier Gelegenheit genug geboten, sich mit den Eigenthümlichkeiten dieses Meisters vertraut zu machen, und da sich diese Eigenthümlichkeiten unter besondern Umständen nur wenig modificiren, so ist es eben nicht schwer, seine Bilder unter andern mit Sicherheit herauszufinden.

Der vorliegende Fall, wo er sich mit der Ausführung einer Composition befasst, die nicht von ihm selbst, sondern von Rafael ausgeht, steht nicht so vereinzelt da, als es den Anschein hat. Auch ist bekannt, dass Garofalo Staffelbilder Rafael's ausgeführt hat, die, weil Rafael sie zuletzt retouchirt haben mag, durchgehends für ächte Werke desselben gehalten werden.

Es widerspricht der Leutseligkeit des Rafaelischen Charakters durchaus nicht, dass er bei Ausführung seiner Compositionen durch Andere dem Garofalo mindestens so viel Freiheit gestattete, als seinen übrigen Gehülfen, die, mit Ausnahme des Giulio Romano, in Hinsicht ihres Kunstvermögens meist unter diesem bereits so selbständigen und productiven Meister standen.

Zwischen der Eigenthümlichkeit Rafael's und der des Garofalo ist gerade ein solcher Unterschied, wie er sich auch in dem Bilde der Grablegung der Galerie Borghese bemerkbar macht, da Rafael's einwirkender Geist dem unter ihm stehenden Künstler, mit Rücksicht auf dessen Eigenheit ebenso zu Hülfe kommt, wie dieser wieder seinerseits bemüht ist, den Rafaelischen Intentionen, so viel ihm möglich, zu entsprechen.

Die Hand Rafael's ist in der Ausführung dieses Bildes vornehmlich bei den Köpfen wahrzunehmen. Am wenigsten ist dies jedoch der Fall bei dem bärtigen Manne hinter dem Leichnam Christi, der trotz des Rafaelischen Cartons ein physiognomisches Gepräge angenommen hat, das sogleich an die Art und Weise der Garofalo'schen Auffassung erinnert, deren Einseitigkeit er sich selbst bei seinen Bildnissen, trotz der unmittelbaren Anschauung der Natur, nicht zu entäussern vermag. Bei der grossen Menge von Bildern, die von Garofalo herrühren, ist wahrzunehmen, dass dieser Meister sich nur in einem engen Kreise seiner Anschauung bewegt, von welcher er, wie sich zeigt, auch da nicht ganz loskommen kann, wo ein anderer Meister, dem er nachstrebt, ihm vorgearbeitet hat.

Mit seiner Färbung und Behandlung verhält es sich nicht anders. Wenn der ihm sonst so eigene fette Farbenauftrag, bei dessen plastischer Formirung sich mehr Vergnügen in der freien Manipulation, als künstlerischer Forschergeist ausspricht, in dem fraglichen Bilde sich nicht so bemerkbar macht, so steht zu vermuthen, dass Rafael vielleicht das Bild bereits theilweise angelegt hatte, wodurch Garofalo veranlasst wurde, sich in dieser Hinsicht mehr nach den malerischen Absichten des genialen Urhebers zu richten, was auch schon gewissermassen durch den Carton geboten war.

Aber auch so noch blickt die Eigenthümlichkeit der Garofalo'schen Färbung in der Carnation und den Gewändern, die häufig bequemer, als wahr ist, durch, was gewiss noch mehr der Fall sein würde, wenn Rafael nicht hier und da zu Hülfe gekommen wäre, durch dünne Uebermalung und eine gewisse Art der Lasirung, namentlich in den Gewändern, die man sonst in seinen Bildern nicht findet.

Rafael hat hier aus der Noth eine Tugend gemacht.

Seine schonende Nachsicht, von der die grosse Thätigkeit seiner vielen Gehülfen so mannigfache Beweise gibt, muss auch hier als der Grund angesehen werden, dass die geistigen Intentionen, die das hohe Ingenium des unsterblichen Meisters schon in dem Carton ausgesprochen haben mag, in dem fraglichen Bilde nicht mit derjenigen geistigen Kraft in's Leben treten, die man in den Werken, die einzig und allein von seiner schöpferischen Hand herrühren, wahrzunehmen gewohnt ist.

Schon Herr von Rumohr hat dieses erkannt, und wenn derselbe glaubt, dass Rafael die Ausführung dieses Bildes seinem Freunde Ridolfo Ghirlandajo übertragen, so muss jeder wahre Sachverständige zugeben, dass dieser Meinung weit mehr ächt künstlerischer Sinn zum Grunde liegt, als der Behauptung des Herrn Passavant, dass Rafael das in Rede stehende Bild allein gemalt habe, wie denn überhaupt das Verdienst seines Buches über Rafael lediglich in der Angabe geschichtlicher Quellen beruht, da es aller kunstwissenschaftlichen Kritik entbehrt, um ein Urtheil zu begründen, das so nur allzuoft die Gestalt eines absprechenden Machtspruches annimmt. Man wird daher wohlthun, von seinen Angaben überhaupt nur einen sehr behutsamen Gebrauch zu machen.

Jene Retouchen Rafael's haben dem Bilde allerdings ein solches Ansehen gegeben, dass man leicht auf eine Vermuthung kommen konnte, wie sie Herr von Rumohr ausspricht, zumal da die Factoren des lebendigen Inhaltes, über die kein Künstler im Stadium seiner abgeschlossenen künstlerischen Laufbahn hinaus kann, durch Rafael's Einfluss hier zufällig eine Ergänzung erfahren haben, die auch innerlich zu jener Vermuthung leiten konnte.

Diese Beihülfen aber, aus derjenigen Gefühlsforderung entspringend, die sich schon in der ganzen Composition kund gibt, nöthigt zwar der Garofalo'schen Behandlung einen entsprechendern Ausdruck ab, als er diesem Meister sonst eigen ist, und bringt sie so dem Naturreichthum harmonisch näher, sie vermag jedoch nicht dem Theil der Kunst, der bei Garofalo mehr zu einer Technik geworden und deshalb den Geist der Erscheinung gefangen hält, den Stempel des Naiven zu verleihen, der dem geistigen Ausdruck um so förderlicher sein könnte, als die Rafaelische Composition, in diesem Bilde besonders, eine naive Behandlung fordert.

Der Unterschied zwischen Garofalo und Ridolfo Ghirlandajo ist nun eben der, dass dem Ersteren eine geläufige Technik, dem Anderen mehr eine naive Ausdrucksart eigen ist, die hier mehr am Platze gewesen wäre, als Garofalo's schwerfällige Richtigkeit.

Denn die Naivetät, mit der die Ideen Rafael's aufgefasst werden, leistet sicher ihrer Unendlichkeit mehr Vorschub, als eine fast überall geschlossene Ausführung, die in dem fraglichen Bilde die gewitzigte Hand Garofalo's unzweifelhaft erkennen lässt.

Die naive Ausführung, ohne sichtbares Schulprincip oder System, lediglich im Interesse einer geistigen Offenbarung, ist es ja eben, die diejenigen Werke ziert und so überaus anziehend macht, die ganz von Rafael's schöpferischer Hand vollendet sind. Die Vermeidung alles dessen, was den äussern Schein einer Virtuosität trägt, ist der Hauptgrund seiner unendlichen Bildungsfähigkeit. Sie ist der Grund, weshalb Rafael in seinen ächten Werken so oft anders erscheint und doch immer derselbe ist, dem es keiner in dieser Art gleich thut.

So sehr sich auch Garofalo geneigt zeigt, sich in der Nähe Rafael's zu vervollkommnen, seine bereits abgeschlossene Kunstmanier war eine solche, dass es ihm nicht wohl mehr möglich war, etwas Wesentliches zu lernen oder etwas Unwesentliches zu vergessen, wodurch es eben nicht schwer ist, ihn bei dem in Rede stehenden Werke wiederzuerkennen, da ihn Rafael hier wie einen fertigen Meister behandelt und nur hier und da seinen durch eine fremde Hand zurückgebliebenen geistigen Absichten mit einer schonenden Rücksicht zu Hülfe kam.

Gerade deshalb, weil Ridolfo Ghirlandajo naiver und in seiner Manier weniger abgeschlossen und daher anstelliger war, den Intentionen Rafael's zu entsprechen, scheint der Letztere für diesen Künstler eine grosse Neigung gefasst zu haben. Wenn Rafael ihn wählte, ein von ihm angefangenes Bild, welches Sienesische Edelleute bei ihm bestellt hatten, zu vollenden, so kann dieses keinenfalls die in Rede stehende Grablegung gewesen sein.

Die kurfürstliche Galerie zu Cassel besitzt ein kleines Bild einer Madonna mit dem Kinde und Johannes in einer Landschaft, das offenbar von der Hand des Ridolfo Ghirlandajo herrührt und beweist, bis zu welchem Grade er dem bildnerischen Sinne Rafael's zu entsprechen wusste.

Eine Himmelfahrt der Maria besitzt die Galerie des Museums zu Berlin unter 263 in lebensgrossen Figuren, worunter sich Ghirlandajo selber abgebildet findet, woraus gleichfalls zu ersehen ist, dass Rafael einen unverkennbaren Einfluss noch auf diesen Künstler ausübte, als dieser sich bereits dem Greisenalter näherte. Beide Künstler waren ursprünglich nur um zwei Jahr ihres Alters verschieden. Ein anderes kleineres Bild von Ridolfo Ghirlandajo derselben Galerie, 91, vorstellend Maria und Joseph, die das auf der Erde liegende Kind knieend verehren, veranschaulicht besonders die schlichte naive Denk- und Gefühlsweise dieses Meisters, der sich nicht entschliessen konnte, die Einladung seines Freundes Rafael, nach Rom zu kommen, anzunehmen.

Noch ein Umstand ist es, der in dem Bilde der Grablegung Skrupel erregen kann. Der landschaftliche Hintergrund desselben ist nicht von der Hand Garofalo's, er scheint vielmehr von Rafael selbst herzurühren.

Man wird fragen, wie es komme, dass ein ihm so weit nachstehender Meister den grössten Theil der Hauptsache und er selbst das mehr Nebensächliche ausgeführt haben soll.

So sehr nachsichtig sich Rafael, wie schon bemerkt, bei Ausführung seiner Werke gegen seine vielen Gehülfen auch zeigt, — unmöglich konnte es ihm gleichgültig sein, wenn es sich um den grossen Ausdruck der physiognomischen Umgrenzung seiner Compositionen handelte, die im Innern so oft eine Misshandlung ertragen, ohne den Rafaelischen Geist zu ertödten, der sich in solcher Physiognomie gleichsam architektonisch ausladet.

Der Gefühlsforderung Rafael's liegt ein Naturgesetz zum Grunde, in dessen Folgeleistung der Gesammtausdruck seiner selbständigen Genialität beruht, und wenn er auch sich selbst von diesem Gesetz keine Rechenschaft zu geben weiss: solche äussere Umgrenzung, als ein sehr wesentlicher Theil seiner ganzen Kunst, ist immer dieselbe, wenn sie auch bei jedem besondern Falle eine andere ist, wie gleichsam der natürliche

Contour einer Eiche nie ihren Charakter verleugnen kann,
so verschieden er auch sein mag.

Das Beiwerkliche eines Meisterwerkes ist nichts Anderes,
als der künstlerische Ausklang einer Hauptweise, der um so
bedeutsamer ist, als er einer freien Willkühr anheimfällt,
in der sich das individuelle Kunstgefühl selbständig befriedigt, gegen dessen Beeinträchtigung ein Meister erster Grösse
sehr empfindlich ist.

Da nun besonders der landschaftliche Theil eines historischen Meisterwerkes dem gemäss nichts Anderes ist, als
ein lebensvolles Analogon des Haupttheiles desselben, so
geht daraus hervor, dass er für weit wichtiger zu erachten
sei, als es in der Regel geschieht, weil es dem Meister hier
mehr darauf ankommt, die einem landschaftlichen Theile zum
Grunde liegenden Ideen im Allgemeinen auszudrücken und
in Einklang mit dem Ganzen zu bringen. Die hochgeistige
Terminologie, mit welcher dies oft geschieht, macht das Verständniss eines solchen Beiwerkes nur um so schwieriger.

Bemerkenswerth ist in dieser Hinsicht das aus Neapel
erworbene Bild einer heiligen Familie von Rafael in der
Galerie des Museums zu Berlin, in welchem der landschaftliche Hintergrund bereits die geistigen Spuren enthält,
die eine Erscheinung eines Meisters, wie Everdingen schon
ahnen lassen.

Wenn sich nun überhaupt die Art und Weise der Willkühr eines jeden Meisters besonders in dem Beiwerklichen
erkennbar macht und daher der landschaftliche Theil, wenn
er in dem Bilde der Grablegung von Garofalo ausgeführt
worden wäre, den Rafael aus obigem Grunde nicht genügen
konnte, so ist es eben nicht befremdlich, dass Rafael seiner

Composition selbst zu Willen war, wie man dieses auch unter ähnlichen Umständen in Werken von Tizian, die von seinen Schülern in der Hauptsache nach ihm vollendet wurden, wahrnehmen kann.

Wie Herr Passavant bei dem Bilde der Grablegung den eigentlichen Werth der Rafaelischen Ausführung bedeutend unterschätzt, indem er die dabei thätige Hand eines schwächern Meisters für die des Rafael hält, ohne doch den Herrn von Rumohr kritisch widerlegen zu können, so glaubt er auch ein Recht zu haben, ein anderes Werk dem Rafael zuzuschreiben, weil es an Schönheit den besten seiner Bildnisse gleichkomme, obgleich die Auffassung und Behandlung desselben von der seinen so verschieden ist.

Herr Passavant wundert sich nur, wie Rafael ein Bildniss Leo's X., und kurz darauf ein solches malen konnte, das den bekannten Violinspieler der Galerie Ciarra zu Rom vorstellt, welches doch in seiner Manier von dem ersteren so wesentlich abweicht.

So viele Bildnisse mir bis jetzt als zuverlässig und unbestreitbar von Rafael's Hand vorgekommen sind, so habe ich bei unwesentlichen Abweichungen derselben immer Gelegenheit gehabt, die einfache und gerade Art seiner Auffassung und Behandlung zu bewundern, die seine kindliche Unbefangenheit vornehmlich in diesem Zweige der Kunst bewahrt, wo der Reiz der Wirklichkeit oft so verlockend ist, von dem Wesen der Erscheinung abwendig zu machen, das er unverrückt im Auge hat.

Auch bei den ausgeführtesten, kräftigsten Bildnissen bleibt Rafael schlicht und naiv, sowohl in Auffassung der Form,

als auch der Farbe. Selbst bei der Modellirung, wo so oft
der Verstand mit dem Gefühl des Bildners nicht gleichen
Schritt hält und ersterer so leicht über das Ziel der Wahrheit hinausgeht, bleibt sein Blick frei von Vorurtheil und
unbestochen, wie man an einzelnen Cardinalbildnissen zu Rom
sehen kann. Besonders im Bildnissfach sagt sich Rafael
gleichsam von aller Kunst los, weil sie als solche sich selten
enthalten kann, den darzustellenden Persönlichkeiten etwas
anzudichten, da es ihm hier hauptsächlich darauf ankommt,
ihr Verhältniss zum geistigen Inhalt in grösstmöglichster Reinheit zu ermitteln.

Den Rafaelischen Bildnissen fühlt man daher an, dass
der Bildner, nach Art seiner Vorgänger, der Natur mit Andacht
gegenübertritt, und wie diese bei der Armuth ihrer Kunstmittel in solcher Stimmung dem inneren Wesen nur um so
näher kamen, so sucht Rafael, der den künstlerischen
Werth dieser Armuth zu schätzen weiss, sich alles dessen zu
enthalten, was seine directe Beziehung zur darzustellenden
Natur trüben könnte.

In der Zeit der höchsten Kunstentwickelung solchem
Sinne gemäss noch zu bilden und zugleich ihren begründeten
Anforderungen noch gerecht zu werden, das ist es, was die Ra-
faelischen Werke, besonders im Bildnissfach, kennzeichnet.

Jene Eigenthümlichkeit der Kunstwerke Rafael's, dass
ihr geistiger Inhalt besonders in der Art und Weise des
menschlichen Blickes eine ebenso anziehende, als eindringliche
Spitze erhält, wie sie bei keinem andern Meister vorkommt,
ist gleichfalls eines seiner Merkmale, das selbst seinen Bildnissen nicht fehlt. Wenn es so den Anschein gewinnt, als
wären diese mehr durch den Rafaelischen, als durch ihren

eigenen Geist beseelt, so wird das Kunstwerk dadurch nur
um so interessanter, indem dieser Zug zum Beweise dient,
dass der Strahl der Wahrheit durch ein Mittel gedrungen,
dessen individuelle Natur sich solcher Wirkung insofern willig
preis gibt, als das Kunstwerk nicht unmittelbare Natur sein
soll, sondern ein geistiges Verhältniss derselben zu einem
denkenden Bildner, der nur aus sich herausgeht, um die
Reinheit dieses Verhältnisses besser prüfen zu können.

In der Schule Perugino's hat sich das Wesen Rafael's so gekräftigt und in der Kunst befestigt, dass es fast
den Anschein hat, als bedürfe er weniger, als jeder andere
Künstler jener objectiven Prüfung seines künstlerischen Schaffens, denn in fast allen seinen Werken spricht sich sein subjectiver Antheil unverholener, als bei anderen grossen Meistern aus.

Erwägt man diese Eigenschaften Rafael's genau, die
sich mehr oder weniger in allen seinen Werken kund thun,
so kann es nicht schwer werden, in dem Bildnisse des
Violinspielers die Hand eines von ihm sehr wesentlich
verschiedenen Meisters zu finden.

Man hat es hier nicht mit einem Künstler zu thun, der
so, wie Rafael, mit der reinsten Unbefangenheit die Natur
auffasst und sich dabei aller Kunst entäussert, um ihrem
Geiste desto näher zu kommen: ein gewiegter Meister tritt
uns hier mit dem vollen Bewusstsein seiner Virtuosität entgegen, der in höchster Objectivität seinem Kunstbeginnen
lauscht, gewisse bei ihm bereits ein für allemal feststehende
Prinzipien, im Interesse einer besonderen Naturwahrheit,
deren höchste Vergeistigung sein Streben ist, in Anwendung
zu bringen.

Dass diese Virtuosität nichts für sich ist und sein will,
das ist allenfalls eine Eigenheit dieses Bildes, die mit dem
Stile Rafael's übereinstimmt. Was sich indessen in dieser
Hinsicht bei Rafael von selbst versteht, das ist bei diesem
Bilde vorsätzlich erreicht. Da, wo es der Künstler mehr mit
dem Nebensächlichen zu thun hat, da treten Eigenthümlichkeiten hervor, die mehr die Prinzipien, als die Natur selbst
betreffen.

Auch dieser Zug, weil er einen commentirenden Sinn
in sich schliesst, ist ein bewusster. Die Kunst des Meisters
hat im Colorit die Höhe erreicht, wo man sie als solche
kaum gewahr wird. Ihre Verschlossenheit bei der künstlerischen Behandlung der Haupttheile des Bildnisses, welche
fast der Naivetät Rafael's gleichkommt, birgt einen künstlerischen Inhalt, auf welchen das sich im Nebensächlichen
geltender machende Prinzip malerisch hinweist, während die
grosse geistige Wucht des Ganzen zeigt, dass bei solchem
verschwiegenen Verfahren, welches die gesammte bildnerische
Kunst umfasst, nichts eingebüsst worden.

Ein so hoher Standpunkt der Kunst, der mehr das geistige Innere, als das künstlerische Aeussere zu erkennen gibt,
kann wohl zu dem Irrthum verleiten, dass man in dem fraglichen Bilde glaubt ein Werk Rafael's zu erblicken. Eine
tiefere Einsicht in die Natur dieses Meisters und seiner
Mittel und in die des fraglichen Künstlers führt aber zu
der Gewissheit, dass Rafael nicht der Urheber dieses Werkes sei.

Besonders ist es sein Colorit, das bei aller erzielten
natürlichen Unentschiedenheit entschieden nach Venedig hinweist, sowie die Prinzipien, welche ein solches Ergebniss des

Colorits, im Einschluss einer überaus feinen Mässigung, vorsätzlich erstreben, den Künstler selbst noch näher bestimmen.

Die Eigenschaften desselben, wie sie bisher aus dem fraglichen Bilde entwickelt worden, machten ihn besonders geeignet, den künstlerischen Zwecken eines Michelangelo zu entsprechen; denn wohl schwerlich möchte ein Meister zu finden gewesen sein, der bei der Höhe der Kunst, wie sie sich in dem obigen Bildnisse zu erkennen gibt, zugleich eine Selbstverleugnung besitzt, wie sie diesem Meister eigen, der kein anderer, als Sebastian del Piombo sein kann.

Eine Selbstverleugnung, die nur deshalb in's Leben tritt, um den höchsten Kunstbedingungen besser genügen zu können, war für die Absicht Michelangelo's, seine malerischen Compositionen durch eine andere Hand ausführen zu lassen, ein Haupterforderniss, da ihm hierbei nicht mit einem Meister gedient sein konnte, durch dessen wahrnehmbareren persönlichen Antheil die Einheit seiner Kunstschöpfung gefährdet war.

Betrachtet man bei dem in Rede stehenden Bildnisse die im Schatten befindliche Hand genauer, so macht sich in ihrem entschiedenen rothen Ton ein Prinzip bemerkbar, durch welches Giorgione die Mystik zweideutiger Geheimnisse im Colorit mit dem Lichte seiner Kunst aufklärt, ohne der Wahrheit eines solchen Naturverhältnisses zu nahe zu treten.

Von Giorgione selbst aber konnte diese Hand nicht gemalt sein, weil dieser die künstlerische Auflösung solcher Naturräthsel durch einen ungewöhnlich starken Auftrag einer entschiedenen Farbe markirt, um auf die positive Lösung des Farbenproblems ächt künstlerisch hinzuweisen.

Sebastian del Piombo, mit dem genialen Gior-

gione, dem er Vieles abgesehen und sich zu eigen zu machen
wusste, so befreundet, dass beide mitunter an ein und demselben Bilde thätig waren, brachte dieses Prinzip in dem in
Rede stehenden Bilde so in Anwendung, dass nur der Zweck
desselben zur Geltung kam: das Naturundeutliche nicht durch
das Kunstundeutliche auszudrücken, was bei weniger grossen
Künstlern nur gar zu oft geschieht.

Es wurde mir in Rom leicht, meine gewonnene Ueberzeugung, dass Sebastian del Piombo das Bildniss des
Violinspielers gemalt habe, noch mehr zu verstärken, da sich
hier mehrere unbestreitbare Bilder von ihm befinden. Besonders aber bot mir das Bildniss, vorstellend den Admiral
Andreas Doria, in der Galerie Doria Pamfili, eine
ergiebige Quelle des Vergleiches.

Mit Rücksicht auf den Unterschied der vorgestellten
Individualitäten und ihres verschiedenen Alters fand ich die
Uebereinstimmung beider Bildnisse bis selbst auf den Aggre-
gatzustand des Farbenmaterials genau.

Aber auch in Hinsicht der äusserlichen Auffassung ist
ein Umstand nicht zu übersehen.

Wie Sebastian del Piombo in der Darstellung des
Violinspielers denselben als einen gefeierten Künstler, durch
den Violinbogen und Lorbeer in seiner Hand, symbolisch bezeichnet, so deutet die Auffassung der gebietenden, nur wenig vom Körper entfernten Hand ebenso bezeichnend auf
die amtliche Stellung des hohen Befehlshabers, ohne damit
eine Handlung selbst ausdrücken zu wollen, wodurch so leicht
die Ruhe verloren gegangen wäre, durch welche dieser Künstler den Beschauer geistig zu sammeln weiss, das Wesen seiner Werke in sich aufzunehmen.

9*

Die Zumuthung, das Bildniss des Violinspielers für ein Werk des Rafael zu halten, der in derselben Zeit, wo es ausgeführt worden, das Bildniss Leo's X. gemalt hat, das, wie bereits bemerkt, so wesentlich verschieden ist, scheint selbst einem frühern Besitzer dieses Werkes zu stark gewesen zu sein. Er fand daher für gut, mit der auf dem Bilde befindlichen Jahrzahl eine Aenderung vorzunehmen, und es bedarf eben keiner scharfen Sehkraft, zu erkennen, dass die III am Ende derselben erst später hinzugesetzt worden, um die Entstehung dieser beiden Bildnisse, die in ein und dasselbe Jahr fällt, der Zeit nach mehr auseinanderzurücken.

Wenn aber auch diese ungeschickte Vollführung der Fälschung nicht stattgefunden hätte, die innern Gründe, dass Sebastian del Piombo der Urheber des Bildnisses des Violinspielers ist, sind so erheblich, dass dergleichen äussere Merkmale für den wahren Sachverständigen gar nichts sagen wollen.

Wenn Sebastian del Piombo durch die grosse Meisterschaft, die sich in diesem Werke kund gibt, beweist, dass er eine sehr hohe Stelle im Bildnissfache einnimmt, so verhält sich doch seine Kunst zu der des Rafael, wie die Virtuosität, so sehr sie auch im Interesse der geistigen Wahrheit zurückgehalten ist, zur wahren Schöpfungskraft.

Sebastian zeigt in seinen Werken einen ebenso tiefen Geist, wie künstlerisches Geschick; — Rafael ein hohes Vermögen, das Wesen möglichst kunstlos mit der Kraft seines geläuterten Gefühles zur Erscheinung zu bringen. Sebastian wendet seine Prinzipien der Natur gegenüber mit Pietät und Gewissenhaftigkeit an, ihren geistigen Inhalt zu erzielen; — Rafael folgt nur dem Gefühlsdrange, das naiv auszudrücken, was er als Hellseher der Erscheinung gegenüber wahrnimmt. Sebastian zeigt sich als ein ernster Kunsterfahrener seines Erfolgs gewiss, weil er mit Weisheit aus sich herauszugehen vermag, um sein Beginnen mit treffender Schärfe zu prüfen; — Rafael hat den unbefangenen Blick eines Kindes, womit er das vollführt, was der Weisheit gleich zu achten ist. Sebastian ist so bedeutend im Colorit, dass er in diesem Zweige durch seine Kunst die inhaltsvollste Einfachheit erreicht; Rafael erlangt in Unschuld, was in dieser Hinsicht nöthig ist. Sebastian sucht sich kunstvoll seines persönlichen Antheiles zu enthalten; Rafael zeigt selbst im Hässlichen sein schönes Ebenbild in dem beseelenden Geist, durch welchen er es belebt. Bei ihm ist nichts Kunst, sondern Schöpfungsdrang, und wenn dieser Ausspruch auf das Bildnissfach weniger anwendbar scheint, weil es sich hier um die Darstellung eines Vorhandenen handelt, so bewährt Rafael diese seine hohe Gabe dadurch, dass er das Vorhandene, das als ein Besonderes im Laufe der Zeit sein eigentliches Wesen eingebüsst, im Sinne seiner Urbedeutung mit durchdringender Macht wiederherstellt. Diese seine Macht ist nie das Wie, sondern das Was. Das Was aber ist das denkende Sein, der Geist, der sich unendlich manifestirt und immer derselbe ist. Rafael's Kunst ist in allen Zügen diesem Geist identisch. Er geht in sie auf, wie sie in ihn.

Das ist das Wesen Rafael's, das sich am unverholensten in seinen Bildnissen widerspiegelt und noch den Schöpfungen seiner freiern Phantasie eine hohe Weihe verleiht, wo er den Reizen der Zeit verfällt.

Das schöne Frauenbildniss, fälschlich Fornarina genannt, befindlich in der Tribüne der Offizien zu Florenz, hat Herr Passavant gleichfalls dem Rafael zugeschrieben.

Ich habe bereits bei meinem ersten Aufenthalt in Italien gefunden, dass die Meinung anderer Kunstforscher, es sei ein Bild von Giorgione, viel mehr Wahrscheinlichkeit enthielt.

Während meiner letzten italienischen Reise wurde es mir erst möglich, dem Urheber dieses Bildes näher auf die Spur zu kommen, da ich gefunden, dass hier dieselben Gründe vorliegen, wie in dem obigen, welche es darthun, dass es Sebastian del Piombo gleichfalls gemalt hat.

Der Unterschied zwischen diesem Meister und Giorgione ist, wie schon bemerkt, bei vieler Uebereinstimmung ein solcher, dass eine Verwechselung leicht möglich ist, wenn man beide Meister nicht einem besondern Studium unterworfen hat.

Giorgione's Behandlung ist pikanter und nicht so geschlossen; seine Auffassung der des Sebastian wohl ähnlich, aber noch subjectiver.

Man fühlt es der objectiven Ruhe der Werke des Sebastian del Piombo an, dass er sich gern dazu verstand, die Compositionen seines Gönners Michelangelo auszuführen, da er eine vollkommene Befriedigung darin finden musste, die Erscheinung an sich durch sein bedeutendes Kunstvermögen in hoher Lebensfähigkeit vorzustellen. Bei so grosser Vertrautheit mit den tiefen Bedingungen, durch welche er die Erscheinung zu einem completen Dasein zu erheben wusste, schien die äusserliche Erfindung nur wenig Reiz für ihn zu haben, zumal da schon Giorgione nur wenig Werth darauf legte, und wenn er sich mit dem halben Ruhm, den ihm die Ausführung jener Compositionen brachte, so leicht zufrieden stellen liess, so kann es eben nicht Wunder nehmen, dass er zuletzt, wo ihm in seiner amtlichen Stellung als Siegelbewahrer des Papstes ein gemächliches Leben beschieden war, nur selten seiner Kunst oblag.

Dass Michelangelo, was seine Kunst anbelangt, eines fremden Beistandes nicht benöthigt war, das beweisen seine Malereien in der sixtinischen Capelle, besonders die Deckenbilder derselben. Da ihm aber seine umfangreichen Skulpturen mehr am Herzen lagen und seine Zeit auch durch die Architektur sehr in Anspruch genommen war, so ist es abgeschmackt, anzunehmen, wie dies so oft geschieht, der Neid auf Rafael habe ihn bestimmt, seine malerischen Compositionen durch Sebastian del Piombo ausführen zu lassen.

Michelangelo hatte durchaus keinen Grund, den Rafael in der Färbung zu scheuen, da in ihm der Schöpfungsdrang in dieser Hinsicht eben so mächtig war, der ungefügigen Materie das entsprechendste Leben abzunöthigen. Statt nun gerade darin, dass er einen fremden Beistand genommen, einen Zug seines erhabenen Charakters zu erblicken findet sich eine blinde Urtheilslosigkeit gemüssigt, an ihn den gewöhnlichen Massstab menschlicher Schwäche anzulegen, was in Künstlerbiographien, aus Mangel an wahrer Kritik, leider nur allzu oft geschieht.

ZWEITER ABSCHNITT.

Don Diego Velasquez de Silva.

Das Bildniss des Papstes Innocenz X. von Velasquez, befindlich in der Galerie Doria Pamfili zu Rom, trägt unter den Bildnissen dieses grössten der spanischen Bildnissmaler, die mir bis jetzt vorgekommen sind, die unverfänglichsten Merkmale der Aechtheit, weshalb sich hieran am erspriesslichsten die Untersuchungen fraglicher Bildnisse dieser Art knüpfen. lassen.

Vornehmlich durch dieses Bildniss beweist Velasquez, dass er in diesem Fache dem Tizian gleich zu achten sei, dessen Werke er vorzugsweise zum Gegenstande seiner Studien in Venedig gemacht hat.

Nächst Rubens zeigt kein Meister, wie Velasquez, ja dieser noch viel deutlicher, als der Erstere, wie solche Studien der Natur gegenüber zu verwerthen sind, ohne ihr Verhältniss zwischen ihr und dem Nachbildner zu stören, was nur allzuleicht geschieht, wenn ein Künstler nicht auf der Höhe derjenigen kunstwissenschaftlichen Bildung steht, die ihn vor Allem seine Selbständigkeit bewahren lehrt.

Die Eigenthümlichkeit, mit welcher Velasquez die Prin-

cipien Tizian's auffasst und in Verbindung mit seiner subjectiven Anschauung bringt, beweist vornehmlich in diesem
Werke, dass man einen jener tiefdringenden Geister vor sich
habe, dem mit einem einzelnen andeutenden Worte der Weisheit so vieles gesagt ist, dass er dem zu gewärtigenden Folgenden vorsichtig gleichsam sein Ohr verschliesst, damit er
um so ungestörter den damit bezeichneten Weg selbständig
verfolgen könne.

In den Bildnissen des Velasquez begegnet man dergleichen Anregungen öfter, die die Spuren des Tizianischen
Impulses tragen, welche das Band jener grossen Kunstepoche
mit der folgenden Zeit knüpfen und den Gewinn der frühern
für die folgende sichern, in welcher die Bedingungen andere
geworden sind.

Velasquez ist so der Tizian der Spanier geworden,
indem er dabei er selbst geblieben ist. Nur dem innern
Wesen nach hat er den vorzüglichsten Eigenschaften des grossen
Venezianers nachgestrebt und sie mit dem Hinzufügen der
seinigen zu einem selbständigen Ausdruck gebracht. Dieser
Ausdruck des Velasquez gewährt auch noch das hohe Interesse, dass die Modification desselben die Terminologie des
Tizian dadurch verdeutlicht, dass ihr ein anderes Medium
der Anschauung zum Grunde liegt.

Was Tizian im gemessenen, ruhigen, empfindungsvollen
Vortrag mehr in Hinneigung zur idealen Allgemeinheit darlegt, das fasst das noch leichter erregbare Gefühl des genialen Spaniers mit gesteigertem Eifer auf, der Natur gegenüber des Momentes gewärtig, wo ihr specielles Leben sich in
einer geistigen Pointe concentrirt, die er so bewunderungswürdig zur Anschauung zu bringen weiss.

Diese Art der Auffassung bei einem sehr erregbaren
Gefühl, das in jenen Momenten nach der entsprechendsten
künstlerischen Bethätigung drängt, die er, wenn sie in's Leben
tritt, als solche kaum gewahr wird, geht in Momenten der
ruhigern Prüfung den Spuren des Ursächlichen mit scharfem
Sinne nach, den so gewonnenen geistigen Ausdruck in natürlich mässiger Weise auf's Entsprechendste zu unterstützen und
in der Spitze eines individuellen Lebens zusammenzufassen,
wodurch die Wirkung der Bildnisse dieses Meisters oft so
überraschend wird, ohne dabei ihrem ideellen Gehalte etwas
zu vergeben.

Dieser Zug besonders bezeichnet die Aechtheit der Werke
des Velasquez.

Bei einer grossen Gewissenhaftigkeit, den speciellen Fall
als solchen künstlerisch bedeutsam wiederzugeben, bleibt
Velasquez frei von jenen Meinungen, welche eine naive Anschauung so leicht gefährden, die in Verbindung mit einer
grossartigen Auffassung einen wesentlichen Vorzug dieses
Meisters ausmacht. Der überaus einfache Ausdruck, den
seine naive, unbefangene Anschauung zur Folge hat, verleiht
seinen Werken, mit dem grossen Werthe ihres geistigen Inhaltes, etwas Pikantes, welches das Verlangen nach einem
Kunstgenuss schärft, den er bei solchem Streben, das von der
vielgestaltigen Natur immer wieder auf neue Seiten gerichtet
ist, in so mannigfacher Art zu gewähren vermag.

Wenn der Haupttheil des in Rede stehenden Bildnisses
mit einer grossen Sammlung vollführt ist, um die möglichste
Tiefe der Erscheinung zu gewinnen, so geht doch, bei aller
Grossartigkeit des Stiles, sein Gefühl nicht ohne Antheil an
den oberflächlichsten Eigenschaften derselben vorüber, wie

man hier an der charakteristischen Auffassung des Feuchten oder Trockenen der Carnation ersehen kann, ein Beweis, dass er bei aller Tiefe seiner Anschauung auch das Nächste nicht übersieht.

In solcher virtuosen Beobachtung eines gebundenen Stiles gewinnt Velasquez die Berechtigung, sich in dem Beiwerklichen einer freien Willkühr hinzugeben, die in Anlass seiner tiefen Naturanschauung oft in einer hinreissenden Begeisterung auflodert. Seine Behandlung gleicht alsdann dem kühnen Wellenschlage einer Oberfläche, dessen Bewegung und Formation von Allem und Jedem Kunde gibt, was die Tiefe in ihrem stilleren Leben birgt.

Aber auch die ruhigere Oberfläche weiss Velasquez ihrer künstlerischen Bedeutung nach werth ~zu halten und sie als einen integrirenden Theil der tiefern Wahrheit zu behandeln.

Von Seiten dieser Art der Auffassung und Behandlung ist besonders das weisse Gewand des obigen Bildnisses im hohen Grade bewunderungswürdig.

Die künstlerische Werthhaltung des scheinbar Formlosen seiner leichten Materie, der fixirte lebendige Process der Leuchtbarkeit ihres weissen Scheines und dessen Modificationen, vom höchsten Punkte seiner eigenthümlichen Wirkung bis zu seiner schwärzlichen Tiefe, die auch so noch die Tiefe des Weissen bleibt, ist selbst von Tizian nicht geistvoller dargestellt worden.

Auch hier wird der spanische Künstler wieder pikanter durch einen energisch verstärkten Farbenauftrag, der gleichsam die Leichtigkeit des dargestellten Stoffes verspottet. Ich sage gleichsam, denn, genau betrachtet, macht die zum Grund liegende künstlerische Absicht diesen verstärkten Farbenauftrag nothwendig. In ihm vermag er erst positiv künstlerisch auszudrücken, was bei dergleichen Erscheinungen die Natur ihrer Scheinbarkeit nach oft mystificirt, indem sie das Wesentliche als zufällig und das Zufällige als wesentlich vorspiegelt.

Dass Velasquez bei einem so ächt künstlerischen Verfahren, in welchem er Alles zu seiner eigentlichen Idee und somit zur Schönheit erhebt, auch noch die natürliche Scheinbarkeit als solche werth hält, kann bei der Feinheit seiner Darstellung nicht Wunder nehmen.

Wie mehr oder weniger in Meisterbildern erster Classe das Hauptsächliche durch das Nebensächliche, seinem bildnerischen Sinne nach, commentirt erscheint, so ist dieses vornehmlich in den Bildnissen des ungebundenen Stiles des Velasquez der Fall, der dieser meist zufälligen Eigenthümlichkeit seine bestimmte Absicht hinzugesellt, was namentlich daraus zu erkennen ist, dass er nach Massgabe seiner Stilweise gewisse Stellen des mehr Nebensächlichen unausgeführt lässt, oder seine Retouchen so anbringt, dass ihr Widerspruch klar zu Tage tritt.

Letzteres ist bei dem in Rede stehenden päpstlichen Bildnisse bei Auffassung der Falten des rothen Kragens der Fall, wo sich in einer Stelle die frühere Anlage mit der spätern durchkreuzt.

Diese Art von scheinbarer Nachlässigkeit ist von ächt künstlerischer Bedeutung. Sie deutet auf zwei verschiedene Sitzungen der dargestellten Person. Die Gefühlsstimmung, in welche der Künstler in der erstern durch die Anschauung der Natur versetzt worden, hinterlässt in der Nachbildung bereits so interessante Spuren einer geistvollen Unmittelbar-

keit, dass es dem Künstler leid thun musste, in der zweiten
Sitzung daran etwas zu ändern, da eine neue Anregung, wenn
auch durch dieselbe Natur, andere künstlerische Folgen zu
Wege bringen musste. Indem Velasquez beide Auffassungs-
arten verschiedener Gefühlsstimmungen gegenseitig so zu
schonen wusste, dass keine auffallende Störung in der Gesammtwirkung entstand, erwuchs der Vortheil einer klareren
und weit umfassendern Darlegung seines Gefühls- und Gedanken-
ganges. Diese Art der Behandlung erstreckt sich consequent
auf alles Beiwerkliche dieses vortrefflichen Bildes. Die malerische Auffassung und Behandlung der unterschiedlichen Stoffe,
so namentlich der rothen Gardine im Hintergrunde, des rothen
Kragens und des goldenen Sessels, sind in Hinsicht der einheitlichen Stimmung und des Vortrages das Bewunderungs-
würdigste, was man in dieser Art sehen kann.

Die lebensvollen Erfolge, welche hier die Kunst in der
malerischen Darstellung der schwierigsten Probleme errungen,
diese Erfolge, welche so sehr geeignet sind, während der Vollführung eines Kunstwerkes das Gefühl des Bildners zu be-
rauschen, erlangen einen noch höhern Werth durch die kunstvolle Mässigung, mit der Velasquez das Nebensächliche
dem Hauptsächlichen unterordnet.

In ähnlicher Weise ist das Bildniss des Cardinals Dezio
Azzolini, befindlich in der Galerie des Museums zu
Berlin, ausgeführt, auf das ich später zurückkommen werde.

Ich habe von diesem Meister das Bildniss eines Kindes
gesehen, das in Hinsicht der naiven Auffassung, besonders
was Farbe und Formenbestimmung betrifft, im hohen Grade
bewunderungswürdig war. In diesem war die Verleugnung
alles dessen, was Einsicht und Kunsterfahrung erlangt, so

gross, dass es den Anschein hatte, als hätte sich der Urheber dieses Werkes der Natur als Nachbildner zum ersten Mal gegenüber befunden.

Der helle Blick der Unbefangenheit, als Resultat des höchsten Kunstvermögens, zeigte sich in diesem Bilde so wiedergewonnen, dass selbst ein Rembrandt darüber erstaunt sein würde, der in ähnlichen Bestrebungen doch so Grosses erreicht hat.

Die Bildnisse ritterlicher Personen von Velasquez begegnen nicht selten denen des Rubens und Van Dyck, nur dass ihre Wirkung noch geschärfter und fesselnder ist.

Am interessantesten sind jedoch derartige Bilder, wenn sie den gebundenen und den freien Stil in sich vereinigen. Bei'm ersteren, der die Hauptsache betrifft, erscheint der geniale Meister im hohen Grade gesammelt, um die Wahrheit ihrer geistigen Bedeutung nach so unparteiisch als möglich in jedem ihrer Theile würdigen zu können. Hierbei wird er manchmal so überaus einfach in der Wahl der Darstellungsmittel und deren naiv-zweckmässiger Verwendung, dass man kaum begreifen kann, wie dies bei einem so grossen Umfang von Kunst, als ihn dieser Meister überblickt, noch möglich ist.

In dieser letztern Art besitzt die Dresdener Galerie mehrere Bildnisse und auch meine Sammlung enthält ein solches.

Der ungebundene Stil betrifft in solchen Bildern mehr das Nebensächliche. Wie Velasquez in dem gebundenen aus Kunst mehr Natur ist, so ist er in dem ungebundenen mehr künstlerisch, da er die Bedeutung seines Stiles in der grossartigsten Zusammenfassung gewisser Naturgesetze mit voller Kraft seines Bewusstseins zur Anschauung bringt.

Es gibt von Velasquez Bildnisse, bei denen die Kunst so zurückgehalten ist, dass man im ersten Augenblick glaubt, einen gewöhnlichen Meister vor sich zu haben, bis man gewahr wird, dass ihre grosse Einfachheit der Auffassung und Behandlung das Ergebniss einer hohen Meisterschaft ist. Am schwierigsten sind solche Bildnisse zu bestimmen, wenn in dem Nebensächlichen, wo sich der Meister freier gehen lässt, kein commentirender Halt geboten wird.

Ich selbst war in Rom nahe daran, das Portrait eines Cardinals zu erwerben, das in der Hauptsache viel Uebereinstimmendes mit der naiven Manier des Velasquez hatte, als ich noch bei Zeiten einen bedeutend schwächern Pinsel in dem Nebensächlichen entdeckte, das jeder tiefern Auffassung irgend eines Naturgesetzes entbehrte.

Der Zufall wollte es, dass ich später den Urheber dieses Bildes ermitteln konnte, der, sollte man es glauben, kein anderer war, als Carlo Maratti.

Hieraus mag man ersehen, was ein routinirter Meister vermag, wenn ihm, wie im Bildnissfache, gewisse Schranken gezogen sind, die seine Kunst, der Natur unmittelbar gegenüber, für einen bestimmten Fall concentrirt.

Der Unterschied dieses Bildnisses von dem eines solchen von Velasquez ist der, dass Maratti mit dem ganzen Umfange seines gesammelten Kunstvermögens erst hervorbrachte, was einem Ergebniss so ähnlich sah, welches Velasquez dadurch erreichte, dass er sich aus Wahrheitsliebe von aller Kunsterfahrung losgesagt, um in einem möglichst reinen Verhältniss zur Natur zu stehen.

Jene Verwechselung war leicht möglich, was zugleich daraus hervorgeht, dass auch in der Pinakothek zu München, wo sonst die Meister mit vielem Scharfsinn bestimmt sind, sich ein Bildniss befindet, vorstellend den Cardinal Rospigliosi, das man gleichfalls dem Velasquez zuschreibt und·das auch von Carlo Maratti herrührt, dessen Bildnisse ich in Rom, im Anlasse des obigen Falles, einem nähern Studium unterworfen habe.

Indem ich das Verzeichniss der Münchner Pinakothek nochmals bei dieser Gelegenheit durchsehe, finde ich in demselben folgende Bemerkung:

„Der Cardinal Rospigliosi wurde vom Papst Urban VIII. als Nuntius an den Hof Philipp's IV. nach Spanien geschickt, und nachmals als Papst Clemens IX. (1667) von Carlo Maratti gemalt, welches Bildniss sich in der Gemäldesammlung der Eremitage zu Petersburg befindet."

Was nun auch der Grund dieser Bemerkung sein mag: er schliesst keinen Falls die Möglichkeit aus, dass das Münchner Bildniss ein zweites Original von Carlo Maratti sei. Diese Möglichkeit steigert sich zu einer um so grössern Wahrscheinlichkeit, als ich bei meiner Rückkehr aus Italien in diesem Bildnisse die Hand des Carlo Maratti erkannte, ohne von der obigen Bemerkung Kenntniss gehabt zu haben.

Jedenfalls ist hieraus zu ersehen, dass dieser ausserhalb Rom gering geschätzte Meister ein höheres Talent besass, als man ihm im Allgemeinen zutraut. Vornehmlich seiner Bequemlichkeit ist es zuzuschreiben, dass er sich mehr auf seine Fertigkeit verliess, als die Natur gewissenhaft zu Rathe zog, weshalb er in dieser Fertigkeit erstarrt und bei dem Mangel an Pietät in seinen Kirchenbildern ungeniessbar wird.

Es ist ein grosser Irrthum, wenn man glaubt, die Natur liesse sich für die Kunst auswendig lernen, da jeder einzelne

10*

Naturfall ein besonderer ist. Die grössten Meister sind daher auch die gewissenhaftesten. Hätte Carlo Maratti seine Bilder in dem Sinne ausgeführt, wie seine Bildnisse, er würde sicher nicht eine so niedere Stelle in der Kunstgeschichte einnehmen, als es in Wirklichkeit der Fall. Ja selbst seine Bildnisse, an und für sich oft so vortrefflich, leiden nicht selten durch seine Fertigkeit, mit der er das Nebensächliche behandelt, obgleich er doch fühlen musste, dass die Art, mit welcher das Bildniss selbst vollführt, eine diesem consequente Behandlung des Nebensächlichen schreiend begehrte.

Die beiden von Carlo Maratti in Rede stehenden Bildnisse enthalten nicht viel mehr, als nur die Portraitköpfe, weshalb ein Irrthum leicht möglich war. Für eine Galerie, wie die Münchner, die in ihrer Zusammenstellung eine der instructivsten, ist die Verwechselung zweier so verschiedener Meister, wie Velasquez und Maratti von grossem Interesse, weil diesem Irrthum ein ächt künstlerischer Sinn zum Grunde liegt.

§. 16.

Stefano Bartolo.   Murillo.

Wie Tizian in Italien dadurch, dass er sich bei seinen Darstellungen mehr, wie andere Meister seines Landes zur individuellen Wahrheit hinneigte, der Kunst mehr Festigkeit und Dauer verlieh, so war auch der Einfluss des Velasquez auf die spanische Malerei aus gleichem Grunde derselbe.

Unter diesem Einfluss ist auch Murillo hervorgegangen, der schwerlich die hohe Stufe in der Kirchenmalerei erreicht haben würde, die er einnimmt, wenn er, gleich vielen seiner künstlerischen Landsleute, den bolognesischen Meistern nachgestrebt hätte, die in eklektischer Weise mehr nach einer idealen Allgemeinheit hinneigten, in welcher der reale Halt so bald verloren ging.

Wenn Murillo den Werth der reich gestalteten Wirklichkeit zunächst durch Velasquez schätzen lernte und sie, gleich ihm, zu der ihr innewohnenden lebendigen Idee zu erheben wusste, wie dieses seine Genrebilder darthun, so erwuchs ihm aus solchem engen Anschluss an die Natur jener künstlerische Halt, der seinen freiesten Schöpfungen den Stempel einer Wahrheit verleiht, die, weil sie wesentlich immer dieselbe bleibt, zu keiner Zeit angefochten werden kann.

Murillo's Heilige sind Menschenkinder, die bei aller Treue ihrer bestimmten Individualität in dem Grade der Schönheit, mit der sie dargestellt sind, ihre Gottähnlichkeit und somit ihre Heiligkeit bekunden.

Die Schönheit Murillo's fusst auf etwas Positivem und nicht auf einem leeren Idealismus. In dem Positiven, der Individualität, erblickt er die Idee, in deren geläuterter Auffassung er die Schönheit findet, indem er die Art und Weise erkennt, wie in dem besondern Falle ihre Manifestation gefördert oder gehindert ist. Sein Stil, in welchem er mit Schärfe die naturhistorische Berechtigung des Zufälligen in der Erscheinung künstlerisch darthut, umfasst zugleich die charakteristischen Regungen des seelischen Lebens mit einer Schärfe des Ausdruckes, die um so mehr zum Herzen dringt, als sein strenggläubiges Gemüth sich mit tiefster Innigkeit in die religiösen Zustände seiner Vorstellungen zu versenken weiss. Seine universelle Einsicht in die Bedingungen einer künstlerischen Lebensfähigkeit ist der Anlass, dass die freie Bethätigung seiner Phantasie nie des festen Grundes und Bodens der Wirklichkeit ermangelt und eigentlich nichts Anderes ist, als die ideelle Bewältigung derselben. Wenn es daher auch kommt, dass er aus einsichtsvoller Gewissenhaftigkeit das Bereich seiner wirklichen Hülfsmittel nur eng begrenzt, seine heiligen Gestalten nur immer spanischen Ursprunges sind: das rein Menschliche, ist dadurch von ihm, seiner moralischen Bedeutung nach, nur um so wesentlicher erfasst und verfehlt um deswillen eine tiefer greifende Wirkung nicht, die über die Confession, welcher seine Darstellungen angehören, weit emporragt.

Welcher Akatholik wird nicht von seiner Darstellung des heiligen Antonius, der das in seinen Armen haltende Christkind mit liebender Hingebung verehrt, mächtig erfasst! — Wer sich einer göttlichen Idee mit so seelenvoller Innigkeit hingeben kann, wie dieser Antonius, verdient heilig gesprochen zu werden.

Das künstlerische Vermögen, solche Wirkung hervorzubringen, die keine andere, als die der unter bestimmten Bedingungen offenbarten Schönheit ist, umfasst ein weites Bereich der Naturanschauung, da jeder Verstoss gegen die geistige Wahrheit, die dieses Feld inne hat, diese Wirkung beeinträchtigen würde.

Bei den angedeuteten hervorragenden Künstlereigenschaften ist eine noch nicht berührt worden, durch die er als ein Meister erster Grösse in der spanischen Schule besonders glänzt. Es ist sein Colorit.

Wenn den spanischen Malern ein geschärfter Farbensinn
überhaupt eigen ist, so ist Murillo als eine ihrer bedeutendsten Spitzen im Colorit nur um so interessanter. Die
Vortrefflichkeit des Velasquez in diesem Kunstzweige kam
dem grossen Talente Murillo's besonders zu gute, da er
sich seine Grundsätze bald zu eigen zu machen wusste, ohne
deshalb seinen eigenen Naturanschauungen untreu zu werden.
Murillo's Künstlernatur war überhaupt eine solche, dass ihm,
wie dies bereits auch bei Velasquez der Fall war, mit
einer blossen Andeutung viel gedient war. Durch den Letztern, der ihm in seinen Bestrebungen bereitwillig entgegen-
kam, wurde es ihm erwirkt, bedeutende Werke des Tizian,
Rubens, Van Dyk und Ribera in Madrid copiren zu dürfen.

Das erwähnte Bild des heiligen Antonius, befindlich in
der Galerie des Museums zu Berlin, unstreitig eines
seiner bedeutendsten Werke, beweist bei einem leisen Anklang
an Velasquez und Ribera, den man mehr seiner Na-
tionalität, als diesen Meistern selbst zuzuschreiben hat, dass
er seine Selbständigkeit rein bewahrt hat.

Der nationale Trieb der spanischen Maler, dass sie zu
ihren bildlichen Darstellungen sich häufiger, wie jede andere
Schule der Beimischung des Weissen bedienen, erhält durch
Velasquez und Murillo eine bewusstere und daher höhere
Bedeutung. Bei Velasquez, der vorzugsweise Bildnissmaler
und durch den engen Anschluss an die individuelle Wahrheit
mehr gebunden, als Murillo ist, konnte natürlich diese Bedeutung nicht in solcher weiten Ausdehnung zur Anschauung
gebracht werden. Nichts desto weniger ist es aber Velasquez, der diese Bedeutung ihrer reinsten künstlerischen Idee
nach entwickelt.

Wenn jener Bildnertrieb keinen andern Zweck hat, als die Bildungsmaterie im Interesse eines darzustellenden Lebens möglichst zu bewältigen, so hat bereits Velasquez Werke geliefert, die solchem Sinne gemäss den Tizianischen an die Seite zu setzen sind, bei denen die Kunst der Färbung eine so grosse ist, dass die Bildungsmaterie in dem in seiner Tiefe erfassten Leben rein aufgeht. Das will sagen: die Darstellungsmaterie der Farbe wird von den künstlerisch dargethanen Lebensideen so rein aufgezehrt, dass die Farbenwirkung der der geistigen Wahrheit der wirklichen Erscheinung identisch ist.

Dieses Problem der Malerei, das eins der schwierigsten ist, löst Velasquez unter den verwickeltsten Umständen des besondern Falles mit einer Naivetät, die in der Kunst kaum ihres Gleichen hat, da sie mehr oder weniger in diesem Zweige durch gewisse Schulprinzipien gewöhnlich beeinträchtigt wird.

Auch Murillo konnte in dieser Hinsicht keine Ausnahme machen, da er durch sein weitschichtigeres Stilverfahren gehalten war, die Kunst der Färbung mehr im Sinne ihrer idealen Allgemeinheit auszuüben. Indessen waren auch so die wichtigen Ergebnisse der Kunst des Velasquez bei ihm nicht verloren, die er ihrer ideellen Bedeutung nach so grossartig, als selbständig zusammenfasste, wie sein erwähntes Bild des heiligen Antonius zeigt.

Bei der Virtuosität in der Formenbestimmung, die so bedeutend ist, dass er sich in der Behandlung seiner Werke ohne Gefahr, die Form zu verletzen, frei gehen lassen konnte, kommt sein Colorit zu einer um so grössern Geltung, als er sich unbehindert seinem reinen Gefühl überlassen konnte.

Die Bestimmung der Localfarben, die in das Bereich des Zufälligen gehört, machte ihm, gleich vielen Meistern seines Landes, nur wenig Skrupel; — vielmehr ist sein Sinn auf die Wirkung der Farben überhaupt und deren Modificationen gerichtet, die ein lebensvolles Ganzes bilden sollen. Die Farbe der Wirklichkeit, und sei sie noch so genau in der Nachbildung getroffen, gibt ihr innewohnendes physikalisches Leben noch nicht, wenn lediglich dem Auge die Prüfung überlassen bleibt. Hierzu gehört vielmehr eine Erkenntniss der ursächlichen Bedingungen dieses Lebens; — eine Kunsterfahrung, wie die eigenwillige Bildungsmaterie, der oft ein heterogenes Leben eigen, zu bewältigen sei, dass sie jenen Bedingungen dienstbar wird; sodann sind aber hierbei noch Kunstforderungen nach Massgabe der gestellten Aufgabe zu berücksichtigen, die bedeutend höher, als der wirkliche Fall stehen, der die Schönheit versteckt in sich schliesst, die die Kunst offenbaren soll. Alle diese Rücksichten liegen dem Kunstgefühle zum Grunde, das erst im Stadium der Meisterschaft, durch geistvolle Erfüllung derselben, ein vernünftiges ist, wenn diese Rücksichten nicht mehr zum Bewusstsein zu treten brauchen, und doch, lediglich durch das Gefühl, realisirt werden.

In dem obigen Bilde Murillo's ist das Kunstgefühl ohne nüchterne Vernunftreflexion in einer so vorwiegenden Weise, wie nur selten in einem Meisterwerke, thätig, und da diesem Kunstgefühl die umfassendste Erkenntniss dessen, was bereits oben berührt, zur stabilen Basis dient, so ist dieses Bild, seiner inhaltschweren Wirkung nach, von einer zauberhaften Gewalt, besonders dadurch, dass der Lebenswerth der Farbenverhältnisse nach der Art und Weise ihrer Leuchtbarkeit auf das Feinste empfunden ist.

Das Weiss, welches in diesem Werke in so reichem Masse als plastisches Mittel verwendet ist, ist nicht mehr Weiss. Unter seiner bildenden Hand gestaltet es sich zur Wirkung des reinen Tageslichtes, das Alles durchdringt. Die Körperlichkeit der Farbe wird nicht allein von künstlerischen Ideen der Leuchtbarkeit völlig in Anspruch genommen, sondern sie gibt zugleich das Mittel ab, die zartesten Schwingungen des Kunstgefühls, mit ihrem gedanklichen Inhalt plastisch so anschaulich zu machen, dass der Beschauer, der mit solcher Terminologie vertraut ist, den Prozess, welchen das Object mit dem bildenden Subject eingegangen, im ganzen Umfange seiner geistigen Bedeutung durchempfindet.

Solche Spuren, deren jede Farbe nach Massgabe ihrer Körperlichkeit enthält und welche die Empfindung des Bildners verdeutlichen, weiss der Meister so zu formiren, dass dadurch das zu erzielende Leben den beredtsamsten Vorschub erhält und die Materie als solche verschwinden macht, weil sie so gleichsam zur denkenden Substanz selbst wird. In dieser Hinsicht hat Murillo mit dem grossen Rembrandt viel Uebereinstimmendes.

Die Leichtigkeit der Behandlung des in Rede stehenden Bildes solchem Sinne gemäss stellt den Werth desselben viel höher, als andere Werke Murillo's, die einem gebundeneren und glätteren Vortrag angehören, wie z. B. das Bild der Himmelfahrt der Maria in der Galerie des Louvre zu Paris, das, wie jenes Werk, aus der Sammlung des Marschall Soult herstammt und einer spätern Periode angehört, wo ein erhöhter Grad von Anmuth und Reiz, der nicht immer frei von Süsslichkeit ist, es bekundet, dass auch Murillo mitunter äussern Rücksichten verfällt, wie das bei

Meistern in einer Zeit zu geschehen pflegt, wenn ihr Ruf bereits so begründet ist, dass sie mit Bestellungen überhäuft werden.

Dass M u r i l l o auch Bedeutendes in der Bildnissmalerei leistet, geht schon aus seinen historischen Bildern hervor, denen fast immer bestimmte Persönlichkeiten zum Grunde liegen, die bei der treffenden Genauigkeit ihrer Auffassung tief begeistigt erscheinen und einen hohen Grad von Anziehungskraft besitzen. Nichtsdestoweniger gehören aber eigentliche Bildnisse von ihm, lediglich als solche, zu den Seltenheiten.

Ein weibliches Bildniss, das man unter 405 in der G a - le r i e des M u se ums zu B e r l i n ihm zuschreibt, ist dieser Bestimmung nach sehr zu bezweifeln. da es, trocken und . kratzig behandelt, keine Spur der künstlerischen Denk- und Gefühlsweise des M u r i l l o enthält.

Ebenso wenig kann man die ihm in derselben Galerie zugeschriebene Magdalena, 408, für ächt halten, da das Impasto derselben mit der flüssigen Behandlung des M u r i l l o im völligen Widerspruch steht. Der weiblichen spanischen Physiognomie ermangelnd, die M u r i l l o mit geringer Abwechselung in seinen Bildern immer festhält, neigt es bedeutend mehr zur idealen Allgemeinheit, als zur individuellen Wahrheit und bezeichnet so seinem Ursprunge nach einen Meister, der, wenn auch Spanier, seine künstlerische Bildung mehr in Bologna, als in seinem eigenen Vaterlande gesucht hat. Auch dieses Bild ist im Vergleich mit den Werken M u r i l l o's zu trocken und starr in den Formen aufgefasst.

Dass M u r i l l o nicht in Italien war, ist geschichtlich bekannt, und wäre dies auch nicht der Fall, es lässt sich aus seinen Bildern selbst ersehen. Im Anfang seiner künstlerischen Laufbahn war er zu arm dazu, eine solche Reise zu unternehmen, wie es damals unter Künstlern üblich war, und als er später in Madrid bei Velasquez so freundliche Aufnahme fand, waren ihm dadurch der Mittel genug geboten, sein grosses Talent zu entwickeln, das bald eine allgemeine Bewunderung erregte und auf heimischem Boden in seiner Selbständigkeit nur um so gesammelter blieb.

Ein kleines Bild derselben Galerie, 410, vorstellend Johannes den Täufer, der sich aus einer Quelle eine Schale mit Wasser füllt, das man hier gleichfalls für ein Werk Murillo's angibt, enthält allerdings einige äussere Aehnlichkeit mit der Manier dieses Meisters. Genauer betrachtet erscheint es aber auch mehr als das Ergebniss eines italienischen Schulverhältnisses, als wie das einer directen Naturanschauung des genialen Spaniers.

Ein Bildchen in derselben Art ausgeführt und denselben Gegenstand anders componirt vorstellend, enthält die Galerie der Uffizien zu Florenz, und wird hier für ein Werk des Astasio Fontebuoni gehalten. Da beide Bildchen ohne Zweifel von einer und derselben Hand herrühren und denselben Gegenstand mit gleicher Liebe und Sorgfalt ausgeführt enthalten, so hat es den Anschein, als gehörte dieser Gegenstand zu den Lieblingsvorwürfen des sonst wenig bekannten Künstlers, dessen Name vielleicht mit diesen Bildern im Zusammenhang steht, wie ähnliche Erscheinungen in der Kunstgeschichte öfter vorkommen.

Astasio Fontebuoni wird als ein Schüler des Domenico Cresti, genannt Passignani, angegeben, der zu einer Zeit in Rom am Sanct Peter mehr durch den damals eingerissenen Nepotismus, als aus vorwiegendem Verdienst Beschäftigung fand. Passignani ging nach dem Tode des Vasari zur Schule des nach Florenz berufenen Federico Zucchero über, dem er häufig als Gehülfe diente.

So viel aus den beiden Bildchen selbst hervorgeht, scheint der Urheber derselben mit der Schule des Guercino in directer Beziehung gestanden zu haben. Das reine Blau des Himmels, der einen grossen Theil des Hintergrundes einnimmt und einen fröhlichen Gegensatz zu der röthlich warmen Carnation des jugendlichen Johannes bildet, sowie die Art des Gesichtstypus desselben, liegt ganz in der Sinnesweise der Richtung des Guercino. Bei einem so feinen Coloristen, wie Murillo, ist eine solche Farbenzusammenstellung viel zu vorgreifend und zu wenig sagend und entspricht seiner ernsten Gesinnung durchaus nicht.

Der landschaftliche Hintergrund in seinem Bilde des heiligen Antonius zeigt diesen Meister auch in diesem Theile der Kunst bedeutend, obgleich keine eigentlichen Landschaften von ihm existiren. Die sterile Kalkfelsenpartie, welche diesen Hintergrund ausmacht, ist in Form, Farbe und Behandlung, in harmonischer Uebereinstimmung mit dem Ganzen, von einer wahrhaft universellen Bedeutung und gewährt einen tiefen Blick in die productive Kraft seiner freien Phantasie. Dass er sich ihr so selten überlässt, wenn ihm kein wirklicher Halt geboten ist, darin liegt die Erklärung, wie wenig selbst diesem Geiste das Ergebniss seiner freien Phantasie genügt, wenn er es mit den ideellen Consequenzen der Natur selbst in Vergleich stellt.

In ähnlicher Weise verhält es sich mit Velasquez, der, wie im Bildnissfach, so auch in der Landschaft ausgezeichnet

Schein nicht blenden lasse, den sie so oft bei einem dürftigen geistigen Inhalt tragen.

Wenn sie auch von Künstlern herrühren, die bei dem Mangel eigenen Verdienstes von den grossen Eigenschaften bedeutender Meister zehren, so ist ihre Gesammtheit doch nicht ohne künstlerisches Interesse, da sie die instructiven Ausläufer einer Kunstepoche sind, bei der die religiöse Gesinnung und Schwärmerei, welche in den eklektischen Bestrebungen der Italiener erlöschen, in Spanien noch länger vorhalten und der Praktik, die sie grösstentheils durch italienische Meister überkommen, einen gewissen einheitlichen ideellen Halt gewähren, der nicht ohne erbauliche Wirkung auf das religiöse Gemüth ist.

Solche Bilder sind mit einer gewissen Geistreichigkeit stark effectuirt und bekunden dadurch einen Mangel an erforderlicher Gediegenheit, die schon durch die Lockerheit, mit der sie ausgeführt sind, in die Augen springt.

Die nationale Eigenthümlichkeit der Spanier, dass sie durchschnittlich, wie schon bemerkt, die Lichtstellen mehr weisslich, als gefärbt sehen, macht ihre schroffen Gegensätze um so schreiender, als man sich in den Schatten häufig dunkeler Farben bedient, die mit der Zeit bis zu einer unmalerischen Schwärze heranwachsen, was selbst in Bildern der bessern Meister dieses Landes nicht selten der Fall, deren Werth sich dadurch sehr verringert.

Solche Beispiele bieten sich sogar mitunter bei Werken des trefflichen M u r i l l o dar, und man kann es nur höchlich billigen, dass man sich in D r e s d e n dadurch nicht hat abhalten lassen, ein solches Bild in neuester Zeit für die königliche Galerie zu erwerben, da bei einem so grossen

Meister auch ein solcher Umstand von kunsthistorischem Interesse ist.

Was von den Routiniers der Malerei im Allgemeinen gilt, dass sie häufig Bedeutendes liefern, wenn sie der Natur gegenüber sich der Ausübung ihrer Kunst gesammelter hingeben, das gilt besonders von den Routiniers der spanischen Schule. Ihre Bildnisse sind fast durchgängig von einer gediegenen malerischen Wirkung, besonders wenn ihnen ein Studium der Werke van Dyck's zum Grunde liegt, der ihrer nationalen Sinnesweise unter den Niederländern am entsprechendsten ist und durch den sie sich gehalten fühlen, sich möglichst tief und selbständig in die Natur zu versenken. Selbst wenn das Letztere weniger der Fall ist, hat es einen eigenen Reiz, zu sehen, wie ein spanischer Künstler den van Dyck verstanden oder nicht verstanden hat.

In Neapel, wo bei einer ähnlichen Sinnesweise im Allgemeinen dieselben Bestrebungen, wie in Spanien wahrzunehmen sind, kommen deshalb auch ähnliche Resultate zum Vorschein, und einer der grössten Meister dieser Schule, Michelangelo da Caravaggio, wurde mit dem Namen eines Naturalisten in gering schätzender Weise belegt, im Gegensatz zu den Idealisten der eklektischen Schulen, als vergäbe er der Schönheit etwas, wenn er seinen künstlerischen Halt in der Wirklichkeit mehr, wie jene Meister suchte.

Noch jetzt ist eine solche Benennung bei denjenigen im Gebrauch, die nicht bedenken, dass die Werke eines Caravaggio, Ribera und ähnlicher Meister bedeutend über der Wirklichkeit stehen und dass die Schönheit, welche sie enthalten, nur zu erlangen sei durch die Erkenntniss der ihr zum Grund liegenden Ideen, in deren Besitz sich die

Idealisten mehr dünkten, weil sie der Meinung waren, der Weg nur angenehmer Formen führe dahin.

Der Streit dieser mit den sogenannten Naturalisten ist besonders in der Schule von Neapel bedeutsam und wurde nicht allein durch die Kunst selbst, sondern auch mit den Waffen in der Hand verfochten, und wenn man den Ribera beschuldigt, den Domenichino aus Neid umgebracht zu haben, so ist wohl zu erwägen, dass der Hass einer Partei sich am meisten gegen die Spitze der Gegenpartei kehrt.

Wenn man aus dem Factum, dass Ribera, welcher amtlich den Kunstunternehmungen in Neapel vorstand, Bilder des Domenichino vor deren völliger Beendung in Empfang nehmen liess, schliessen will, es sei dies aus Missgunst geschehen, so ist dieser Fall geeignet genug, ohngefähr zu bemessen, wie es mit den übrigen Gerüchten bestellt sei, die man in Umlauf gesetzt hat.

Es ist in der Kunst durchaus nichts Neues, dass Bilder, welche bereits einen hohen Grad von Schönheit enthielten, die der betreffende Meister für nicht völlig vollendet erklärte, von da ab sich unter seiner Hand immer mehr verschlechterten. In der That scheint Domenichino ein solcher Künstler gewesen zu sein, da viele Werke von ihm existiren, die nicht allein unter sich dem Kunstwerthe nach sehr ungleich, sondern auch gequält in der Vollendung erscheinen, wie man an einigen grossen Werken in der Akademie von Bologna und an dem Bilde der Sündfluth, befindlich in der Galerie des Museums zu Berlin, sehen kann.

Es ist daher viel wahrscheinlicher, dass, wenn Ribera mit Domenichino eine böswillige Absicht gehabt, er sicher dieser eher entsprochen haben würde, wenn er dessen Bilder hätte von Domenichino völlig vollenden lassen.

Um die Mitte des siebzehnten Jahrhunderts waren in Neapel Gift und Dolch unter allen Ständen so an der Tagesordnung, dass es wirklich zu verwundern wäre, wenn nicht auch unter den dortigen Künstlern Ermordungen vorgekommen wären. Der gewaltsame Tod Domenichino's kann nur wenig befremden, da dieser Meister der bolognesischen Schule vielen einheimischen tüchtigen Künstlern vorgezogen und mit Arbeiten überhäuft wurde. Dass die Beschuldigung seines Mordes den Ribera selber betraf, kann eben so wenig auffallen, da von seiner Befürwortung Vieles abhing, wenn es sich um umfangreiche künstlerische Beschäftigungen handelte und es ihm daher nicht an Feinden fehlen konnte, wenn man sich auch drängte, ihm in seinem Hause förmlich den Hof zu machen. Mit den Beschuldigungen des Neides und des Ehrgeizes ist man in den Lebensbeschreibungen grosser Meister nur allzuoft bei der Hand, wenn man nicht im Stande ist, die Gesinnung eines Künstlers aus seinen Kunstwerken selbst zu erkennen. Am meisten betreffen sie diejenigen, die das Haupt einer selbständigen Kunstrichtung bilden, durch die sich andere Künstler beeinträchtigt finden.

Wenn Ribera dem Vicekönig von Neapel, für den Domenichino mehrere Bilder zu malen hatte, erklärte, dass dieser Künstler am besten alla prima male und es daher vortheilhaft sei, wenn er die Bilder zur völligen Beendung nach dem Palast bringen liesse, wo er sie unter seiner Leitung beenden könne, so wird jeder unbefangene Sachverständige darin nicht den mindesten Grund des Neides oder der Missgunst finden können. Im Gegentheil, es konnte Domeni-

chino hieraus nur Vortheil erwachsen. Denn dass sich im
Palast, in der Nähe des Vicekönigs. bei der nähern Ausführung seine Bilder verschlechtern würden, wie es sonst
der Fall, ist durchaus nicht anzunehmen. Ausserdem lag es
im Interesse Ribera's, dass Domenichino seine Werke
möglichst gut vollführte, da er auf seine Veranlassung nach
Neapel berufen wurde.

Vergleicht man die Werke dieser beiden Meister im
Allgemeinen, so lässt sich vom künstlerischen Standpunkte
kein erheblicher Grund finden, weshalb Ribera hätte den
Domenichino fürchten sollen, so Treffliches auch Letzterer
im Einzelnen geleistet hat.

Ribera stammte von spanischen Eltern und hat in seinen Bildern den entschiedenen Charakter eines spanischen
Künstlers, so sehr man auch streitet, ob er in Spanien oder
Neapel geboren sei. Die Schule des Caravaggio, welche
er früh besucht, kam diesem Charakter besonders zu statten,
da, wie schon erwähnt, Caravaggio sich mehr zur Darstellung der individuellen Wahrheit, als zur idealen Allgemeinheit wandte und durch eine gesteigerte Kraft des Helldunkels und eine grossartige ergreifende Charakteristik Bedeutendes hervorzubringen wusste.

Wenn der Vorwurf, den die Idealisten dem Caravaggio
seiner gemeinen Formen wegen machen, auch Grund hat, so
ist hierbei wohl in Betracht zu ziehen. dass diese Eigenthümlichkeit eine Consequenz seiner Stilweise ist und dass er seine
biblischen Gestalten mit einem ergreifenden Pathos vorzuführen vermag, das als künstlerische grossartige Zusammenfassung edeler Seelenregungen oft mit so erschütternder
Wahrheit in's Leben tritt, dass man seine Wahl der zufälli-

gen individuellen Formen um so eher gut heisst, als das
Ganze dadurch dem rein Menschlichen nur um so näher gebracht wird.

Trotz der edleren Formen derjenigen Meister des siebzehnten Jahrhunderts, deren Auffassung sich mehr zur idealen
Allgemeinheit hinneigt, ist es doch erst unter ihnen nur
dem Guido Reni gelungen, seine Conception zu der Höhe
des Pathos zu erheben, in dessen Gesetze es sich zu erkennen gibt, dass es der Kunst gelungen, sich von den Fesseln
der sie leitenden, zersplitternden Wirklichkeit zu befreien
und durch eine grosse Physiognomie der seelischen Regungen
anschaulich zu machen.

Guido Reni erkannte wohl, dass jedem Meister das
Recht seiner individuellen Naturanschauung zugestanden werden müsse und alles in der bildenden Kunst darauf ankomme,
dass das Leben der Erscheinung nach der ihr inwohnenden
Idee so erfasst sei, dass sie im Kunstwerke zu einer grössern
Geltung gelange, als dies in der Wirklichkeit selbst der Fall.
Welche Wirklichkeit bei einem auszuführenden Vorwurf gewählt wird, ist um so gleichgültiger, da in jeder Wirklichkeit
nur ihre Idee das Wesentliche, die Wirklichkeit nur eine
Weise ihrer Manifestation ist, die weil sie in der Natur, so
auch in der Kunst ihre Daseinsberechtigung hat.

Sowohl der Epoche machende Caravaggio, als auch
Ribera haben durch ihre Werke deshalb einen entschiedenen Einfluss auf Guido Reni ausgeübt und zwar zu seinen
Gunsten, da er, durch diese Meister veranlasst, seine ursprünglich kältere Manier verliess und sich einer lebensvollern individuellen Wahrheit zuwandte, die er gleich jenen Meistern
durch ein kraftvolleres Helldunkel kunstgemäss unterstützte.

Das ächte Pathos ist ein Gipfelpunkt in der bildenden
Kunst, der in grossartiger Weise alle Lebensbedingungen der
Erscheinung in sich schliesst, insofern sie die seelischen
Regungen einem gewissen Charakter gemäss betreffen. Die
grosse Meisterschaft, welche Caravaggio in diesem Theile
der Kunst an den Tag legt, wird besonders in solchen Bildern von ihm anschaulich, in welchen er die Apostelgeschichte
tractirt. Seine Gestalten sind hier von einem göttlichen
Eifer durchdrungen, der sich selbst in einer ruhigern Situation derselben zu erkennen gibt. Ein düsteres Helldunkel
steigert die Feier seiner dramatischen Vorgänge, und da die
so entstehenden Gegensätze zwischen Schatten und Licht eine
speziellere Behandlung der Farbenverhältnisse nicht gestatten,
so erwächst hieraus noch kein Grund, diesen Meister in Hinsicht des Colorits gering zu achten, da er auch hier voll
Stil und Grossheit ist.

Wie Caravaggio durch sein Pathos das zufällig Gemeine seiner Apostel, die der heiligen Schrift gemäss zumeist
einem niederen Handwerksstande angehören, geistig zu adeln
weiss, so gibt er in der Art und Weise seines Impasto zu
erkennen, dass ihm das geistige Leben der Farben keinesweges fremd sei und dass dieser Theil der Kunst zu einer
gleichen Höhe erhoben werden müsse, wenn das grosse Ganze
in seiner physiognomischen Kraft nicht eine Beeinträchtigung
erleiden soll. Sein geistvolles Tractament ermangelt daher
auch nicht eines gewissen rhythmischen Schwunges, der stilvoll seiner ernsten Stimmung, die der hochwürdige Vorwurf
angeregt, entsprechend ist.

Wie Caravaggio eine höhere Natur von der rein
menschlichen unterscheidet, ist aus einem Bilde der Galerie

des königlichen Museums zu Berlin ersichtlich, welches den Evangelisten Matthäus mit einem Engel vorstellt, der ihm beim Schreiben die Hand führt.

Wenn dieser Engel auch der Form nach der derben Richtung dieses Meisters angehört, die sich gern von dem Angenehmen fern hält, durch welches man in der Kunst die, ser Zeit, auf Kosten des Wesentlichen, in Mittelitalien so leicht bestach, — in Ausdruck und Geberde lässt sich erkennen, dass die menschliche Gestalt hier nur der symbolische Ausdruck des Göttlichen sei. das ohne jeden irdischen Affect die Hand des Schreibenden leitet, das heilige Wort zu verkünden. Dieser Intention ist eben so treffend, wie malerisch entsprochen.

Am liebsten gibt sich Caravaggio einer düsteren feierlichen Stimmung hin, mit der er so oft die einzelnen Scenen der christlichen Passionsgeschichte behandelt. Seine lebensreifen und alten Gestalten der Apostel sagen ihm bei seinen malerischen Bestrebungen am meisten zu, weil bei den hier vorkommenden Formen mehr, wie bei jugendlichen, in den einzelnen Zügen zugleich die ursächlichen Bedingungen derselben zu Tage treten, die er so gern in ihrer Tiefe ergründet, und sie ihm ein reicheres Feld für die malerische Behandlung bieten, die bei ihm wegen seiner vielseitigen Naturanschauung von grossem Interesse ist.

Eigentliche Madonnenbilder mit dem Christuskinde scheinen daher von Caravaggio gar nicht zu existiren, oder wenn dies der Fall, so gehören sie zu den Seltenheiten. Ich selber besitze eine Anbetung der Hirten von ihm, in welcher die Gottesmutter lieblich und edel dargestellt ist, ein Beweis, dass seinen Werken ein klares Bewusstsein zum Grunde

liegt, dass er seine Formen absichtlich so gewählt, als er sie
dargestellt, da man sich in Mittelitalien aus einer falsch ver-
standenen Idealität allzuweit von der Natur zu entfernen
anfing.

Wie dies auch bei den spanischen Meistern vorkommt,
so hat sich auch Caravaggio von der Kirchenmalerei häufig
zu niederern Vorstellungen des Genre gewendet. Bänkel-
sänger und Karten spielende Krieger sind zumeist in diesem
Fache seine Vorwürfe und die betrügerische List, mit welcher
er die Letzteren darstellt, sind ein Spiegel des sittenlosen gemeinen neapolitanischen Volkes. Wenn indessen auch solche
Bilder mit grosser Virtuosität von diesem Meister dargestellt
sind, — sie können sich nicht zu dem Werthe seiner Kirchenbilder erheben, weil ihnen das Feld mangelt, in welchem er
seine Hauptstärke zeigen kann und die Manier, mit welcher
er sich darin bewegt, für das Genre zu gross und allgemein ist.

Bei der grossen malerischen Wirkung, welche die Bilder Caravaggio's machen, konnte es nicht fehlen, dass
sich die Menge mehr von diesen, als von den Werken der
Eklektiker angezogen fühlt, unter welchen die Meister den
sicheren Boden einer directen Naturanschauung fast völlig
verlierend in leere Phantasien ausarteten und einer ächten
Begeisterung für das Wahre ermangelten. Trotz der häufigen Anfeindungen von Seiten solcher Künstler, gegen welche
sich Caravaggio durch sein Schwert zu schützen wusste,
brach sich seine Kunst dennoch Bahn, und viele Künstler ver-
liessen die Schule der Carracci, um sich bei ihm aus-
zubilden.

So Bedeutendes auch von Bologna ausging, bei den hier

herrschenden Kunstprinzipien waren es verhältnissmässig nur Wenige, die sich zur Selbständigkeit einer gediegenen Meisterschaft emporschwangen, wie sie den Carracci selber eigen war.

Unter diesen ist es vornehmlich Guido Reni, der sich das Treffliche. welches die Werke des Caravaggio und Ribera enthielten, so zu Nutze zu machen wusste, dass er als einer der bedeutendsten Meister dieser Kunstepoche angesehen werden muss.

Besonders ist es der Einfluss Ribera's, der sich in den Werken des Guido Reni während seiner letzten Periode bemerkbar macht. des Ribera, der in der malerischen Behandlung und Auffassung der Formen wo möglich noch weiter, als Caravaggio ging und deshalb solche gewaltsame Vorwürfe wählte, wo eine gesteigerte Anspannung den menschlichen Organismus unter den Bedingungen des moralischen und physischen Schmerzes noch mehr an's Licht stellte. So ist hauptsächlich die Darstellung des christlichen Martyriums seine eigentliche Sphäre, deren Grausen erregendste Seite er deshalb hervorkehrt.

Vermöge seines Stiles und seiner Intentionen wollte und konnte Ribera von der Natur seiner schrecklichen Vorwürfe nichts abdingen. Dass auch diese Seite der Kunst eine Berechtigung zur Darstellung hat, steht ausser Zweifel; denn es handelt sich hierbei nicht allein um die Vorführung eines neuen Verhältnisses der Erscheinung, wo es die künstlerische Ergründung gewisser Lebensbedingungen gilt, sondern der Glaube, nach göttlichem Gesetz gehandelt zu haben, feiert hier einen um so grösseren Triumph, je grösser die Schmerzen sind, denen der Leidende ausgesetzt ist.

Es ist daher vollständig irrig, den Schluss zu ziehen, dass, wenn ein Meister mit Virtuosität solche Gegenstände behandelt, er auch selbst von grausamer Gemüthsart sein müsse, eine Beschuldigung, die, wenn er unschuldig, keinen härter betroffen, als den Ribera.

Auch in der antiken Kunst beweist die Gruppe des Laokoon, dass man die menschliche Gestalt in der schmerzhaftesten Situation zur Schönheit erheben könne. Wenn man erwägt, dass selbst das Hässliche nur ein äusserlich Zufälliges ist, welches als ein Lebendiges einen Geist in sich schliesst, den die Kunst zu offenbaren vermag, und es überhaupt ihre eigenste Aufgabe ist, den Geist zu enthüllen, den die gesammte Welt der Erscheinungen in sich schliesst, so wird man endlich davon abkommen, die Kunst eines Meisters nach der Wahl seines Gegenstandes zu bemessen. Denn das Edelste der Erscheinung ist immer nur ihr Geist, daher auch mit seiner Offenbarung zugleich der Gegenstand geadelt wird.

Dass Ribera durch die Kunst, mit welcher er seinen Vorwurf auffasst und behandelt, mehr anzieht, als die Natur seines Gegenstandes abstösst, beweist, dass dieser letztere, wie treffend und charakteristisch er auch dargestellt, nur der Träger höherer Ideen sei, in deren Tiefe er sich mit dem ganzen Umfange seines künstlerischen Gefühles versenkt. Sein überaus reges Mitgefühl bei den Schmerzen des Leidenden, das sich hierbei zu erkennen gibt, verdient eine andere Beurtheilung, als sie in der Regel über ihn als Mensch ergeht. Denn es gewinnt fast den Anschein, als wollten seine Biographen ihm seine vermeinte Grausamkeit, die sie aus seinen Bildern unbewusst schliessen, entgelten lassen. Die erwähnten

Beschuldigungen, obgleich sie nicht erwiesen, sind wenig geeignet, für ihn milde zu stimmen.

In der Regel verweilen die jetzigen Kunsthistoriker mit besonderer Vorliebe bei denjenigen Meistern der frühern Zeit, aus deren innerem religiösen Bildnerdrang sich naturwüchsig die Kunst allmählig bis zu ihrem äussersten Höhenpunkte entwickelte.

In der That ist es von grossem Interesse, wenn man in dieser Periode sieht, mit welcher Sicherheit der menschliche Geist, mehr durch das Gefühl geleitet, die herrlichsten Blüthen treibt.

Wenn indessen in der nachfolgenden Periode, wo durch eine überwiegende Betheiligung des Verstandes das harmonische Verhältniss zwischen Geist und Empfindung gestört ward, der Kunstverfall eintrat, so war dieser Verfall keinesweges so jäh, als es den Anschein hat: denn wenn auch die Kunst im Dienste der Religion die Phasen der Erschütterung der letzteren mit durchmacht, ihre Nothwendigkeit trägt die Kunst in sich selbst, und es gehörte ein halbes Jahrhundert dazu, bis sie sich äusserlich von dem ihr so ergiebigen religiösen Grund und Boden ablöste, um sich auf sich selbst zu richten.

Eine Menge Meister bereiten diese Periode vor, und wenn es auch bereits um jene Einfalt der frühern geschehen war, deren Treuherzigkeit so tief zu Gemüthe spricht, sie sind deshalb nicht weniger geeignet, die volle Aufmerksamkeit des Kunstforschers in Anspruch zu nehmen, wenn ihr Weg zur geistigen Offenbarung auch ein anderer ist.

Später ist es in Italien besonders die Schule der Carracci, welche diese Virtuosität zu einem hohen Grade meister-

licher Vollendung entwickelt, und wenn sich auch ihr Sinn
mehr nach dieser Virtuosität. als nach ihrem religiösen
Gegenstand kehrt, die Erwärmung des Kunstgefühls geht
auch so noch von der Erkenntniss des Geistes aus, der hier
wie dort derselbe ist. Der Kunstforscher hat sich daher
zu hüten, dass er in einem schielenden Vergleich nicht in den
Irrthum einer Intoleranz verfalle, wenn er sich von den
Vorzügen der Einfalt früherer Kunstperioden so angezogen
fühlt.

Guido Reni ist bereits oben als die hervorragendste
Spitze bezeichnet worden, welche aus der Schule der Carracci hervorgegangen. Es gilt dies nicht allein in Hinsicht
seiner überaus grossen Virtuosität, auch ihr religiöser Inhalt
wird von ihm mit Interesse erfasst. Vornehmlich ist dies
in den Werken seiner letzten Periode. der Fall, als er die
Bilder Caravaggio's und Spargnalotto's näher kennen
lernte, und es ist eben nichts Neues, dass eine Wahrheit,
die ihrer schlichten oder alterthümlichen Form wegen oft
unbeachtet bleibt, in einer zeitgemässeren Form eher wieder
Eingang findet. Die beiden genannten neapolitanischen Meister,
besonders der Letztere, hatten noch die alte religiöse Begeisterung, welche den kirchlichen Vorwurf zur vollen Geltung
seiner Wirkung auf das Gemüth brachte, während die Mehr-
zahl der Meister in Bologna um diese Zeit mehr Interesse
für die Kunst. als für den religiösen Gegenstand in ihren
Werken an den Tag legen.

Wenn sich Caravaggio und Ribera grundsätzlich von Allem fern hielten, was das directe Verhältniss
ihrer Kunst zur Natur stören konnte, so sind die Vortheile,
welche hieraus entsprangen, nicht ohne Einfluss auch auf die

reineren Formen gewesen, die Guido Reni durch das Studium der Antike bereits erlangt hatte, deren malerische Verwerthung nur selten mit so grossem Verständniss in der Kunst wahrzunehmen ist, wie bei diesem Meister. Auch bei ihm ist es dem vorwiegenden Elemente des ächt Malerischen zuzuschreiben, dass eigentliche Madonnenbilder mit dem Christkinde nur selten von seiner Hand vorkommen, mit deren Natur ein gewitzigtes Kunstverfahren so sehr im Widerspruch steht, wowegen bei solchen Vorwürfen sich ein gewisses Streben bemerkbar macht, in der äusserlichen Situation mehr Feld für das Malerische zu gewinnen. Einzelne Madonnenköpfe sind es, die einem öfter in Galerien begegnen, welche als Studien für umfangreichere Compositionen gedient zu haben scheinen. Die Köpfe der Niobiden und anderer Antiken, welche er häufig für seine Werke benutzt, erfahren durch seine Meisterhand eine so überaus geistvolle Behandlung, dass sie, obgleich nach Stein vollführt, das völlige Ansehn der reinsten Natürlichkeit haben.

Unter den Meistern der Schule von Bologna ist im siebzehnten Jahrhundert Guido Reni die selbständigste Erscheinung und seine Werke daher am sichersten zu erkennen, während alle übrigen Meister durch die hier herrschenden Schulprinzipien so viel Gemeinschaftliches haben, dass eine Unterscheidung derselben unter einander oft schwer hält. Besonders gilt dies von den Stiftern dieser Schule selbst, unter welchen Annibal Carracci der bedeutendste ist.

Wenn indessen die Bestimmung fraglicher Meisterwerke schon aus der Zeit möglich, wo die individuelle Empfindung in der künstlerischen Ausdrucksweise sehr beschränkt war, so lassen sich der Merkmale auch so noch genug finden,

eine genauere Unterscheidung dieser Meister zu bewerkstelligen, um so mehr, als das Feld derselben sich durch die
erlangte Virtuosität bedeutend erweitert hat und jede besondere Virtuosität sich nicht wohl von der subjectiven Denk-
und Empfindungsweise lossagen kann.

Hier genüge es, dieses Verhältniss nur im Allgemeinen
angedeutet zu haben und in einigen der bedeutendsten Meistern
dieser Kunstepoche die kunsthistorische Wendung anschaulich
zu machen.

Der Stil Guido Reni's, der an Grossartigkeit in der
in Rede stehenden Kunstperiode von keinem italienischen
Meister im Ganzen übertroffen wird, ist dem Lebenssinne
nach, mit dem er die Kategorien der Natureigenschaften zusammenfasst, von weitumfassender Bedeutung, wenn der
Gegenstand seiner Vorwürfe es gestattet, die Auffassung und
Behandlung derselben mit voller malerischer Kraft in's Leben
treten zu lassen oder, mit anderen Worten, wenn er die Erscheinung im weitesten Umfange der ursächlichen Bedingungen ihrer Ideen nach bloslegen kann. Ein solches Bild,
vorstellend die beiden Einsiedler Paulus und Antonius
in der Wüste, enthält die Galerie des Museums zu
Berlin, 273.

Was die Conception dieses Bildes selbst betrifft, so sind
ähnliche Vorwürfe wohl schwerlich zu irgend einer Zeit würdiger und charakteristischer dargestellt worden. Selbst wenn
die den Gegenstand näher bezeichnenden Attribute fehlten, der
Vorwurf ist mit solcher Sicherheit der psychologischen Beobachtung gefasst, dass es keinem Zweifel unterliegt, dass es
sich hier um eine Ascetik handelt, die im tiefsten Ernst
der Seele sich über das irdische Menschenbedürfniss emporzu-

schwingen weiss, um sich einer göttlichen Anschauung völlig hinzugeben.

Eine solche Lösung der gestellten Aufgabe ist es werth, dass sich die schöpferische Kunst im ganzen Umfange bei der Ausführung so betheilige, wie es hier der Fall, damit das vorwiegende geistige Element in ächter Schönheit offenbart werde.

Die Figuren dieses Werkes sind über Lebensgrösse und gleichwohl bei völliger Kunstfreiheit mit einer Mässigung beherrscht, die nur einer Meisterschaft möglich ist, die im Feuer der Begeisterung sich selbst zu zügeln versteht.

Guido ist bei der Ausführung dieses Bildes bedeutend weiter gegangen, als die wirkliche Natur sich dem Auge zeigt. Dass aber diese Abweichung im Zweck der Veranschaulichung tieferer Kunstideen dem unbefangenen Blicke gar nicht auffällt, dieser Umstand dient zum Beweis, dass die Kunst trotz solcher Offenbarung das Mass der natürlichen Geheimhaltung solcher Ideen durch sich selbst herzustellen wusste.

Bei dem in Rede stehenden Bilde ist die Auffassung und Behandlung der Körpertheile der beiden heiligen Männer sehr bemerkenswerth. Die gründliche anatomische Kenntniss, welche sich hier zu erkennen giebt, bildet eine lebensvolle Grundlage, deren Mechanismus auf das Charakteristischste in Bewegung gesetzt ist. Der Lebenssinn dieser Bewegung erhält durch die malerische Behandlung der welken Haut, welche in ihrer schlaffen Eigenwilligkeit den darunter befindlichen Knochen, Muskeln, Bändern und Sehnen bei ihren Erregungen das beredtsamste Wort leiht, eine Verdeutlichung, die um so interessanter ist, als das individuelle Wesen dieser Gestalten, nach charakteristischer Gewohnheit, der Haut

bereits jene Züge eingegraben, in deren momentanen Veränderungen sich die Zeichen erkennen lassen, die das vergangene Leben mit der Gegenwart einheitlich verknüpft.

Wenn man dem Guido den Vorwurf macht, er habe
die Beschaffenheit der darzustellenden verschiedenen Materien
nicht zu unterscheiden gewusst, so liegt der Grund dieser
Beschuldigung mehr in dem betrachtenden Auge des Beur-
theilers, als in dem Künstler selbst. Ein Blick auf das obige
Bild ist hinreichend, zu beweisen, dass diese Beschuldigung
nur aus Unkenntniss entsprungen. Das grossartige Stilverfahren gestattet kein spezielleres Eingehen in untergeordnete
Natureigenschaften. Dafür ist bei Guido das darzustellende
Leben nach jeder Seite hin in den Stilconsequenzen sinnvoll
bezeichnet.

Sowohl Caravaggio, als auch Ribera verfallen nicht
selten aus anatomischen Zwecken in den Fehler, dass sie die
Haut zu gespannt und straff darstellen, weil sie es weniger mit
dieser, als mit dem Darunterbefindlichen zu thun haben. Bei
Guido gelangt aber Alles zu seinem natürlichen Rechte. In die
Naturzufälligkeiten der Haut geht er mit so grosser Kunst
ein, dass man nicht allein erkennen kann, was in dem Mechanismus unter der Haut vorgeht, sondern die materielle Beschaffenheit der Theile derselben ist mit feinem Gefühl unterschieden und in der Behandlung so geistvoll, als beredtsam
ausgedrückt. Dabei ist seine grosse Gründlichkeit nicht eine
eitle Schaustellung anatomischer Verhältnisse, sondern eine
massvolle Rechtfertigung vorwaltender Naturideen, die mit
Rücksicht auf den seelischen Zustand nach ihren ursächlichen
Körperbedingungen gewürdigt sind. Indem Guido Reni
durch solches Verfahren die Wirklichkeit in das Bereich der

läuternden Kunst erhebt, benimmt er der erstern in dem vorliegenden Falle das Widerwärtige, das so oft mit der erregten Idee der Vergänglichkeit in Verbindung steht. Denn
das Ewige, was diesem entgegen, ist der Geist und seine
Offenbarung, ist bildnerisch die Schönheit, die von keiner
wirklichen Form ausgeschlossen ist, wenn sie zur reinen
Kunst erhoben wird.

Was Caravaggio, Ribera und die grossen Meister
ihrer Zeit in Italien in Auffassung und Behandlung der Erscheinung an sich bewusst oder unbewusst eigentlich gewollt,
das hat Guido Reni zeitgemäss zum reinsten Ausdruck
gebracht. In dieser Kunstepoche, welche man die der Virtuosität nennen kann, ist er es, der die neuere italienische
Kunst mit einer geistvollen Dialektik beherrscht, die, naturwüchsig aus einem geläuterten Kunsttrieb hervorgegangen, in
ihrem selbständigen malerischen Ausdruck um so umfassender wirken kann, als dieser Ausdruck kategorisch Alles in
sich schliesst, was sein forschender Geist früher auf dem
Wege der prägnanten Ausführung in die vernünftige Empfindung aufgenommen.

Hierdurch wird es ihm möglich, selbst seinen umfangreichsten Werken jenes Agens zu verleihen, womit er das
Leben aller einzelnen Theile ideell so harmonisch verbindet, dass
selbst die weitschichtigste Ausführung als geschlossen erscheint.

Die vorsätzliche Abweichung des künstlerischen Colorits von der Wirklichkeit, besonders insofern es die Carnation
betrifft, ist eine Erscheinung, die einen Standpunkt andeutet,
in welchem man zu der Ueberzeugung gelangt ist, dass die
Kunst ganz andere Bedingungen zu erfüllen habe, als die
Natur mit möglichster Treue dem Auge genügend darzu-

stellen. Vielmehr kommt es in der Kunst darauf an, den Lebenssinn zu erschliessen in der Offenbarung der Ideen, welche einer darzustellenden Erscheinung zu Grunde liegen. Dieses zu ermöglichen, erleidet das wirkliche Colorit in der Kunst eine Aenderung, und diese Aenderung ist es, welche die Erreichung des künstlerischen Zweckes möglich macht, denn diese Aenderung veranschaulicht die in der Natur verborgene Idee.

Wenn überhaupt die Bedeutung eines Meisters in seiner universellen Anschauung beruht, so kann es nicht befremden, dass Guido Reni auch im Colorit eine hohe Stelle einnimmt. Seinem grossen Stile gemäss ist seine Auffassung auch hier kategorischer Art. Seine Localfarbe der Carnation ist mit Rücksicht auf den Unterschied des Geschlechts, Alters, des Charakters überhaupt, einfach und anspruchlos. Er fasst zuvörderst nur den allgemeinen herrschenden Ton, der oft nichts Anderes bei ihm ist, als ein gewisses durch Gelbgrau gedämpftes Weiss. Ganz seinem Rivalen Guercino entgegen, der überall in der Carnation das Blut sieht, erkennt er hierin eine vorgefasste Meinung und ist daher in dieser Hinsicht mit der Beimischung des Rothen sehr zurückhaltend. Dass die Natur sich in solchen Punkten oft selber Lügen straft, ist ihm eine wichtigere Wahrheit. So richtig indessen auch dieser Satz sein mag: er betrifft nur die Ausnahmefälle. Die grosse Ausdehnung, welche Guido ihm gibt, bekundet es, dass dieser Meister dadurch gerade in den Fehler verfällt, den er vermeiden wollte: jener Satz schliesst in seiner allgemeinen Anwendung gleichfalls eine vorgefasste Meinung in sich, die der Grund ist, dass viele seiner Bilder ein zu kaltes Ansehen haben, und erst später, wo er zu einer kraftvollern Manier übergeht, betheiligt sich seine Verstandesreflexion in einem entsprechendern Masse.

Es darf indessen hierbei nicht übersehen werden, dass Guido mit jener Auffassung der Localfarbe zugleich tiefere Ideen verknüpft, die in der Malerei von grosser Bedeutung sind. Die Localfarbe an sich ist in ihr nur etwas Zufälliges. Das Wesentliche sind die Consequenzen ihrer Modificationen oder Veränderungen durch Schatten und Licht; denn so erst erklärt sich ihr eigentlicher Lebenssinn, den dieser Meister in grossartiger Weise veranschaulicht. Die anfänglich bei ihm so wenig versprechende Localfarbe entfaltet mit dem zunehmenden Schatten einen Reichthum von Eigenschaften, durch deren ideelle Tragweite sie selbst ein ganz anderes lebensvolleres Ansehen erhält, wenn die Ideen ihrer Modificationen durch ein tieferes Kunstverständniss zu ihrer vollen Geltung gelangen, wie dieses in der letzten Periode Guido Reni's der Fall.

Besonders ist es die Auffassung und Behandlung des Halbschattens, wo die Lösung der Farbenräthsel am anschaulichsten wird. Denn hier ist der Ort, wo die Veränderung der Localfarbe sinnvoll eingeleitet wird; er ist weder so hell, um ihr altes Verhältniss bestehen zu lassen, noch ist er so dunkel, dass die Modification nicht völlig wahrgenommen werden könnte. Da aber das Gesetz der Individualität in der Natur ein so verbreitetes ist, dass keine Stelle einer körperlichen Erscheinung einer andern gleich und dieses unter allen Umständen auch in Hinsicht ihrer Färbung der Fall ist, so fragt es sich, wie die Kategorien gleichartiger Stellen zusammenzufassen sind und welches ihr gemeinschaftlicher Ton sei. Das Schwierigste aber hierbei ist die Bestimmung

12*

der natürlichen Mässigung der Farbentöne, da das prüfende Auge, im Vergleich des Kunstwerkes mit der Natur, keine Gewährleistung bieten kann, wenn der Meister aus künstlerischen Zwecken schon von Haus aus von der Natur abgewichen ist.

Hat Guido Reni nach Massgabe seines Farbensinnes die Localfarbe der Carnation gelbgräulich angenommen, so entwickelt sich hieraus im Halbschatten der Gesammtwirkung nach ein grünlichgrauer Ton. der mit der Lebensfülle, die er in sich schliesst, seine Werke durchschnittlich am auffallendsten kennzeichnet, da die übrigen Meister der Bolognesischen Schule mehr oder weniger zu warmbraunen Tinten neigen. Diese Eigenheit Guido's in Auffassung der Carnation macht sich besonders bei Darstellung der zarten Tinten des weiblichen Geschlechtes bemerkbar, deren unendliche Abstufungen dieser Meister in möglichst breiten Massen zusammenfasst und dabei gleichwohl eine überraschende Wahrheit erzielt.

Die Eigenthümlichkeit anderer gleichzeitiger Meister, die bei einer ähnlichen Auffassung oft gleichfalls zu grossen Ergebnissen gelangen, ist bei ihrem eklektischen Verfahren mehr oder weniger mit entlehnten Schulprincipien gemischt. die sich bei ihnen mit einer solchen Zähigkeit festgesetzt haben, dass sie solche Feinheiten der Natur, wie sie das Colorit der Carnation in sich schliesst, nicht anders als mit fremden Augen sehen.

Die Selbständigkeit Guido's auch in diesem Theile der Kunst belohnt sich dadurch, dass er hier, trotz seines umfangreichen Kunstwissens, welches so sehr geeignet ist, sein Auge zu bestechen, eine Naivetät der Anschauung erlangt,

die um die Mitte des siebzehnten Jahrhunderts in der Bolognesischen Schule zu den grössten Seltenheiten gehört. Durch
seine Bilder wird es klar. dass jene Annahmen von fremden
Meistern sich zu Vorurtheilen gestalten, die den Weg zur
grössern Naturtiefe völlig versperren.

Wie gesagt, kommt es im Colorit weniger darauf an
die Farbe der Erscheinung an sich zu bestimmen. Denn welches ist denn die Farbe an sich, da jeder anders sieht?
Vielmehr sind es die Consequenzen der Leuchtbarkeit. welche
eine Farbe in Verbindung mit andern Farben mit sich führt, in
welchen sich ihr Wesen erledigt, das nach ihrem Lebenssinn
aufzufassen ist. Die bedeutende Seite des Colorits beruht vornehmlich in der sichern Bestimmung des Grades der Geltend-
machung ihrer Tinten; denn hiermit entfaltet sich die Idee
der Farbe, die ihr eigentliches Leben ist. Welche Farbe
für die wirkliche Farbe substituirt ist. ist in der Malerei
daher gleichgültig; auf den geistigen Parallelismus kommt es
an, den die Kunst mit der Natur in jener Masbestimmung
herzustellen vermag.

Die Eigenthümlichkeit des Guido'schen Colorits besteht wesentlich darin, dass er die Kategorien der Tinten
von gleichem Grade der Deutlichkeit in einem gemeinschaft-
lichen, seinem Farbensinn entsprechenden Ton möglichst breit
zusammenfasst und massenweise, einer bestimmten Form gemäss,
einheitlich in Verbindung setzt, wie es die Natur in un-
zähligen Einzelnheiten thut. Ihre Gesetzlichkeit wird demnach in der Kunst des Colorirens anschaulicher und somit
auch die Farbenideen, und das ist es', was das Colorit soll.
das deshalb höher, wie das natürliche Farbenverhältniss
steht.

Wenn Tizian im näheren Anschluss an die Natur gleichsam mit ihr selbst wetteifert und sie durch die kunstvolle Enthüllung ihrer tiefsten Farbenideen bedeutend übertrifft, so begnügt sich Guido Reni damit, die Natureigenschaften allgemeiner zu fassen. Tizian redet der Natur eigenstes Wort und erschliesst gleichwohl ihre geistige Tiefe durch die göttliche Kraft seines lauteren Gefühles. Bis zu derjenigen Tiefe, wohin Tizian bei solcher Ergründung der Farbenverhältnisse im stetigen Schritte seines Forschungsgeistes gelangt, gelangt Guido Reni nicht. Denn die Virtuosität Guido's schliesst sich in einer Routine ab, deren Eigenschaft die Geläufigkeit ist, in welcher sich die feinen Lebensräthsel, deren die Natur immer wieder auf's Neue bietet, nicht lösen lassen. Die äusserliche Gewandtheit, welche hiermit in Verbindung steht, wie gross auch ihr Werth sein kann, ist daher anders zu beurtheilen, als es von dem Philosophen Schelling geschehen ist. Das treffliche Decorationsbild der Aurora von Guido Reni schliesst bei all der sinnreichen Auffassung seines Vorwurfs nicht die lebensvolle Tiefe in sich, die von einem Kunstwerke gefordert werden muss, wenn es zur Classicität erhoben werden soll. Ein Philosoph vermag wohl ästhetische Grundsätze aufzustellen und sie nach ihrer begrifflichen Bedeutung zu prüfen. Ob und wie diesen Grundsätzen aber bei Ausübung der bildenden Kunst entsprochen worden, das vermag er durchaus nicht zu beurtheilen, er müsste denn in der Gefühlslogik so weit sein, wie er es· in der Philosophie ist; denn nur durch diese ist der Grad von Schönheit zu ermessen, auf den es in der bildenden Kunst ankommt. Diese Logik ist die folgerechte gedankliche Enthüllung einheitlicher Lebensideen durch den Ausdruck des Gefühls, in den die Erkenntniss aufgeht, die nur auf praktischem Wege erlangt werden kann.

So gross auch die kunsthistorische Bedeutung des Guido Reni ist, wie sich gezeigt, zu den Meistern ersten Ranges erhebt er sich nicht. Denn seine Gewandheit geht von der Voraussetzung aus, dass die geistige Offenbarung einer Beschränkung unterliege, während doch die Manifestation des Geistes eine unendliche ist, weshalb die künstlerische Darstellung der Erscheinung immer auf's Neue ihr eignes Recht begehrt. Um diesem auf die Spur zu kommen, gehört die völlige Entsagung alles dessen, was einer vorgefassten Meinung Vorschub leisten kann, daher oft die Entsagung der üblichen Kunstmittel, um ihrem Zweck desto mehr entsprechen zu können.

Wäre das Gefühl Guido's durch sein Kunstverfahren im Ganzen nicht auf die richtige Fährte gebracht, es würde sein pythischer Ausdruck für den Mangel an tieferer Erkenntniss weniger schadlos halten können. Dieser Ausdruck ist jenes Agens, womit er den guten Glauben erschöpfender Ideen erweckt, während die grössere Geisteswucht der Werke der Meister erster Grösse davon überzeugt.

So wichtig es auch ist, einem gewählten Vorwurf auch äusserlich gerecht zu werden, viel wichtiger sind die sich daran knüpfenden tiefern Ideen, auf deren Vorhandensein durchaus noch nicht zu schliessen ist, wenn dem Vorwurf äusserlich treffend entsprochen worden. Oft ist gerade das Gegentheil der Fall. Denn ein gesteigerter Nachdruck auf das minder Wichtige gelegt, beweist den Mangel an Tiefe.

Hieraus erklärt sich, warum oft bedeutende Meisterwerke äusserlich von geringeren übertroffen werden. Letzteres ist

fast durchgehends der Fall bei den Werken der Meister aus
der Schule der Carracci, die bei all der grossen Virtuosität, mit der sie ausgeführt sind, nicht zu der geistigen
Tiefe gelangen, die zu der Offenbarung einer umfassenden
Schönheit erforderlich sind. Diese Virtuosität thut mit der
Natur viel zu bekannt, als dass sich ihre Tiefe erschliessen
könnte, während sie doch dem schlichten, frommen Sinn der
ältern Meister, deren reine Empfindung nur dem Höchsten
zugekehrt war, trotz der Unbehülflichkeit ihres Ausdrucks
so offen da lag. Denn die reine, unbehinderte Empfindung
ist geistigerer Natur, als ein sich selbst beschränkender Verstand, der in der Zeit seiner weiteren Entwickelung nur selten
die Mündigkeit erlangt, sein richtiges Verhältniss zur künstlerischen Schöpfungskraft zu erkennen.

Es ist bemerkenswerth, dass trotzdem um die Mitte
des siebzehnten Jahrhunderts in Italien einzelne Kunstwerke
zum Vorschein kommen, die man wegen ihrer Schönheit dem
Besten an die Seite stellen kann, was die christliche Kunst
überhaupt hervorgebracht hat. Es sind dies solche, wo der
betreffende Künstler, wie in einer Anwandelung von Frömmig-
keit, das schöpferische Element der Empfindung bedeutend
vorwalten lässt, wo der Verstand und die Virtuosität als
solche negirt sind und sich dem reinen Ausdruck der Empfindung unterordnen, die, nur der geistigen Offenbarung zugewendet, jedes nüchterne Kunstwollen verschwinden macht
und dabei bewusstlos nur das Wahre in sich aufnimmt, was
auch eine gewitzigte Kunst enthalten kann.

Hierbei kommen Dinge zum Vorschein, die es deutlich
erkennen lassen, dass auch in dieser Kunstepoche Bedeutsames enthalten, wie denn der Geist, der sich im Laufe der

Zeit immer unendlich mannigfach manifestirt, auch in einem
hemmenden Ausdrucke der Kunst sein Recht geltend macht.
In der Masse kommt das Entsprechende nur dunkel oder ver-
worren zum Vorschein, und nur Einzelne sind es, in denen
es sich deutlich zu erkennen gibt. Wenn aber eine Epoche
einem reinen Ausdruck überhaupt nicht günstig ist, d. h.
wenn das reine Naturverhältniss durch eine complicirte Cul-
tur gestört ist, dann sind auch diese Einzelnen nur selten
im Stande, der Zeitforderung den reinsten Ausdruck zu geben.
Jene einzelne treffliche Kunstwerke erscheinen dann wie aus
einem Zustande des Hellsehens hervorgegangen, in welchem
die künstlerische Möglichkeit durch die Abwesenheit des Bewusstseins eine Steigerung erhält, die sich bei dem vorwal-
tenden Elemente der Empfindung um so reiner bethätigt, als
sich der spitzfindelnde nüchterne Verstand dabei als solcher
nur wenig betheiligt.

Solche Zustände sind mehr oder weniger die Ursache
der bedeutendsten Kunsterscheinungen, von denen man daher
mit Recht sagt, der Meister, der sie ausnahmsweise hervorgebracht, habe sich selbst übertroffen.

Die ersten Epochen des instinctiven Kunsttriebes sind
für den Kenner daher so überaus wichtig, weil in ihnen, mit
Rücksicht auf den geringen Grad der Kunstentwickelung,
durchschnittlich sehr Bedeutsames hervorgebracht wurde und
zwar gerade deshalb, weil dieses Stadium der Kindheit jenem
Zustande so nahe kommt.

Später setzt dieser Zustand des Hellsehens eine werk-
thätige Kunstbildung voraus, damit es der Empfindung an
dem Material einer zeitgemässen Erfahrung nicht gebreche,
wenn sich die Kunst diesem entsprechend äussern soll.

Aus dem obigen Umstand, dass auch in der Zeit des Kunstverfalls Werke hervorgebracht wurden, die sich den besten ihrem Kunstwerthe nach an die Seite stellen, geht hervor, dass das Zeitgemässe kein Hinderniss sei, das Schöne auch fernerhin hervorzubringen.

***

Aus dem Vorhergehenden wird ersichtlich, dass der Kunstverfall mehr in einem irrthümlichen Kunstwollen, als in dem äussern Kunstvermögen selbst seinen Grund hat; denn die Virtuosität, und was dazu gehört, kann in dem italienischen Stilverfahren kaum höher getrieben werden, als sie in der in Rede stehenden Kunstperiode sich befand.

Nur da erst, wo dem Irrthum das Feld seiner Bethätigung entzogen ist, wo die Erscheinung als solche ohne abstractes Gedankenspiel zu ihrem wesentlichen Rechte gelangt, da zeigt sich auch das Kunstvermögen in der vollen Kraft seiner Bedeutung.

Die Landschaft, welche bisher als Beiwerk der Historienmalerei gedient hatte und, wie bereits bei Rafael gezeigt, als Theil eines organischen Ganzen mit diesem seinem geistigen Inhalte nach gleichen Schritt hielt, löste sich nun von der Historienmalerei völlig los, um selbständig ein eigenes Fach zu bilden.

Aber wenn die landschaftlichen Bilder nicht gerade von Salvator Rosa, den Poussins, dem Claude Lorrain herrühren, die mit der Tiefe oft zugleich eine allgemein ansprechende Scheinbarkeit verknüpfen, so schenkt man im Ganzen den italienischen Bildern dieses Faches nur wenig Aufmerksamkeit, besonders wenn sie im historischen Stile

ausgeführt sind, weil dann die künstlerische Terminologie ihr
Verständniss bedeutend erschwert.

Die Folge hiervon ist, dass solche Werke immer seltener
werden und dass man sie kaum noch in öffentlichen Galerien
trifft. Und doch existiren schon in Bologna eine Menge
Meister, die durch die Grösse der geistigen Wucht, welche
sie den Landschaften zu geben wissen, den Umfang ihres
künstlerischen Vermögens oft besser darthun, als in ihren
historischen Bildern. wo man sich durch falsche Principien
so sehr im Lichten steht und der in der Landschaft kund-
gethane Geist in der Auffassung der Historie durch irrthümliches Wollen so oft zersplittert wird.*)

§. 18.

Die Florentinische Schule gegen die Mitte des siebzehnten Jahrhunderts.

In Florenz sind gegen die Mitte des siebzehnten Jahrhunderts die Kunstverhältnisse ziemlich ebenso, wie in Bologna,
nur dass man in dem vorwiegenden Streben, es wo möglich dem
grossen Michelangelo gleichzuthun, in das Masslose und
Unerquickliche verfiel.

Denn wie noch jetzt, ist schon damals kein Meister
so viel und so falsch bewundert worden, als Michelangelo.

Dieser Meister, welcher in der Darstellung der Er-

*) Siehe in meinem Werke „Das Wesen der Malerei" das
Capitel über Landschaftmalerei.

scheinung an sich jeden Reiz gemieden, welcher nicht unumgänglich durch das Wesen der gestellten Aufgabe bedingt war, musste für seine Nachahmer besonders gefährlich werden, da sein weitumfassender Geist sich an nichts Anderem, als nur an den tiefsten Lebensideen entzünden konnte, die nur Wenigen zugänglich sind.

Die äussere Zugabe der abstracten Einfälle seines jüngsten Gerichtes, dieser für die Tradition durch besondere Beschreibung mundrecht gemachte leicht verständliche Köder der Menge, der Alles berührt, nur nicht das, was zum Verständniss der bildnerischen Schönheit führen kann, — diese Quelle des Irrthums einer sich selbst überflügelnden Symbolik, von deren wohlfeiler Geistreichigkeit kurzsichtige Lobhudler von je her mehr zu erzählen wissen, als von den Wundern der Lebensfähigkeit der Erscheinung, welche Michelangelo an diesen überschwänglichen äusseren Anlass geknüpft, — hat durch missverstandene Auffassung ihres Verhältnisses nicht wenig zum Kunstverfall beigetragen.

· Wie die Nachahmung gewöhnlich mit einer äusserlichen Scheinbarkeit das Wesentliche zu haben wähnt, so wurden die künstlerischen Leistungen nun fast ungeniessbar. Die verschiedenen Kunstrichtungen, welche früher in Florenz so bedeutend vertreten waren, werden fast einzig und allein in diese eine zusammengedrängt. Für ein fremdes Eigenthum, das man doch nicht erlangen konnte, gab man urtheilslos seine Selbständigkeit Preis, ja selbst da, wo man sich der Natur unmittelbar gegenüber befand, im Fache des Bildnisses, wo doch in allen übrigen Schulen noch Bedeutendes geleistet wurde, konnte man sich eines schielenden Hinblickes auf Michelangelo nicht erwehren, und selbst bei den Bildnissen

Bronzino's wird einem der reine Kunstgenuss dadurch nicht selten getrübt.

Alle jene Mängel an Formen- und Farbenreiz, die bei Michelangelo aus Grund einer tiefern Kunstabsicht sich bemerkbar machen, finden sich oft im gesteigerten Grade in den Werken seiner Nachahmer, ohne dass sie irgendwie dafür eine Schadloshaltung bieten könnten. Selbst die Gründlichkeit, deren sie sich aus Nacheiferung befleissigen, ist nur eine Gründlichkkeit, die ihr eigentliches Lebensziel verfehlt.

Nur in einzelnen Fällen, wo man bemüht ist, sich auf die eigenen Füsse zu stellen, da kommen noch Kunstwerke zum Vorschein, die an die bessere Periode der Florentinischen Kunst gemahnen.

Dass Alessandro Allori mit seinem Sohne Cristoforo Allori völlig brach, weil dieser einen andern Kunstweg einschlug, der, wie sich in der Folge zeigte, in Wahrheit der bessere war, beweist, mit welcher Verblendung und Zähigkeit man die abgestandene unerquickliche Manier festhielt, welche nur einzelne äussere Merkmale des Michelangelo'schen Stiles enthielt, in denen man diesen Stil selbst zu besitzen glaubte.

Wie weit Cristoforo seinen Vater, der zu den bessern Meistern in Florenz zählte, übertraf, das zeigen mehrere Werke von ihm im Palast Pitti, besonders sein berühmtes Bild der Judith, das zu dem Besten gehört, was die damalige Zeit hervorgebracht hat.

Alessandro Allori ist ein Neffe und Schüler des Angelo Bronzino, mit dem er oft verwechselt wird, weil er mitunter dessen Namen führt.

Während man in andern Schulen so Bedeutendes in der

Landschaft leistete, beharrte Alessandero Allori, der
einer der ersten Künstler war, welcher in diesem Fache in
Florenz auftrat, in seinem Princip der Nachahmung, ohne
sich viel mit selbständigen Naturstudien einzulassen. Seine
Landschaften sind in niederländischer Manier vollführt und
zwar zeigt das Bild mit der Staffage der Opferung Isaaks,
befindlich in der Galerie der Uffizien zu Florenz, sehr viel
Uebereinstimmendes mit dem holländischen Landschaftsmaler
Gisbert Hondeköter, welchen als Vorbild zu wählen
nicht eine so besondere Grille ist, wie sie es zu sein scheint.
Dieser Meister sucht nämlich das Wesen der Landschaft
hauptsächlich in einer phantasiereichen Modellirung von Fels-
blöcken darzuthun, mit denen er das Terrain derselben so
anhäuft, dass man von der Art und Weise ihrer allseitigen Ausdehnung eine möglichst genügende Vorstellung erhält. Die Lösung dieses in der That wichtigsten Problemes
der Landschaft stellt den Werth der Bilder, die in solchem
Sinne ausgeführt sind, sicher, so wenig sie auch sonst mit der
Wirklichkeit übereinstimmen mögen.

Da es die Idee der allseitigen körperlichen Ausdehnung ist, welche Michelangelo künstlerisch bis zum
completesten Dasein zu erheben vermag, so musste auch der
Sinn des Alessandro Allori, der die Werke des Michelangelo mit grossem Eifer nachzuahmen strebte, besonders
in dieser Hinsicht geschärft sein, zumal, da er fast alles
Uebrige darüber vergass und dabei selbst die bedeutendste
Seite des Michelangelo übersah: — seine grossartige
Naivetät, die lebensvolle Blüthe seiner Schönheit, die durch
trockenes Wissen allein, wie umfangreich es auch sein mag,
nicht zum Aufbruch kommt.

Wenn der Zusammenhang jenes landschaftlichen Stiles hiermit erklärlich wird, so ist es bemerkenswerth, dass Ales sandro Allori mit diesem Stile nicht etwa dem Honde köter begegnet, wie dies in ähnlicher Weise unter anderen Meistern nicht selten vorkommt; — nein, es bedurfte erst des Impulses dieses Meisters, sein unselbständiges Wesen auch im landschaftlichen Fache für gewisse Ideen anzuregen, die hier erspriesslicher ins Leben treten konnten, wie im histo rischen Fache, weil, wie schon oben bemerkt, das künstle rische Vermögen, von falschen Abstraktionen in der Land schaft weniger heimgesucht wird und es sich daher für den Geist der Erscheinung selbst mehr sammeln kann.

Erst Cristoforo Allori wandte sich auch in der Land schaft dem Studium der unmittelbaren Natur zu, wozu ihm die mannigfache Umgebung von Florenz einen so reichen Anlass bot und leistete auch hierin um so Bedeutenderes, als er mehr, wie sein Vater, die Natur mit eigenen Augen zu sehen gewohnt war.

Dass in der Florentinischen Schule im Ganzen für die Landschaft so wenig geschah, darf nicht Wunder nehmen, da man sich nirgends so, wie hier, durch abstrakte Räthsel macherei und eine falschverstandene Freiheit von der Er scheinung als solcher hat abziehn lassen, und man die vor handenen Kunstwerke mehr, als die Natur selbst zum Vor bilde nahm. Indessen hat man sich auch hier zu hüten, dass man sich gegen die Vorzüge einzelner Kunstwerke nicht ver schliesse, die in dieser der Kunst ungünstigen Periode auch von Florentinischen Künstlern zuweilen vorkommen. Schon die Art der künstlerischen Praktik, welche als Ge meingut aus der bessern Kunstzeit in die spätere vererbt

wurde, enthält des Bedeutenden noch in Fülle. Denn noch
ist man durch ein stilistisches Element vor der später so
überhand nehmenden unkünstlerischen Wirklichkeit geschützt,
die mit dem Wachsthum der natürlichen Treue allmälig ihre
ideelle Bedeutung einbüsst.

So viel man auch über die Süsslichkeit der Bilder des
Carlo Dolce reden mag, es ist schon erfreulich, unter den
vielen nachahmenden Florentinischen Künstlern ein Mal
auf einen zu stossen, der es wagt, selbst zu denken und zu
empfinden. Dass er bei dem herrschenden Mangel an Selbständigkeit, der keine reine Empfindung aufkommen liess
und mit einer entlehnten Energie prahlte, zu sehr nach der
entgegengesetzten Seite überging, kann man dem Carlo
Dolce schon um deswillen zu gute halten, weil in der
Kunst ein Irrthum aus eigenem Streben immer erträglicher
ist, als der Schein einer nachgeahmten Tugend.

Bei all der Empfindsamkeit, mit der die Bilder dieses
Meisters aufgefasst sind, enthalten sie doch noch viel des
Schätzenswerthen, besonders dadurch, dass ihr Farbenreiz
durch den Stil von dem der Wirklichkeit ideell noch unterschieden ist. Wo in den Bildern, die seinen Namen führen,
dies nicht der Fall, da ist auch mit Sicherheit anzunehmen,
dass man es mit einer Nachahmung zu thun habe; denn es
ist kein künstlerischer Grund vorhanden, der die Verläugnung
einer Erkenntniss des Wesentlichen möglich machte, wenn es
nicht durch etwas Wesentlicheres geboten wäre, wodurch
jenes Wesentliche durchaus nicht aufgehoben ist.

Will man in der Malerei den Ausdruck „Technik" gelten
lassen, da sie sich doch immer mit Geist und Empfindung
der Erscheinung zuwendet, um ihren Ideen auf die Spur zu

kommen, die zur Schönheit führen, deren Offenbarung ihr Hauptzweck ist, so ist die „Technik" des Carlo Dolce keineswegs so gering zu achten, wie dieses oft von Halbkennern geschieht. Denn wenn etwas im Stande ist, für eine weichliche Sinnesweise der Auffassung schadlos zu halten, so ist es die stilvolle Auffassung der Erscheinung an sich, die, wenn sie auch das Gepräge einer süsslichen Pietät trägt, von diesem Meister noch gar viel des Bewunderswerthen zur reinen Anschauung bringt.

Hierbei soll keineswegs übersehen werden, dass er es besonders ist, der durch seinen Farbenreiz zur Nachahmung einer Wirklichkeit verlockte, die bei denjenigen, welche nicht im Stande waren, den künstlerischen Sinn zu fassen, mit dem ihn Carlo Dolce erzielte, zur gehaltlosen Oberflächlichkeit führte, gegen welche man sich später durch ein übertriebenes abstractes Gedankenspiel der Allegorie vergebens zu schützen suchte.

Niederländische Meister.

§. 19.

Rubens und Rembrandt.

Zu derjenigen Zeit, als die christliche Kunst hauptsächlich im Dienste der Religion stand, blieb sie in ihrem Wesen gesammelt, weil ihr Zweck zunächst die Erbauung war, deren Bedingungen zugleich der Schönheit einen wesentlichen Vorschub leisteten, und da auch das Volk keine andere Forderung an die Kunst stellte, als durch sie seiner Andacht zu entsprechen, so konnte die naturwüchsige Entwickelung der höchsten Kunstblüthe dadurch nur gefördert werden.

Erst da, wo durch überwiegende Betheiligung des Verstandes der Glaube an die treue Religionsüberlieferung wankend wurde und die Religion durch entstandene Zweifel sich spaltete, da wurde auch die Kunst in ihrem Wesen erschüttert, und ihr Verfall konnte auch nicht von einzelnen grossen Meistern gehemmt werden, da diese in jener Zeit mehr einem sichern Kunsttrieb, als einem tieferen Bewusstsein ihre Grösse zu danken hatten.

Die späteren eklektischen Versuche, die Kunst wieder zu heben, waren aus gleichem Grunde vergeblich, und das

Bedeutende, welches die Carraccis und andere Meister eines ähnlichen Strebens noch in Bologna leisteten, hatte man mehr dem zu danken, was man noch aus der bessern Zeit in die Periode des siebzehnten Jahrhunderts mit hinübergenommen hatte, als den Entlehnungen des Reizenden aus den Werken der frühern grössern Meister, mit welchem man das Schöne zu haben glaubte.

Dieser Umstand ist es besonders, der ein falsches Kunstinteresse erzeugte, um so mehr, als die Kunst schon lang nicht mehr im lediglichen Dienste der Religion stand und das Volk, das früher die Forderung der Erbauung an sie stellte, bereits ein Publikum, eine beurtheilende Instanz geworden war, obgleich es nicht wusste, was es in der Kunst eigentlich zu wollen habe.

Wussten es doch die Künstler selber nicht und von jenem instinctiven Bildnertrieb, aus welchem früher so Bedeutendes hervorgegangen war, konnte in Italien schon lange nicht mehr die Rede sein.

So waren die Kunstverhältnisse, als Rubens und Rembrandt, veranlasst durch ihre künstlerischen Landsleute, die der allgemeine hohe Ruf der italienischen Kunst nach Italien gelockt hatte und meist verschlechtert von da zurückkehrten, die Kunst als Offenbarerin des Naturgeistes auf die Kunst selbst richteten und sie in ihrem Selbstzweck zu einer bewunderungswürdigen Höhe entwickelten, indem sie, ohne persönlich von einander zu wissen, den Beruf in sich erkannten, dem verderblichen Einfluss der italienischen Eklektik, der überall Platz gegriffen hatte, mit Entschiedenheit entgegenzutreten.

Besonders war es Rubens, der, von dem äusseren Ge-

13*

schick mehr, wie Rembrandt begünstigt, in den Stand gesetzt wurde, von diesen Verhältnissen eine unmittelbare Anschauung zu gewinnen, da seine Stellung als Staatsmann ihn
nach den Ländern führte, wo er mit den bedeutendsten
Kunstschätzen zugleich viele Meister der damaligen Zeit persönlich kennen lernte, während Rembrandt mehr auf einen
beschränkteren Kreis seines Wirkens angewiesen war, wenn
auch nicht in solcher Art, wie es seine Biographen vermeinen,
die bei dem Mangel an kunstwissenschaftlicher Kritik an
äusserlichen Berichten haften bleiben, ohne deren innere
Wahrscheinlichkeit genügend zu prüfen.

Dem Scharfblick beider Meister konnte es nicht entgehen, dass die ältere niederländische Kunst der älteren
italienischen in keiner Art nachstand; — dass selbst zur
Zeit Rafael's noch niederländische Meister existirten, die
selbständig so Vortreffliches hervorbrachten, welches dem
Wesen nach keinen Vergleich zu scheuen hatte. Waren
doch niederländische und deutsche Meister bereits von italienischen so geachtet, dass die letzteren in der höchsten Kunstblüthe keinen Anstand nahmen, ihren Compositionen Ideen
aus Kupferstichen deutscher und niederländischer Meister zum
Grund zu legen.

Nachdem man in Italien den Formen mehr Natürlichkeit zu geben wusste, wurde ganz allgemein das Verlangen
nach äusserer Wirklichkeit geschärft, und die ältern Bilder
kamen ihrer alterthümlichen · Formen wegen in Misskredit,
obgleich sie ihrem geistigen Gehalte nach nicht übertroffen
wurden.

Die italienische Kunst ward allgemeine Massgeberin des
Schönen, und Alles strömte nach Italien, sich in der Kunst

zu vervollkommnen. Aber bei dem Mangel an kritischem Urtheil war es nur Wenigen vergönnt, daraus Vortheil zu ziehen.

Unter vielen anderen Künstlern büsste Mabuse, der,
ehe er nach Italien kam, so Vortreffliches leistete, seine Selbständigkeit und mit ihr einen wesentlichen Theil seines künstlerischen Werthes ein, und selbst ein Albrecht Dürer
wusste sich dort nicht gegen die Nachtheile eines fremden
Reizes zu schützen. Wie sollte es daher Anderen möglich
gewesen sein, die nicht so bedeutend wie dieser Meister
waren?

Erst Rubens und Rembrandt erkannten, was Noth
that, den irrthümlichen Schönheitssatzungen ein Ziel zu setzen.
Bei seinen Lehrern konnte Rubens in dieser Beziehung
nur wenig Befriedigung finden, da diese bereits von dem
herrschenden italienischen Geschmack angesteckt waren und
für die Schönheit eines Quintin Messis nur noch wenig
Sinn zu haben schienen, von der sich Rubens so innig berührt fühlte, wie mehrere seiner ausgeführteren Bilder erkennen lassen.

Es ist wohl mit Sicherheit anzunehmen, dass, nachdem
Rubens die Werke dieses Meisters gesehen, besonders das
Altarbild zu Löwen, er sich überzeugte, dass die niederländische Kunst allen Grund habe, in ihrer Eigenthümlichkeit
zu beharren, die sich bereits in früher Zeit durch die van
Eyck und deren ganze Schule so vortheilhaft ausgezeichnet hatte. Er erkannte die Nothwendigkeit, dass die italienischen Studien ganz anders betrieben werden müssten, als
es von vielen Künstlern seines Landes geschehen war, wenn
der Zweck der zeitgemässen Vervollkommnung nicht ins Gegentheil umschlagen sollte. Vor Allem galt es hierbei, die directe

Beziehung zur Natur rein zu halten und die nationale Denk-
und Empfindungsweise werth zu achten. Sein Streben ging
daher mehr dahin, sich in den Besitz der Mittel zu setzen,
seinen künstlerischen Willen selbständig und mit Leichtigkeit auszuführen, als es fremden Meistern gleich zu thun oder
ihre Eigenthümlichkeit nachzuahmen.

Wohl früh schon ging Rubens als ein bereits vollendeter Meister, so jung er auch noch war, mit dem Plane
um, in didaktischer Weise zu zeigen, dass, nachdem die
Kunst ihre religiöse Stütze verloren, sie in sich selbst ihren
Halt suchen und finden müsse. Schon seine italienischen
Copien und Studien deuten darauf hin. Denn diese enthalten bereits die selbständigen Abweichungen, in welchen der
beabsichtigte Natursinn des Originals durch gewisse Uebertreibungen mehr, als in diesem an den Tag gelegt ist.

Von italienischen Meistern studirte Rubens vorzugsweise solche, die seinen künstlerischen Zwecken besonders
förderlich waren. Der lebensvolle Mechanismus körperlicher Formen, vornehmlich menschlicher Gestalten, die
am anschaulichsten das Analogon für alle übrigen Erscheinungen enthalten, lernte er durch Michelangelo in
der umfassendsten Weise kennen, und hier war sein Trachten
hauptsächlich dahin gerichtet, auf ähnliche Weise. wie dieser
Meister, sich in den Besitz derjenigen anatomischen Kenntnisse zu setzen, dass es ihm möglich wurde, seinen künstlerischen Ideen die einheitliche Geltung zu verschaffen, die ein
Kunstwerk so bedeutsam über die die Schönheit verschliessende
Wirklichkeit erhebt. In dieser Hinsicht genügte es Rubens
nicht, einzelne Theile aus den Werken dieses Meisters
zu copiren, in welchen schwierige anatomische Probleme

gelöst waren, — er verfolgte selbständig die Naturwege, die ihm Michelangelo so zweckmässig eingeschlagen zu haben schien, um durch eigene Anschauung und Auffassung diejenige Ueberzeugung zu gewinnen, die zu einer tieferen Erkenntniss so erforderlich ist.

Es ist wahrscheinlich, dass der grossartige, ideenreiche Stil Michelangelo's, der bereits so sinnvoll von der Wirklichkeit abwich, den didaktischen Stil des Rubens zur völligen Reife brachte, welcher als solcher so oft in seinen Uebertreibungen noch weiter gehen musste, wenn er sein Ziel erreichen wollte, die ursächlichen Bedingungen einer einheitlichen Formenbestimmung lebensfähig an den Tag zu legen.

Eben so wichtig, wie Michelangelo in seiner Art, erschien ihm Leonardo da Vinci in Hinsicht der consequenten Auffassung bestimmter Charaktere und deren vollendeter Darstellung.

Zur Zeit des Rubens war das Abendmahl dieses Meisters noch in dem Zustande, dass eine Nachbildung desselben möglich war, wie wir sie noch jetzt in einem Kupferstich nach Rubens von de Witt besitzen, welche deutlich zeigt, in welcher Art sich Rubens das Bedeutende zu eigen zu machen suchte. Eben so verhält es sich mit einem Theil des berühmten Cartons, den Leonardo im Wetteifer mit Michelangelo vollführt und unter dem Namen: „Der Fahnenkampf" von Edelinck nach Rubens gestochen hat.

Bemerkenswerth ist es, dass sich auch Rembrandt von dem Abendmahle des Leonardo so angezogen fühlte, dass er eine Studie danach vollführt hat, die sich im königlichen Kupferstichkabinet zu Berlin befindet, welche wohl am schlagendsten darthun dürfte, dass dieser Meister wirklich in Italien gewesen, was man so oft bezweifeln will, weil man nicht begreift, wie ein Originalgenie, wie Rembrandt, sich den italienischen Einflüssen so hartnäckig verschliessen konnte.

Bekanntlich trieb Rembrandt einen ausgebreiteten Kunsthandel, besonders mit seinen Radirungen, bei welchem ihm auch die italienische Kunst nicht unbekannt bleiben konnte, aus welcher ihm zugleich eine Anschauung der allgemeinen Kunstverhältnisse erwuchs. Wenn er sich seinem Standpunkte zufolge von der italienischen Kunst, wie sie zu seiner Zeit betrieben wurde, auch wenig berührt fühlte, so ist es doch sehr leicht möglich, dass sein Kunsthandel ihn wenigstens bis nach Oberitalien geführt hat. Andere Spuren, wie die unmittelbare Studie des Abendmahles, welche dieses beweisen kann, sind mir nicht zu Gesicht gekommen.

Diese Studie, welche Rembrandt auf dunkelem Papier mit der Feder gezeichnet, etwas angetuscht und mit Weiss gehöht hat, gibt in seiner ihm eigenthümlichen Weise mit dem Wenigsten das Meiste: den Leonardo'schen Geist.

Dass ein durch die Kunst geläutertes Gefühl auch in andern Formen die Schönheit auszudrücken vermag, als in solchen, unter welchen sie ursprünglich aufgetreten, das ist es, was den Standpunkt Rembrandt's schon in dieser Studie ankündigt, den er den herrschenden falschen Kunstansichten gegenüber auf das Sieghafteste in seiner genialen Art verfolgt, mit der er die unhaltbaren Schönheitssatzungen auf das Schlagendste darthut und zugleich durch seine Werke zeigt, welches die positiven Ideen der Schönheit sind.

Wie Rembrandt's Bilder, welche dem allgemeinen herrschenden Geschmack so sehr entgegen waren, schon zu ihrer Zeit bewundert werden konnten, darf nicht befremden. Das ist das Grosse im Wahrheitsgefühl der Menschen, dass es von der wahren Schönheit sich immer göttlich berührt fühlt, wenn sie auch in einer Gestalt auftritt, die Viele, welche als Kenner gelten wollen, so oft belächeln. Die Theorie einer Afterweisheit verrinnt, wie Wasser, aber die Schönheit eines Rubens und Rembrandt steht heute noch, wie geläutertes Gold, trotz ihrer vielfachen Verkennung fest und bewundert. Denn es ist die Eigenthümlichkeit des menschlichen Geistes, dass er auch unbewusst von allem Geistigen angezogen wird, damit aus der Achtung seiner Erzeugnisse die Dauer erwachse, die zu seiner Selbsterkenntniss erforderlich, welche seine höchste Bestimmung ist.

Mit einem besonders eifrigen Studium der Werke des Tizian drang Rubens in das Wesen der Farbe ein, ohne seiner flämischen Natur etwas zu vergeben, die sich bei aller Verschiedenheit bereits dem grossen Venezianer ebenbürtig zur Seite stellen durfte. Es bedurfte in dieser Hinsicht nur einer begründeten Erweiterung dessen, was er durch sich selbst und in dem reinen Gefühlserguss und Bildnertrieb des Quintin Messis bereits Bedeutendes gefunden, um seinem künstlerischen Wollen auch hier die sicherste Richtung zu geben. Nicht minder wichtig, wie Tizian in der Farbe, erschien ihm Paul Veronese wegen der Art und Weise seiner Methode, mit der er seine oft so umfangreichen Werke ausführte und in welcher Rubens die Möglichkeit erblickte, einen didaktischen Stil zu begründen, durch welchen er den Reichthum seiner kunstphilosophischen Ideen bildnerisch an den Tag legen konnte.

Der Drang einer belehrenden Mittheilung ist mehr oder

weniger der menschlichen Natur eigen und zeigt sich am
deutlichsten in dem Triebe bevorzugter Geister, sich mit dem
Geist einer Gesammtheit in Verbindung zu setzen, um ihn
zu sich heranzuziehen. Besonders macht sich dieses in
der dichterischen Literatur in gewissen Zeitepochen bemerkbar, in welchen man sich eines gemeinsamen irrthümlichen
Strebens bewusst wird. Ebenso ist es aber auch in dem
Gebiete der bildenden Kunst, nur dass hier das Mittel des
erläuternden Ausdruckes nicht das Wort ist und das Verständniss desselben dadurch bedeutend schwieriger wird.

Selbst im dichterischen Gebiete zeigt es sich, wie eines
der grössten Genies wegen eines ähnlichen Verhältnisses,
in seinen Dramen so wenig verstanden wird, weil die nothwendigen Grenzen derselben ihm keine erläuternde Reflexion
gestatten, zu welcher ihn seine Weisheit drängt. In Ermangelung des antiken Chorus, der diesen Zweck hatte, bleibt
daher seinem dichterischen Streben kein anderes Mittel übrig,
den geistigen Natursinn der Handlung, Begebenheit und der
persönlichen Charaktere zu verdeutlichen, als gewisse Uebertreibungen und eine oft übernatürliche Symbolik.

Shakespeare hat wohl gewusst, dass man trotz der
unendlichen Wahrheit, mit der er seine Gestalten vorführt,
dieselbe oft für Ungeheuer und nicht für Menschen halten
werde. Eine solche Kurzsicht, so sehr sie auch verbreitet ist,
kümmerte ihn nicht. Er schuf seine Werke, wie Gott die
Welt, in welcher das reine Menschengefühl den höchsten Gewinn hat, und wenn es auch eine Weisheit nicht inne wird,
die sich durch sich selbst genügt: ihrer heilsamen Wirkung
geht nicht dieses Gefühl, sondern nur derjenige verlustig,
der zu begreifen glaubt und doch nicht zu fühlen versteht.

Dieser künstlerische Standpunkt des Shakespeare ist auch der des Rubens. Ihn hat jeder wahre Künstler einzunehmen, damit man von seinen Werken sagen könne, sie seien voll Gottheit.

Das Schöne ging bei Rubens und Rembrandt nicht, wie bei den früheren grossen Meistern von einem religiösen gläubigen Gemüthe aus, mit welchem man sich für die Gestalten der christlichen Heiligengeschichte begeisterte. Ihr Gott war ihnen der Alles durchdringende Naturgeist, nach dessen Offenbarung sie trachteten und den sie durch eine Schönheit zu erkennen gaben, welche nicht an ausschliessliche Formen gebunden ist. Die Heiligen waren ihnen nur bevorzugte Menschen, bevorzugt nicht durch die zufällige Gestalt, sondern durch einen höhern Grad des sie durchdringenden göttlichen Geistes, den sie in der Erkennniss des Zweckmässigen in dem Bereiche der Erscheinung auf positiv künstlerischem Wege in der Darlegung der Idee zu enthüllen wussten. Denn nur durch die Erkenntniss des Zweckmässigen wird zugleich die Idee erkannt.

Dem späteren italienischen Missbrauch angenehmer Formen gegenüber kam es beiden Meistern vornehmlich darauf an, zu zeigen, dass der äussere Sinnenkitzel, durch solche Formen erzielt, noch kein sicheres Merkmal der Schönheit sei, sondern dass diese in etwas Anderm, als den blos angenehmen Formen beruhe. Denn da Alles vom göttlichen Geiste durchdrungen, so ist auch jedes einer schönen und daher künstlerischen Darstellung fähig.

Rembrandt wählte daher absichtlich die hässliche Form bei seinen Darstellungen, während Rubens noch viel weiter ging, um seine Ideen über das Schöne möglichst an-

schaulich zu machen. Er that von allen unhaltbaren italienischen Kunstsatzungen, die im siebenzehnten Jahrhundert gäng
und gebe waren, geflissentlich das Gegentheil und wusste, wie
Rembrandt, dennoch die bedeutendsten Resultate zu erzielen.

Wenn es Rembrandt schon genügte, gründlich zu zeigen, dass es auch eine Schönheit des Hässlichen gebe, die
er vermittelst solcher Modelle entwickelte, die seinem eifrigen
Forschergeiste ein möglichst weites Feld für die ursächlichen
Formenbestimmungen boten, in welchen er die geistigen Ideen
blosslegen konnte, in deren lebensvoller Einheit die Schönheit
besteht, so operirte Rubens mit freierer Phantasie und um-
fasste damit die ganze Welt der malerischen Erscheinungen
in ausgedehntester Weise.

Rubens wählte zu seinen Bildern mehr die gemeinen
Formen, weil diese der Unbill des Lebens mehr, als die edeln
ausgesetzt, auch mehr das offene Gepräge der von der Natur
ursprünglich intendirten Zweckmässigkeit annehmen, in welcher
sich die geistige Idee offenbart. Indessen waren ihm die
Ideen oft auch hier nicht deutlich genug ausgesprochen,
weil die ursprüngliche Natur dieser Formen durch den
Hinzutritt des Zufälligen oft unkenntlich geworden, weshalb
er auch die gemeinen Formen noch übertrieb, die Natur-
absicht und mit dieser die Ideen zu verdeutlichen, durch deren
einheitliche lebensvolle Verbindung das Schöne erwächst.

Wenn Rubens in freierer Conception den inneren Organismus der Erscheinung zur möglichen Anschauung bringt,
die Lebensfähigkeit derselben durch die einheitlichen Ideen
zu begründen, so wählte, wie schon bemerkt, Rembrandt
seine Modelle gleich so, dass ihm bei gleichem Zwecke die
Individualität derselben so zu Hülfe kam, dass es keiner

Uebertreibung bedurfte, den inneren Organismus zur Anschauung zu bringen. Seine Modelle gehören daher meist
dem höheren Alter an, wo einer welken Haut die Spuren
eigen werden, in welchen der universelle Blick und die Meisterschaft eines Rembrandt dasselbe erkennt und phantasie-
reich darthut, was Rubens freiere Schöpfungskraft in einem
weniger gebundenen Stil so bewunderungswürdig leistete.

Beiden Meistern ist der höchste Zweck der Kunst die
Schönheit, und beide gelangen in selbständiger Weise mit
vollem Bewusstsein der positiven Bedingungen derselben durch
die Erkenntniss der Lebensideen der Erscheinung dazu.

Aus der dargethanen Art und Weise ihrer Auffassung der
Natur geht hervor, dass ihre Kunstwerke das, was sie sind,
nur erst durch den klaren Begriff der Idealität geworden
und dass es überhaupt ohne Idealität, durch welche erst der
Hauptzweck der Kunst erreicht werden kann, keine Kunst gibt.

Wenn man nun vorzugsweise solche Bilder ideal nennt,
in welchen die Formen veredelt dargestellt sind, so frägt
es sich zunächst, ob der Künstler die auch solchen Formen
zum Grunde liegenden Ideen erkannt und dargethan habe,
da nur hiervon erst solche Benennung abhängig ist, denn die
edele Form ist als solche durchaus noch keine kunstschöne.

Rubens, wie Rembrandt sind nur auf dem Wege
der gewissenhaftesten Naturstudien und der sorgfältigsten
Ausführung ihrer Bilder auf den Standpunkt ihrer hohen
Meisterschaft gelangt, wie viele Werke ihrer frühern Perioden
beweisen, aus welchen hervorgeht, dass sie den Vorwurf
keineswegs verdienen, den man ihnen wegen gewisser Incorrectheiten der Zeichung macht. Denn ihre scheinbaren Ver-
nachlässigungen deuten immer auf einen gewissen bildnerischen

Sinn hin, auf welchem die Aufmerksamkeit des Beschauers ruhen soll.

Wie Rubens besonders durch die bedeutenden Werke des Quintin Messis bestärkt werden konnte, seiner flämischen Eigenthümlichkeit treu zu bleiben, da er diese Werke an innerer Schönheit von gleichzeitigen Meistern in Italien nicht übertroffen fand, so verhielt es sich mit Rembrandt in Beziehung auf seinen Landsmann Lukas von Leyden, dessen radirte Blätter der Passionsgeschichte in Wahrheit von keinem Meister an Schönheit übertroffen werden. Der geistige Zusammenhang der Werke des Rubens und Rembrandt mit diesen ihren bedeutenden Vorgängern thut es kund, dass beide Meister wohl erkannten, wie eine wesentliche Aenderung ihrer Denk- und Empfindungsweise den Verlust ihrer Originalität zur Folge haben müsse und dass eine zeitgemässe Modification des frühern Ausdruckes nicht von andern Meistern entlehnt werden dürfe.

Wenn der oben berührte didaktische Zweck, den sowohl Rubens, wie Rembrandt in ihren Werken mehr oder weniger verfolgen, bei Letzterem weniger zu Tage tritt, so ist der Grund darin zu suchen, dass der Stil Rembrandt's nicht ein so freier, wie der des Rubens, aber dabei nicht weniger ideenreich ist. Denn in der Art und Weise der Auffassung und Behandlung der Natur, selbst wenn seine Bilder einen kleinen Raum einnehmen, zeigt Rembrandt eine eben so universelle Anschauung, wie Rubens.

Wie ich schon anderwärts darauf aufmerksam gemacht habe, ist in keinem Werke Rembrandt's der didaktische Zweck so deutlich ausgesprochen, wie in seinem Hundertguldenblatte, in welchem er seinen künstlerischen Ideengang

vom Beginn des Contourumrisses bis zu einem so hohen
Grade der Vollendung, wie man ihn in der Kunst des Radirens
noch nie gesehen, auf das Instructivste und Geistvollste darlegt. Besonders hier zeigt sich der kunstgeschichtliche Zusammenhang, in welchem Rembrandt mit seinem Vorgänger
Lukas von Leyden steht und dass seine grosse Erscheinung keinesweges so plötzlich hervortritt, als es den Anschein
hat. Abgesehen von diesem Zusammenhang dürfte hier die
Anführung dieses Blattes auch um desswillen statthaft sein,
da es seiner weitumfassenden Kunst wegen seiner Malerei
gleichzuachten ist, indem er den Lebensantheil der Farbe an
der Erscheinung auf das Prägnanteste auch durch seine Nadel
auszudrücken weiss.

Wie man an seiner oben erwähnten Studie des Leonardo'schen Abendmahles ersehen kann, ist die Schönheit eines Kunstwerkes nicht durch den höchsten Grad der
Ausführung bedingt. Aber es gehört die grösste Meisterschaft dazu, die Schönheit bis zur grösstmöglichsten Vollendung eines Kunstwerkes festzuhalten. Denn nur derjenigen Geistesgegenwart ist dieses möglich, welche der Gefahr gewachsen, die mit der steten Prüfung einer langen
Reihe von Ursachen und Wirkungen verknüpft ist, aus
welcher ein vollendetes Kunstwerk besteht und die seine
Lebensfähigkeit ausmacht.

Diese Meisterschaft beurkundet Rembrandt zugleich
auch dadurch, dass er mit der innigsten Pietät der Träger
der hohen Schönheit ist, die ihn von der Passion des Lukas
von Leyden durchdrungen, ohne sie durch eine zeitgemässe
Formenmodification und einen höhern Grad der Vollendung
irgend wie zu beeinträchtigen.

Seine Blätter sind die treuste Tradition des Geistes der grossen Meister des funfzehnten Jahrhunderts, und in gleicher Art zeigen die Werke des Rubens, dass ein hohes Bewusstsein an die Stelle der unterbrochenen Naturwüchsigkeit der Kunst getreten, um sie lediglich durch die Kunst selbst zur höchsten Entwicklung gelangen zu lassen.

Es liegt in der Natur der Sache, dass das polemische Stilverfahren, durch welches Rubens die Formen so ideenreich über die Wirklichkeit erhebt, auch in gleicher Art die Farbe treffen müsse, um nicht gegen die Consequenz des Ganzen zu verstossen, und es ist kein geringer Triumph dieses Meisters, dass das natürliche Gefühl eines unbefangenen Beschauers trotz der Uebertreibungen, die hier eben so, wie in den Formen stattfinden, keinen Anstoss nimmt. Dieses geschieht nur erst bei jener Schaar von Schöngeistern und Halbkennern, die zwar die Forderung der Idealität fortwährend im Munde führen, aber nicht im Stande sind in die Tiefe einer bildnerischen Idee einzudringen. Vielmehr sind sie verblendet genug, sich mit hohlen Redensarten über die Werke eines Michelangelo auszulassen, und vermeinen von ihren ästhetischem Gefühl einen Beweis zu liefern, wenn sie sich überklug von den Werken eines Rubens hinwegwenden.

Wenn die Kunst des Colorits gleichfalls eine Abweichung von der Wirklichkeit nothwendig macht, um den geistigen Sinn der Farbenverhältnisse mehr an den Tag zu legen, so ist diese Abweichung wieder bei keinem Meister aus diesem Grunde so extrem, wie bei Rubens, was schon aus dem Umstande zu erkennen ist, dass er nicht selten den Reflex seiner Carnation bis zum reinen Zinnoberrroth steigert. Diese auffallende Abweichung von der Wirklichkeit macht es nothwendig, dass er alle übrigen Tinten in ein ähnliches Verhältniss setzt, und dieses Verhältniss ist es, in welchem er die Schätzung der Lebenswirkung jedes einzelnen Farbenfactors auf das Scharfsinnigste bestimmt und zu einem einheitlichen Ganzen gestaltet.

Bei der unendlichen Verschiedenheit, die jeder einzelne Fall der Färbung in seinen Consequenzen mit sich führt, würde sich der didaktische Zweck zu sehr zersplittern, weswegen Rubens die Farbenverhältnisse gewisser Carnations-Kategorien in ein System bringt, ohne in eine nüchterne Calculation zu fallen, die einem speziellen Lebensfall keine Rechnung trägt, vielmehr ist dieses System derart, dass der Lebenssinn sich auch hier mehr wie in der Wirklichkeit verdeutlicht.

Da die Kunst der Färbung es mit der feinsten Ergänzung der Lebensäusserungen einer bestimmten körperlichen Erscheinung zu thun hat, insofern sie sich bei einer bestimmten Beleuchtung durch verschiedene Farben zu erkennen gibt, so schliesst sie zugleich die Erkenntniss der Formenverhältnisse in sich; denn diese letzteren sind es vornehmlich, welche die Modification der Localfarben bedingen, durch welche der Erscheinung die subtile ideelle Beisteuer erwächst. Es geht hieraus hervor, dass die Hauptfunction eines harmonischen Colorits keine andere ist, als die Modellirung der körperlichen Erscheinung naturgemäss auf das Lebensvollste zu unterstützen.

Wie schon bemerkt, hat sich der malerische Lebensgehalt der Erscheinung schon in der Zeit zu einer bewunderungswürdigen Höhe entwickelt, wo man mehr dem instinktiven Bildnertriebe, als einem höhern Bewusstsein folgte. Auch die Färbung hielt mit dieser Entwickelung gleichen Schritt und, wie die späteren grossen Meister nur mit Bewusstsein

Unger, Kritische Forschungen.   14

bestätigten, was der geistige Bildnertrieb, durch das Wesen angezogen, früher hervorgebracht, so bildete Quintin Messis für Rubens besonders im Colorit einen erspriesslichen Strebepunkt, weil dieser ihm sinnverwandte Meister in kindlicher Unbefangenheit und frommem Eifer in dieser Hinsicht Alles leistete, was einer geläuterten Empfindung nur möglich war, deren Sicherheit der Weisheit so oft zu einem ächten Prüfstein dienen kann,

Das harmonische lebensvolle Colorit des Quintin Messis, welches durch den von ihm erreichten hohen Grad von Schmelz die kunstvolle Bewältigung des rohen Farbenmaterials zu erkennen gibt, zeigt meines Wissens in den Niederlanden hier zum ersten Male zugleich einen so leuchtbaren röthlichen Ton in der Carnation, dass man auf die Vermuthung geführt wird, Quintin Messis müsse sich auch zur Mischung desselben des Zinnobers bedient haben, den er bereits in seinen Gewändern mit einer gewissen Vorliebe angewendet hat. Nachdem die Verwendung dieser Farbe sich über hundert Jahr fest bewährt hatte, konnte es Rubens schon wagen, seinen Vorgänger auch in dieser Beziehung für seine ausgebreiteteren Zwecke auszubeuten. Mit der subtilsten Gefügigkeit und dem hohen Grad von Energie, dessen diese Farbe fähig ist, charakterisirt sich gleichsam Rubens selbst. Keinem Meister, wie Rubens, ist der Vorschub, den die Eigenthümlichkeit eines Künstlers durch eine gewisse Farbe erhält, so zu statten gekommen. Aber auch kein Meister weiss einen so weitumfassenden weisen Gebrauch davon zu machen.

Im Einklange mit seinem didaktischen Systeme musste Rubens im Colorit noch weiter gehen, wenn er von dem speziell Rechenschaft geben wollte, was der Schmelz desselben im Allgemeinen zusammenfasst. Die Natur der Farbe als Bildungsmaterial leistet dem feineren Leben des natürlichen Colorits nur selten einen diesem gemässen Vorschub. Es kam daher darauf an, das Bildungsmaterial durch Geist und Empfindung so zu bewältigen, dass eine geistige Identificirung möglich wurde. Diesem gemäss gestaltete sich die Art und Weise des Tractamentes auch der Farbe durch Rubens zu einer Lehre, in welcher die feinsten Probleme ihre Erledigung fanden, und wenn die bedeutenden Meister der niederländischen Genremalerei durch eine speziellere Ausführung diesen Zweck vornehmlich verfolgen, so sind es Rubens und Rembrandt, die hierin den ergiebigsten Impuls gegeben haben — Rubens eben so weitumfassend, als Rembrandt concentrirt, wie dieses bereits bei Bestimmung der Formen der Fall war. Das Impasto beider Meister, ob flüssig oder trocken, stark oder schwach, rauh oder glatt u. s. w., ist nur eine directe Folgeleistung von tieferkannten Naturfeinheiten, das bei der geringsten Veränderung eine Beeinträchtigung erleiden würde.

Wie in der Natur kein einzelnes Härchen ist, das nicht seinen Schatten wirft, so sind die Werke dieser beiden wunderbaren Meister von den nothwendigen Lebensgesetzen erfüllt, die der Universalität ihrer Ideen nach immer ganz da sind, ihre Werke mögen mehr oder weniger ausgeführt sein. Man kann daher, so oft man sich wieder in diese Meister versenkt, nicht leicht wieder von ihnen loskommen.

•

§. 20.

Das Opfer Abrahams von Peter Paul Rubens.

Auch während meiner Kunstreise im Jahre 1852 verfehlte ich nicht, den in Frankreich und den Niederlanden so zahlreich vorhandenen Bildern von Rubens und seinen Schülern meine Aufmerksamkeit zuzuwenden. Bei einer scheinbar so gleichmässigen Auffassung und Behandlung fand ich auch hier wieder einen Reichthum von malerischen Pointen, die man als einen erheblichen Grund ansehen kann, dass Rubens mit einem fortwährend regen Kunstinteresse bei der Ausführung seiner Bilder thätig ist, wodurch er der Natur immer wieder neue Seiten abzugewinnen weiss. Aus diesen Pointen, welche die interessantesten Aufschlüsse über die Lebensbedingungen der Erscheinung enthalten, ergeben sich zugleich, trotz jener gleichmässigen Scheinbarkeit, eine Menge von Abweichungen in seiner Manier, die leicht Veranlassung sind, dass, wenn man ein Bild, in welchem eine solche Abweichung vorherrscht, vereinzelt sieht, man in Verlegenheit kommt, wem es zuzuschreiben sei, wenn man sich nicht näher damit vertraut gemacht hat, da man sich bei diesem Meister nur allzuleicht der Meinung hingibt, als sei man mit seinem Studium am Ende.

Als Beweis, wie verschiedenartig Rubens seine Werke behandelt, will ich nur einige Bilder anführen, deren Aechtheit nicht zu bestreiten ist, obgleich die Manieren, in welchen sie gemalt sind, zu den grössten Seltenheiten gehören, eine Eigenthümlichkeit, die lediglich in dem grossen Umfang

seiner tiefen Anschauung und in einer demgemässen vielseitigen Auffassung ihren Grund hat.

Im Museum der Stadt Haag befindet sich ein Bild von
Jan Breughel, vorstellend das Paradies, in welchem Rubens
Adam und Eva gemalt, die bei der unbestochensten Anschauung mit einer überaus grossen Ausführlichkeit behandelt
sind, welche wieder sehr abweichend ist von der der kleinen
Bilder in der Dresdener Galerie, ich meine das Urtheil des
Paris und den sogenannten Liebesgarten. Obschon das Haager
Bild in der heitersten Tagesbeleuchtung dargestellt ist, machen
sich doch hier die feinsten malerischen Pointen in Hinsicht
des Helldunkels bemerkbar, in welchen die concreten Verhältnisse der Erscheinung so oft eine an's Unglaubliche grenzende Modification erleiden. Bei der Lösung derartiger Aufgaben, die gewöhnlich durch einen stärkern Gegensatz erzielt
wird, als es hier der Fall, zeigt Rubens eine Unbefangenheit der Anschauung, die selbst dem Rembrandt nicht nachsteht. Gleichzeitig sind diese beiden Figuren, was bei Rubens so selten vorkommt, von der angenehmsten individuellen
Gestaltung.

Nicht weniger ist dies der Fall bei einem Bilde mit
lebensgrossen Figuren, in der sehr gewählten Sammlung des
Herrn Patureaux zu Brüssel, das Rubens in Italien
gemalt und nichts desto weniger dabei seine ganze Selbständigkeit zu behaupten wusste. Von besonderem Interesse ist in
diesem Werke die rein malerische Auffassung der Antike,
deren tiefes Verständniss und reine Form sich hier, wie wohl
nirgends so deutlich, aussprechen dürfte.

Gleichfalls in die italienische Periode des Rubens ge-
hörend, befindet sich in der Vanderschrick'schen Samm-

lung zu Löwen ein Bild von ganz abweichender Auffassung und
Behandlung im gebundenen Stil, zwei Engel nehmen die ent-
hauptete Katharina gleichsam als himmlisches Eigenthum in
Empfang. In diesem Werke sind nur wenige äussere Merkmale der Eigenthümlichkeit des Rubens; es kann aber keinem Sachverständigen einfallen, in die Aechtheit desselben
den mindesten Zweifel zu setzen, da mit der ergreifendsten
Wirkung dieses vortrefflichen Bildes alle die Ideen und Gefühle rege werden, die nur ein Rubens zu erwecken
vermag.

Von Bildern des sogenannten zahmen Stiles ist in Hinsicht der grossen Ausführung hier das Altarwerk der Johannis-
kirche zu Mecheln anzuführen, das Rubens selbst als eines
seiner schönsten Bilder angesehen hat. Dasselbe enthält alle
Elemente in der ruhigsten und klarsten Entfaltung einer gewissenhaften Vollendung, die nachmals in den Bildern seiner
künstlerischen Begeisterung nur andeutungsweise zum Vorschein kommen und die man gewöhnlich im Sinne hat, wenn
es sich um die Bestimmung eines fraglichen Bildes handelt,
das ihm zugeschrieben wird.

Hat man in Löwen das Altarbild von Quintin Messis
gesehen, so kann man sich des Gedankens nicht erwehren,
wie nur der Anblick dieses vortrefflichen Bildes den genialen
Rubens veranlassen konnte, den Schwung seiner Begeisterung zu mässigen, um gemesseneren Schrittes das hohe Kunstziel zu erreichen. Die Weisheit des Rubens erkannte die
tiefe Bedeutung dessen, was Quintin Messis in kindlicher
Unbefangenheit hier erreicht hatte. Trotz der grossen Ausführlichkeit, mit der Rubens sein Werk vollendet, ist das
pythische Element bewunderungswürdig festgehalten, das aus

der natürlichen Mystik des frommen Messis entsprungen, ja Rubens ging gewissermassen von diesem Elemente aus, das den schaffenden Geist mit jener fruchtbaren Wärme durchdringt, durch die es nur möglich wird, eine Schönheit zu erreichen, die so rührend zum Herzen spricht.

Mit Recht legte Rubens einen so grossen Werth auf ein Werk seiner Hand, in welchem Verstand und Gefühl im harmonischen Verein zu einem so hohen Grade von Schönheit in der würdigsten und angemessensten Weise gelangte. Es scheint, als habe der scharfsinnige Kunstreformator, der in der Regel als solcher durch seine Bilder mehr belehrend zur irrenden Menge sprechen wollte, sich einem seiner Werke gegenüber um so wohler gefühlt, als er in diesem lediglich sich selber angehört.

Bei dem Bilde des Perseus im Berliner Museum hat es den Anschein, als wenn Rubens eine neue Art von Zinnober in Anwendung gebracht hätte. Dieser Farbe zufolge, deren Natur sich hier so energisch, als fügsam zu erkennen gibt, erscheint das Colorit des ganzen Bildes in neuer Weise modificirt, seine Leuchtbarkeit gleicht der des Diamantes. Rubens selber scheint davon überrascht gewesen zu sein, denn die Schonung eines solchen Ergebnisses drückt sich in der Art und Weise aus, wie er hier die Retouchen vollführt, indem er die tieferen Tinten mit schraffirendem Spitzpinsel so flüssig anbringt, dass das bis dahin erreichte malerische Resultat die sicherste Unterstützung findet. Eine andere Behandlung hätte eine Uebermalung mehrer Primastellen zur Folge haben müssen, in denen bereits die reine Empfindung des Meisters das feinste Leben erreicht hatte. Diese neue Art der Behandlung, in welcher er eine nähere Einsicht bie-

tet, mit wie grosser Präcision er auf Ton, Stimmung und
Form hinzielt, gewährt einen wahrhaft erquicklichen Kunstgenuss.

Aehnlich in der Tonart, aber noch entschiedener in den
ätherblauen Localtinten ist ein grosses Bild, befindlich im
Museum von Brüssel, die Himmelfahrt Mariä vorstellend.
Dieses Bild hat seiner Totalwirkung nach etwas sehr Befremd-
liches. Die blaue Tonart, in so grosser Ausdehnung in Anwendung gebracht, macht wieder verschiedene Abweichungen
nothwendig, welche sich selbst bis auf das Bindemittel des Oeles
erstrecken, mit welchem die Farben in einem gesteigerten
Grade gemischt sind, damit der im Gefühlsbedürfniss des
Meisters liegende Schmelz besser erreicht werden könne. Um
dieses Werk richtiger würdigen zu können, ist es erforderlich, dass man von allen übrigen Bildern, die in seiner Nähe
hängen, abstrahire, da wieder eine Menge von malerischen
Feinheiten sich in demselben darbieten, zu deren Studium
eine grosse Sammlung des Geistes erforderlich ist. Von besonderem Interesse ist hier die malerische Bestimmung des
Unbestimmten in Form und Farbe bei den im blauen Aether
verschwimmenden Erscheinungen. Dieses Bild, in seiner Art
ganz selbständig, bildet gewissermassen den Uebergang von
der niederländischen zu derjenigen spanischen Schule, die so
bedeutend im Murillo vertreten ist.

Es mögen diese verhältnissmässig wenigen angeführten
Bilder des Rubens hinreichen, um zu beweisen, wie behutsam man sein muss bei Beurtheilung eines fraglichen Bildes,
welches von seiner gewöhnlichen skizzenhaften Behandlung
abweichend ist.

Um zu einem möglichst sichern Resultate in dieser Hin-

sicht zu gelangen, ist es zweckdienlich, auch die Fähigkeit
seiner Schüler zu ermitteln, unter denen van Dyck,
Theodor van Thulden und Diepenbeck die bedeutendsten sind; denn über den bestimmten Grad der Schöpfungskraft, den der Kenner sowohl in der Skizze, als in dem
ausgeführtesten Bilde von einer und derselben Hand immer
als denselben wahrnimmt, kann kein Meister hinaus, da dem
subjectiven Gefühl beim Bilden immer eine bestimmte Forderung eigen ist, einen bestimmten Grad des geistigen Lebens
zu erreichen, abgesehen davon, wie und auf welche Weise er
erreicht worden. Es geht hieraus hervor, dass eigentlich
nur der treffliche van Dyck befähigt ist, sich dem Rubens
so nahe zu stellen, dass man im Zweifel sein kann, mit welcher Hand man es zu thun habe, besonders wenn die Composition von Letzterem herrührt. Indessen weiss van Dyck
auch da noch seine Selbständigkeit festzuhalten, wo er sich
dem Stile des Rubens accommodiren muss, und es werden
bei genauerer Betrachtung eines derartigen Werkes erhebliche Abweichungen in der Farbe und Behandlung bemerkbar.
Anders verhält es sich in dieser Hinsicht mit van Thulden
und Diepenbeck, da diese mehr Nachahmer des Rubens
sind und durch ihre scheinbare Treue, die meist in der Festhaltung der äusseren Merkmale der Manier des grossen
Meisters beruht, den grossen Abstand nur um so mehr erkennen lassen, der zwischen ihnen und Rubens stattfindet.

Besonders wird dies ersichtlich, wenn man die Bilder
der Galerie Luxembourg in Paris, jetzt im Louvre befindlich,
die Rubens in Gemeinschaft mit van Thulden vollführt hat,
einer nähern Betrachtung unterwirft. Dieselben erscheinen
da im hohen Grade langweilig und ermüdend, wo man die Hand

des Rubens vermisst, indem hier weder reine Empfindung,
noch Begeisternng, viel weniger ein tieferes Verständniss der
Form und Farbe wahrzunehmen ist. Und doch ist es einer
der besten Schüler, den Rubens zu diesen umfangreichen
Werken herangezogen hat. Ebenso schwach erscheint Diepenbeck in den ihm zugeschriebenen Bildern des Brüsseler
und Berliner Museums. Einen interessanten Cyclus von kleinen Bildern und Skizzen der Schüler Rubens enthält die
Dresdener Bildergalerie, in welchem sich mehr oder weniger
die Ohnmacht zu erkennen gibt, es dem grossen Meister
nachzuthun,

Mit solchen und ähnlichen Betrachtungen erfüllt, die
zum Theil die vielen Werke des Rubens in Paris und Belgien in mir veranlasst hatten, war mein Kunstgefühl in eine
Disposition gesetzt, auf die ich mich den fraglichen Werken
seiner Schule gegenüber um so mehr verlassen konnte, als ich
Gelegenheit genug fand, dasselbe zu prüfen, und so gelangte
ich nach dem Haag.

Hier waren bereits bei der Versteigerung der berühmten
Bildersammlung des Königs von Holland, Wilhelm's II., verschiedene Werke in den Privatbesitz übergegangen, von welchen mich der Zufall eins finden liess, das trotz seinem allerdings zweideutigem Aussehen und der Menge von Abweichungen in der stilistischen Auffassung und Behandlung die unverkennbaren Zeichen der Hand des grossen Rubens enthielt, obschon der wichtigste Theil derselben von einem ent-
stellenden Ueberzuge eines dicken und fleckigen Firnisses
bedeckt war.

Das Bild stellte das Opfer Abrahams vor, bestehend aus
drei Figuren von zwei Drittel Lebensgrösse. War ich durch

die grossartige Auffassung und Behandlung des Nebensächlichen,
wo sich die Eigenthümlichkeit einer Meisterhand am unzwei-
deutigsten zu erkennen gibt, meiner Sache so ziemlich gewiss,
dass ich hierin das ächte Facsimile des Rubens vor mir habe,
so abstrahirte ich doch gänzlich von diesem Zeichen und begann
nun die Fähigkeit seiner Schüler, bis zum van Dyck hin-
auf, mit dem organischen Bau der Haupttheile des Bildes
zu messen, da über die Composition selbst kein Zweifel stattfinden konnte, dass sie von Rubens sei.

Der Kopf und besonders die Hände des Abraham erschienen als prima vollführt. Dass der erstere trotz seiner
stellenweisen Härten gleichwohl ein tiefes Verständniss der
Form und Farbe erkennen lässt, ist eine Eigenthümlichkeit,
die nicht auf seine Schüler passt, da diese immer in diesen
Theilen mit einer sich stets gleichbleibenden Ausführlichkeit verweilen.

Die Bestimmtheit der Farbe, das genaue Mass ihrer
modificirten Verhältnisse und die Leichtigkeit des Tractamentes sprachen nur für Rubens. Diese Meinung steigerte
sich zur Gewissheit, als ich in der schwunghaften Behandlung
des Bartes und der Haare, überhaupt in der Vollführung
der einzelnen Linien jene gewissenhafte Beobachtung der
complicirten Perspectivgesetze des grossen Meisters wiederfand, der zugleich dabei einen Reichthum der Phantasie zu
entfalten weiss, in welchem er selbst den van Dyck so weit
hinter sich lässt.

Welchem Schüler wäre es denn eigen, dass er hier mit
so grossem Interesse verweilt, während er über die Behandlung
des Kopfes selber leichter hinweggeht? Bei dem grossen Umfange einer Aufgabe, wie ihn ein historisches Bild enthält,

erachtet Rubens eine grössere Ausführung der Köpfe meist
für unzweckmässig, aber nichts desto weniger weiss er bei aller
scheinbaren Nachlässigkeit auch so den psychologischen Ausdruck zur entsprechendsten Geltung zu bringen, ja dieser ist
gerade in solcher Behandlung am lebendigsten. Diese Eigenthümlichkeit des Rubens herrscht besonders bei den Bildern
seiner Hand vor, in denen ihm Gelegenheit geboten ist, da
malerische Feinheiten zu enthüllen, wo die ursächlichen Lebensbedingungen der Erscheinung so neu, als bedeutsam zu Tage
treten.

Bei der übrigen Ausführung des Bildes ist es leicht zu
ersehen, dass der Urheber desselben jene Härten wohl erkannt hat und sie nur deshalb nicht beseitigen mochte, da
der durch den ersten Wurf schon erreichte geistige Ausdruck
damit keinen sonderlichen Vorschub gewinnen konnte. Diese
Annahme bestätigt sich dadurch, dass er die Haltung bei
mehr Schonung der Primaanlage, welche die elementären
Verstösse enthält, mit schraffirenden Strichen an dem Ohr
und einem Theil der Wange in der Art vervollständigt, wie
dies bei dem Bilde des Perseus im Berliner Museum der Fall,
eine Eigenthümlichkeit, die ich bei keinem seiner Schüler
gefunden habe. Ueberhaupt kann es als ein Kriterium eines
Meisters ersten Ranges angesehen werden, wenn sich für die
Haltung ein grösseres Interesse, als für die Form da zu erkennen gibt, wo durch sie kein neuer Aufschluss zu gewinnen ist; ihre Härten und Incorrectheiten erscheinen oft als
bedeutsame Fingerzeige für das, was der Meister als wesentlicher erachtete.

Ist in Geberde und Stellung des Abraham die uner-
schütterliche Energie des Entschlusses ausgedrückt, seinem

einigen Gotte das Liebste zu opfern, so ist doch in dem kummervollen blassen Antlitz die ganze Grösse dieses Opfers zu lesen, obgleich ein Hoffnungsstrahl durch seine Seele zuckt, wie er die Worte des verheissenden Engels vernimmt.

In der Carnation dieses Kopfes lässt sich dieselbe Skala finden, mit der Rubens so oft den Ausdruck des Entsetzens vollführt, namentlich in dem Bilde des jüngsten Gerichtes in der Pinakothek zu München. Ganz anders ist die Färbung der Hände. Hier ist eine entschiedene Röthe vorherrschend, und wenn die geringe Abweichung der Tinten, von der Höhe zur Tiefe des Tones, auch etwas Bequemes hat, so ist doch trotz ihrer Primavollendung keine Stelle zu entdecken, die eine Leere enthielte, welche bei van Thulden und Diepenbeck so häufig angetroffen wird.

In solcher Manier hat Rubens oft ganze Bilder ausgeführt, wie die Magdalena in der Galerie zu Stuttgart und mehrere Werke von ihm in Antwerpen darthun. Sie gehören bei der Oekonomie der Mittel, sowie durch die Naivetät der Auffassung ganz gewöhnlicher Formen, in welchen gleichsam die Kunst verläugnet ist, zu den Werken, die am schwierigsten zu verstehen und daher leicht einer Verschleppung preisgegeben sind.

Von grosser psychologischer Feinheit ist besonders die Fingerstellung der ausgestreckten linken Hand, mit der Abraham eben im Begiff steht, den Kopf des Sohnes zurückzubeugen. Die Festigkeit des Entschlusses, bei der Zaghaftigkeit des väterlichen Herzens, kann unmöglich treffender ausgedrückt werden. Zugleich ist es von Wichtigkeit für die Untersuchung des Bildes, dass aus der Behandlung des hinter

dieser Hand liegenden Grundes zu erschen ist, dass die Lage
derselben ursprünglich eine andere war.

Am befremdlichsten im ganzen Bilde ist für Rubens
die Manier, in welcher der in der Luft schwebende Engel ausgeführt ist, wenn man das erwähnte Bild der Vanderschrieck-
schen Sammlung in Löwen nicht einer genaueren Betrachtung unterworfen hat, da hier sein Stil am gebunden-
sten erscheint. Das tiefe Verständniss indess, welches sich
in der Auffassung und Behandlung der Formen, besonders
in Hinsicht der Gelenke, zu erkennen gibt, lässt auch hier
keinen Zweifel aufkommen, dass Rubens auch diesen Theil
des Bildes vollführt hat, und wenn namentlich in der Behandlung der Füsse dieser Figur wieder gewisse Härten sichtbar werden, die den hier stattfindenden geringen Grad
der Ausführung noch geringer erscheinen lassen, so ist
doch dabei nicht zu übersehen, dass schon in der Primaanlage dieser Theile der tiefere organische Bau und sein
Zusammenhang eine solche Berücksichtigung gefunden, dass
daraus hervorgeht, wie es von Hause aus in der Absicht
des Künstlers gelegen, die Primaanlage nicht wieder zu
berühren.

In dem Bilde macht sich in der Richtung von der Linken
zur Rechten eine allmählige Steigerung in Hinsicht der Ausführung bemerkbar, und wenn bei dem verwahrlosten Zustande
desselben die Gestalt des Isaak wahrhaft widerwärtig anzusehen war, weil der wiederholentliche Ueberzug des dicken
syrupbraunen Firnisses sich hier zur äussersten Rechten vornehmlich in sehr ungleicher Weise angehäuft hatte, so war
wohl anzunehmen, dass bei den noch erkennbaren Motiven
seiner nackten Gestalt die Virtuosität des grossen Meisters

hier um so mehr in's Leben treten würde, als sie einen Haupttheil der dramatischen und malerischen Aufgabe ausmachte.
Und so war es auch. Nachdem das Bild gereinigt worden,
kam ein Körper von grosser Schönheit und Vollendung zum
Vorschein, dessen Torso, was Leichtigkeit der Behandlung
und einheitliche Consequenz der anatomischen Bedingungen
betrifft, nur in der Antike seines Gleichen hat.

In der angenehmsten knieenden Stellung erwartet der
Knabe mit zur Seite gesenktem Haupte in kindlicher Hingebung den Todesstreich, die gebrochenen Augen auf den
Stahl seines Vaters gerichtet. Das Blut ist aus seinem Antlitz gewichen und nach dem Herzen gedrängt, dessen angst-
volles Schlagen man wahrzunehmen glaubt. Wie in dem
Gesichte, das wieder prima vollendet ist, in der Negation
des Colorits und unter der Wirkung des Helldunkels sich ein
grosser Sinn bemerklich macht, so wird ih den unteren Theilen des Körpers durch den Zudrang des Geblütes die Carnation in einer lebendigen Röthe gesteigert, die um so räthsel-
hafter ist, als man, in der Nähe betrachtet, gar nicht gewahr
wird, wie diese Eigenthümlichkeit erreicht worden.

In ähnlicher Weise verhält es sich mit der Modellirung
der einzelnen Theile des Oberkörpers und der Schenkel, da
hier nach Massgabe der Umstände die Tonart so hoch angeschlagen ist.

Einen grossen Theil des Bildes nimmt das hochrothe
Gewand des Abraham ein, dessen Motive aus dem persönlichen Charakter und der tragischen Situation mit bewunderungswürdiger Beobachtungsschärfe hergeleitet sind. Die
Art und Weise, wie hier in jedem Punkte das grelle Material
im Interesse des physikalischen Lebens bewältigt worden,

lässt auch hier den grössten Meister der flämischen Kunst
erkennen. In diesem in jeder Hinsicht vortrefflich dargestellten rothen Gewande, das der zur ergreifendsten Handlung
schreitenden grossartigen Gestalt des Abraham eine hohe
Feier verleiht, ist keine Falte zu entdecken, wo sich die
Erfindung verriethe, denn der weitumfassende Umfang der
Intentionen desselben geht völlig in die Wahrheit auf.

Wollte man nun auch annehmen, dass ein grosser Theil
des Bildes von irgend einem andern Meister, als Rubens ausgeführt sei, obschon die Fähigkeit des Theodor van
Thulden und Diepenbeck die Stufe der Kunst bei Weitem
nicht erreicht, die sich darin zu erkennen gibt, da man es
hier nicht mit den Zeichen einer Manier, sondern mit dieser
Manier selbst zu thun hat, die sich aus dem Wesen der
Sache ergibt, so muss es doch mit dem kritischen Vermögen
desjenigen schwach' bestellt sein, der in der Auffassung und
Behandlung der nackten Gestalt des Isaak nicht die schöpferische Hand des grossen Meisters erkennt, der in der Pinakothek zu München den heiligen Laurentius gemalt hat, beides
Gestalten, die an Tiefe der Anschauung und Leichtigkeit des
Tractamentes so bedeutend über die Schöpfungskraft des
van Dyck hervorragen, weil diese mehr an die Hülfsmittel
gebunden den Mangel einer Energie verräth, die überhaupt
ausser dem Bereiche seiner Gefühlsweise liegt. Nicht minder
ist dies der Fall in Hinsicht des Nebensächlichen, wo sich
bei stilvoller Zusammenfassung der Localfarben, sowie in der
überaus phantasiereichen Auffassung unscheinbarer Kleinig-
keiten eine Sammlung des Geistes zu erkennen gibt, wie sie
in der flämischen Kunst nur einem Rubens eigen, dessen
Kunstinteresse hier am wenigsten erkaltet. Es ist kein Halm

und kein Blatt im ganzen Bilde zu sehen, in dessen Existenz sich nicht die Universalität der höchsten, freiesten Kunst bewahrheitete, wobei sich wieder eine Selbständigkeit zu erkennen gibt, die jene Fruchtbarkeit eines tiefen schöpferischen Geistes kennzeichnet, welche nur das Eigenthum der Naivetät der Meister erster Grösse ist.

Das ganze Kunstwerk ist eines von denjenigen, deren Weisheit viel zu umfangreich ist, als dass sie mit jenem Aufwand von Mitteln in's Leben treten sollte, die in der Feile ihres Ausdruckes so oft den Mangel an innerm Gehalte verdecken. Der Mangel solcher Feile, die stellenweise so bedeutsame Härte des primären Ausdruckes bekundet einen Stil, der, gleich dem der Bibel, nur dem tieferen Denker oder einem einfachen natürlichen Gemüthe zugänglich ist.

Rubens hat somit seine biblische Aufgabe wesentlich biblisch gelöst, indem er, ohne sich aus seiner Zeit zu entfernen, noch naiv zu sein wusste. Aber gerade diese Eigenschaft, welche den Hauptvorzug dieses Bildes ausmacht, scheint der Grund gewesen zu sein, dass man seine Bedeutung übersehen hat.

Von Andreas Stock, einem Schüler des Rubens, existirt nach diesem Bilde ein Stich, befindlich in dem Kupferstichkabinet der Pinakothek zu München, welcher eine ziemlich getreue Vorstellung gibt.

§. 21.

Van Dyck, Caspar de Krayer und die Nachahmer des Rubens.

Von allen Schülern des Rubens vermag keiner mit van Dyck in die Schranken zu treten. Das gilt nicht nur

von der gehaltvollen Darstellung der Erscheinung an sich,
sondern auch von seinen selbständigen historischen Bildern.
In Beziehung auf Rubens selbst fehlt es ihm jedoch an
umfassender Weltanschauung und Energie jener künstlerischen
Willenskraft, der bei Rubens eine ächte, kunstphilosophische
Bildung zur sichern Grundlage dient. Es wird dieses besonders bei denjenigen Werken bemerkbar, die eine Darlegung ursächlicher Lebensbedingungen erheischen. Die Bilder, in welchen er es seinem grossen Lehrer in dieser Beziehung gleich thun will, tragen zwar oft den Schein solcher
Werke desselben, aber genauer betrachtet bleiben sie bedeutend hinter denselben an geistigem Gehalt zurück. Der
mildern Sinnesweise des van Dyck sind die Vorwürfe gemässigter Gegenstände entsprechender.

Mehrfach hat van Dyck Rubenssche Bilder wiederholt, und der grössere Meister liess es geschehen, dass van
Dyck solche Bilder, seiner subjectiven Anschauung und Gefühlsweise gemäss, in Form und Farbe modificirte. Dem Besitzer solcher Bilder erwächst dadurch der Vortheil, dass er
in einer solchen Copie zugleich eine Art von Original erhält, das vom grossen Rubens gutgeheissen würde, der die
Eigenthümlichkeit seiner Schüler so gern schonte, um der
originellen Entwickelung derselben nicht hinderlich in den
Weg zu treten.

Solche freie Wiederholungen Rubensscher Bilder
durch van Dyck trifft man nicht selten in öffentlichen Galerien, die einen eben so interessanten, als instructiven Vergleich
beider grossen Meister gewähren, und ich selbst besitze deren
zwei: 1. die Madonna mit dem Papagei, wovon sich das
Original in Antwerpen befindet, und 2. ein Bachanal, das

sich von Rubens in der Esterhazyschen Sammlung
zu Wien befindet und von Soutmann gestochen existirt.
In dem ersteren sind nicht allein andere Individualitäten zum
Grund gelegt, die schon deutlich auf van Dyck hinweisen,
sondern auch das Ganze ist seinen Theilen nach entgegen-
gesetzt so dargestellt, wie sich das Original im Spiegel zeigen
würde. Das Colorit und das Beiwerkliche sind wesentlich
anders. Beides steht mit der Manier des van Dyck
im genauen Einklang. Einige Retouchen, besonders in dem
Landschaftlichen, scheinen von Rubens selbst herzurühren.
In gleicher Art verhält es sich mit der Darstellung des
Bachanals, das im Vergleich mit dem Original in Form
und Farbe bedeutend gemässigter ist.

Wenn man auch zu allen Zeiten die Werke eines
Rubens bewundert, so findet doch eine richtige Schätzung
derselben nur höchst selten statt. Die Ursache hiervon ist
hauptsächlich in den mannigfachen Abweichungen von der
Wirklichkeit zu suchen, die man so leicht als fehlerhaft betrachtet, während gerade hier der tiefere Natursinn mit
der grössten künstlerischen Feinheit erschlossen wird. So
haben Kunstforscher, welche über diesen Meister weit-
läuftige Abhandlungen, und überhaupt umfangreiche Werke
geschrieben, das Colorit eines Jordans dem des Rubens
vorgezogen, ein Beweis, wie schwach es mit der Urtheils-
kraft solcher Kunstkritiker bestellt ist, wenn man hiermit
vergleicht, was bereits in dieser Hinsicht oben erläutert
worden.

Wenn solche Irrthümer schon bei Kunstforschern vorkommen, um wie viel mehr bei denen, welche dem Fache
der Malerei ferner stehen. Es darf daher nicht befremden,

15 *

dass im Allgemeinen die Bilder von van Dyck gesuchter sind, als die des Rubens.

Wenn, wie bereits gezeigt worden, Rubens nicht selten sich in den Reflexen der Carnation des reinen Zinnobers bedient und weder dem unbefangenen naturalistischen Beschauer, noch dem Sachverständigen eine solche Färbung naturwidrig erscheint, so ist daraus zu ersehen, dass solcher Abweichung von der Wirklichkeit die Transponirung der correspondirenden übrigen Farben vollständig harmonisch gelungen sei. Hierzu ist ein hoher Grad von Kunst erforderlich, denn er schliesst die Erkenntniss der geistigen Ideen des Harmonischen in sich.

Dem van Dyck war diese Kunst, insofern sie sich analog auf alle Theile des ganzen Kunstgebietes erstreckt, nicht unbekannt. Das zeigt sich in der Anstelligkeit, mit welcher er es seinem grossen Lehrer gleichthun wollte. So besonders in zwei grossen Bildern der königlichen Galerie des Museums zu Berlin, vorstellend 1. die Verspottung Christi und 2. Johannes in der Wüste. Van Dyck ist hier von seiner Selbständigkeit abgewichen und nicht in einer so directen Beziehung zur Natur geblieben, wie es bei anderen kirchlichen Bildern seiner Hand ersichtlich ist. Aber ein Stil, wie er sich in den eben erwähnten Bildern zu erkennen geben will, erhält nur erst seine künstlerische Bedeutung, wenn mit ihm ein didaktischer Zweck verknüpft ist, wie ihn nur Rubens zu erreichen wusste, der sich dazu der ungefügigsten Mittel bediente, damit die Energie seines eben so richtigen, als geistvollen Wollens nur um so erkennbarer werde.

Dass Rubens, wie es heisst, dem van Dyck von der Historienmalerei abgerathen habe, ist mehr als wahrscheinlich, wenn man bedenkt, was Rubens in diesem Zweige der Kunst für Anforderungen stellte und was er selbst hierin geleistet hat. Jene schwachen Biographen, deren schon Erwähnung gethan worden, haben auch die Meinung der Feinde des Rubens verbreiten helfen, der grosse Meister habe das aus Neid gethan, eine Beschuldigung. die in Lebensbeschreibungen des siebzehnten Jahrhunderts über grosse Meister nicht selten vorkommt, obgleich, wie leicht zu ersehen war, ihre Quelle nur in den unlautersten Gerüchten bestand. Rubens erkannte die eigentliche Stärke des van Dyck nur zu wohl, und es ist sehr wahrscheinlich, dass man es seinem weisen und gesinnungsvollen Rathe zu danken hat. dass van Dyck dadurch die geistige Sammlung gewann, die ihn zu einem der grössten Portraitmaler machte.

Die Art und Weise, wie van Dyck einen historischen Stoff auffasste und tractirte, war seiner Selbständigkeit sehr gefährlich, da er diese besser der Natur unmittelbar gegenüber zu behaupten wusste. In verschiedenen Städten der Niederlande sind Kirchenbilder von van Dyck, die es deutlich erkennen lassen, dass der Rath, sich mehr auf das Bildnissfach zu legen, nur allzubegründet war. Diese Kirchenbilder sind ihrer ideellen Bedeutung nach so wenig entschieden und interessant. dass die erwähnten Berliner Bilder, in denen er den Rubens imitirt, diesen bedeutend vorzuziehen sind. Für den Mangel an Kirchenstil und religiöser Gesinnung wird man hier wenigstens durch eine Terminologie schadlos gehalten, welche die gewaltigen Ideen in einem wach rufen, womit der grosse Rubens den kirchlichen Stoff zu beherrschen weiss, den er in die reine Höhe der allgemeinen göttlichen Bedeutung erhebt, vor der sich alle Confessionen beugen müssen.

Wenn Rubens es sich angelegen sein liess, das bildnerische Vermögen van Dyck's auf die Offenbarung des geistigen Inhaltes der darzustellenden Erscheinung zu richten, so konnte es seinem Scharfblick nicht entgehen, dass die Productivität dieses Künstlers nur da am erspriesslichsten war, wo sie sich an einem wirklich Vorhandenen bethätigen konnte. Das Portraitfach wurde so die eigentliche Stärke van Dyck's, und indem Rubens seinen Schüler bis zu dem Standpunkte leitete, wo er es vermochte, den besondern Fall der Wirklichkeit zu seiner ihm inwohnenden geistigen Idee zu erheben, vergab er weder sich, noch seinem Schüler etwas und leistete der Kunst dadurch einen Dienst, dessen Grösse in einem anderen Kunstfache nicht gesteigert werden konnte; denn im ganzen Kunstfache ist dies der zu erzielende Höhepunkt, der durch einen geringeren Grad der Anstelligkeit in freier Ermessung der Idee bei van Dyck so leicht getrübt werden konnte.

Bei dem Zwecke, welchen Rubens in der künstlerischen Feststellung der Schönheitsbedingungen verfolgte, musste er oft in seinen Bildern, wie gezeigt worden, den Stil bedeutend über die darzustellende Natur vorherrschen lassen, weil nur so seine die Erscheinung commentirenden Ideen erkennbar wurden, was sowohl von der Form, als auch von der Farbe gilt. Vor Allem war es ihm darum zu thun, die Naturgeheimnisse und deren bildnerische Bedeutung so klar als möglich zu beleuchten und deren feines Mass so genau zu bestimmen, weil sie dadurch ja — eben Geheimnisse sind.

Van Dyck, dem es mehr darum zu thun war, der Natur

unbeschadet ihres geistigen Inhaltes so nah als möglich zu kommen, wozu eine mehr geschlossene Ausführung erforderlich ist, welche besonders im Portraitfach erheischt wurde, konnte in dieser Art nicht wohl dem Rubens folgen, da ohnehin seiner Naturanschauung eine ganz andere Sinnesweise zum Grunde lag, welche bereits durch seinen ersten Lehrer, Hendrik van Balen, so zweckmässig geregelt war, dass mit Rücksicht auf seine Individualität Rubens hierin keine Aenderung wünschen konnte. Denn so grossartig auch bei van Dyck das methodische Verfahren ist, die Natur aufzufassen, wovon man eine instructive Anschauung gewinnt, wenn man auch die Werke des Thiermalers Franz Snyders einer genauen Betrachtung unterwirft, da dieser, aus derselben Schule des van Balen hervorgegangen, dieselben Prinzipien verfolgt: zum künstlerisch Speculativem neigt van Dyck durchaus nicht.

Der Uebergang van Dyck's aus der Schule des van Balen zu der des Rubens ist in seinen Werken schwer oder gar nicht wahrzunehmen, woraus man erkennen kann, dass Rubens den bereits eingeschlagenen Kunstweg gut hiess. Jene Bilder, in denen sich van Dyck der Manier des Rubens so sehr nähert, sind daher nur als alleinstehende Versuche anzusehen.

Ein Bild, 798, befindlich in der Galerie des k. Museums zu Berlin, vorstellend Christus, Maria und deren Schwester Martha, das hier irrthümlich als ein Werk des Rubens aufgeführt wird, ist unzweifelhaft von van Dyck und ein schwacher Versuch dieses Meisters, es dem Rubens gleich zu thun. Dieses Bild, in welchem die Früchte, Gemüse und Geflügel von Franz Snyders gemalt sind, ist als eins zu betrachten, das van Dyck in der Schule des

Rubens, vielleicht als eine freie Wiederholung nach Rubens, vollführt hat; denn es gibt sich hier eine grosse Hinneigung zu der Manier dieses Meisters unverholen zu erkennen. Die Hülfsmittel aber, deren sich van Dyck bei der Vollführung dieses Bildes bedient, die Methode der Naturauffassung, das sanfte Tractament der Farben sind mit geringer Ausnahme noch ganz die aus seiner frühern Periode, zu der er später wieder entschiedener und für immer zurückkehrt, worin ihn Rubens bestärkt zu haben scheint, da sein Naturell mit der Manier des Rubens im Widerspruch stand.

In der Nationalgalerie zu Brüssel befinden sich zwei Bildnisse in colossaler Grösse, die dabei ungewöhnlich geschlossen ausgeführt sind, welche man dem Rubens zuschreibt, obgleich sie in der Methode der Behandlung und in der Färbung viel Uebereinstimmendes mit der Manier des van Dyck haben.

Vielleicht wollte Rubens durch diese Bilder die Manier des van Dyck in Schutz nehmen. welcher man den Vorwurf einer ungehörigen Pinselführung machte. Van Dyck stand mit seiner sanften Auffassungs- und Behandlungsweise der energischen Manier, welche von Rubens ausging, allerdings so ziemlich allein gegenüber. Im Ganzen strebte man in Flandern nach einer auf das Bestimmteste ausgesprochenen Manier, wobei man sich am zweckmässigsten des Borstpinsels bediente, während van Dyk, mit Behauptung seiner selbstständigern sanften Sinnesart, sich gelinderer Mittel bediente, einen geistigen Inhalt zu erzielen, von dessen Erreichung ja der Werth einer Manier immer erst abhängig ist. Deshalb ging van Dyck ruhig seinen eigenen Weg, so missgünstig er auch von Vielen seiner Kunstgenossen angesehen wurde.

Bei seiner biegsamen Anstelligkeit konnte er es, der Natur
gegenüber, nicht über sich gewinnen, bei Ausführung seiner
Bilder da aufzuhören, wo seinem scharfen Sinn sich noch so
viele feine Modificationen in Form und Farbe darboten, die
er durch die Eigenthümlichkeit seiner nachgiebigeren Mittel
festzuhalten wusste. Ihm war es nicht gegeben, in den
Zwischenräumen seiner Ausführung ein gedankliches Raisonne-
ment vorherrschen zu lassen; — er wollte nur der Natur
eigenstes Wort reden und liess diese selbst dafür verantwortlich sein, wenn man glaubte, dass man in solcher Weise
der künstlerischen Freiheit ihr Recht vergeben habe. Und
wirklich stellt sich bei genauerer Untersuchung heraus, dass
bei aller scheinbaren Treue einer enggeschlossenen Ausführung
die Lebensideen in den Bildern des van Dyck viel geklärter
sind, als sie die Wirklichkeit enthielt, nach welchen er sie
vollführt hat.

Van Dyck verfolgt die räthselhaften Tinten der Wirklichkeit mit unermüdlicher Treue und vermeidet einsichtsvoll eine
vorzeitige künstlerische Aenderung derselben, wie sie gemeiniglich bei den gleichzeitigen Künstlern üblich war, wohl wissend,
welche Naturberechtigung auch das Unklare hat, und wenn er
so zu den feinsten Resultaten eines lebensvollen Colorits in
der Carnation gelangte, so wollten doch seine Gegner dies nicht
gern zugestehen, die da sagten, er könne die Borste nicht
führen. Rubens selber erkannte aber das Grosse dieser
Auffassung seines Lieblingsschülers und begünstigte seine
Manier, mit der van Dyck einzig in der Kunstgeschichte
da steht. Seine Carnation, welche die feinsten Probleme der
Färbung enthält, schliesst ein Farbenmittel in sich, das bis
dahin in solcher ausgedehnten Anwendung in keiner Schule

anzutreffen ist; besonders ist es dem Farbensinn der Italiener zuwider. Es ist dieses Darstellungsmittel eine Art von Weinroth, womit er gewisse violette Tinten mischt, die bisher in der Malerei ihrer zweideutigen Natur wegen mehr gemieden, als respectirt wurden. Unter van Dyck's Hand verlor sich nicht nur der zweideutige Charakter dieser Tinten, sondern sie gewinnen dadurch, wie bei keinem andern Meister, ihre vollständige malerische Berechtigung.

Hatte Rubens bereits durch den Zinnober einen wesentlichen Bestandtheil für seine stilvolle Farbenscala erhalten, der seinen bildnerischen Zwecken so sehr zu statten kam, so kann mit dem Zusatze des van Dyckschen Weinrothes das ganze Bereich der Farbenmaterialien füglich als geschlossen betrachtet werden. Wussten doch beide Meister sehr wohl, dass mit dem Zusatze solcher Mittel an sich nach dem, was Tizian bereits Grosses im Colorit geleistet, nur noch wenig zu erlangen sei, was aber Bedeutendes hierin noch für alle Zeiten zu erreichen, mehr in der Enthüllung der dem Colorit zum Grunde liegenden unendlichen Ideen beruhe, welche durch Rubens eine kunstwissenschaftliche Beleuchtung, wie noch nie, erfahren haben.

Bei der Verwunderung, die Guido Reni über die blutgetreue Carnation des Rubens äussert, scheint dieser Meister im Ganzen wenig Lust gehabt zu haben, gleichfalls den Zinnober in Anwendung zu bringen, denn er hätte sein ganzes Stilverfahren umändern müssen, wenn er hätte das erreichen wollen, was Rubens damit erreicht hatte. Aber auch in den Niederlanden selbst beharrten deshalb noch lange Zeit andere Meister bei ihren einfachen Mitteln, womit sie ihre Bilder malten und damit Bedeutendes hervorzubringen wussten, weshalb es nicht an einzelnen Meistern fehlte, die, wie Jansen mit seinem Anhange, bemüht waren, die Neuerungen des Rubens, deren tiefere Bedeutung sie nicht erkannten oder nicht erkennen wollten, herabzusetzen.

Dergleichen Reibungen, die immer stattfinden, wenn bedeutende Männer selbständig ihren Weg gehen, werden denjenigen nicht befremden, der hierin ein Gesetz zu erblicken vermag, das in anderer Hinsicht nicht minder wohlthätig sein kann. Solcher Reibung hat man nicht selten geistige Funken zu danken, die geeignet sind, ganze Epochen zu beleuchten und dadurch die Nachwelt mit zu erhellen.

Wie bereits bemerkt, entging auch van Dyck den Anfeindungen gewisser künstlerischer Partheien nicht. Und wirklich steht van Dyck mit seiner Manier an der äussersten Grenze des Colorits, mit dem er die moderne Malerei einleitet, welche, durch sein enggeschlossenes Verfahren die Natur aufzufassen verleitet, allmälig die Naturidee völlig aus dem Auge verlor. Denn die Erkenntniss des van Dyck-schen Stiles schliesst die Erkenntniss jener feinen Naturideen in sich, die vornehmlich in der Art und Weise ihrer Verheimlichung zu suchen sind.

Mit wenigen Ausnahmen ist die überaus grosse Menge von Nachahmern des Rubens fast ungeniessbar, weil sie gemeiniglich vermeinen, in gewissen geistreichen Nachlässigkeiten und Andeutungen dasselbe gegeben zu haben, was der grosse Meister durch die klare Darlegung seiner Intentionen in Wirklichkeit zu geben wusste.

Die häufige Verwendung von Künstlern als Gehülfen bei umfangreichen Werken grosser Meister erscheint überhaupt für diese ersteren als nicht sonderlich förderlich. Das lässt sich nicht allein bei Rubens, sondern auch selbst bei Rafael wahrnehmen, indem der Schüler bei Ausführung fremder Entwürfe den erforderlichen Grad von Wärme der eigenen Empfindung einbüsst, der bei dem Produciren selbsteigener Werke so sehr erforderlich ist. Jenes Wenige, was zuletzt der Meister als belebendes Agens zu seinen Bildern hinzufügt, die durch Schüler bis zu einem gewissen Grade vollendet sind, wird von den Gehülfen nur selten nach seiner künstlerischen Bedeutung geschätzt, — ja gemeiniglich unterschätzt, weil es in seiner Trefflichkeit so oft das Geringe, was von diesen Gehülfen herrührt, mit in's Schlepptau nimmt und ihm eine Güte abnöthigt, die es an und für sich nicht hat. Der Meister gestaltet dergleichen nur um ein Weniges anders; — dass es aber dadurch um Vieles besser geworden, wird in seinen Ursachen, die in der geläuterten Gefühlsforderung des Meisters zum Theil ihren Grund haben, vom Schüler nicht erkannt.

Hieraus lässt sich die Leichtfertigkeit unselbständiger Gehülfen leicht erklären, und die Gesinnungslosigkeit, die man oft bei solchen Künstlern trifft, steht hiermit im Zusammenhang. Kehrten sich solche Künstler nicht häufig zum Bildnissfach, wo sie der Natur unmittelbar gegenüber gehalten sind, mit grösserer Gewissenhaftigkeit und Pietät zu verfahren, wenn etwas Genügendes in dieser Art hervorgebracht werden soll, das Uebel würde noch um Vieles schlimmer sein.

Ob nun van Dyck von Rubens gleichfalls als Gehülfe mit verwendet worden, habe ich aus Bildern selbst zur Zeit noch nicht ermitteln können. Keinenfalls ist dies bei der Selbständigkeit dieses Künstlers in einem umfangreichen Masse anzunehmen. Vielmehr scheint die Beihülfe desselben sich nur auf jene Wiederholungen zu erstrecken, deren ich bereits Erwähnung gethan habe, wo er unbeschadet seiner individuellen Anschauung, mit Festhaltung der allgemeineren Ideen, frei verfahren konnte, ein Fall, der sich in der Kunstgeschichte kaum wiederholen dürfte, wenigstens nicht so, dass sich darin ein so positives Prinzip aussprüche, wie bei Rubens, der, wie gezeigt, gleichfalls bei Wiederholung fremder Meisterwerke seine Selbständigkeit behauptete.

Indem Rubens seinem Schüler van Dyck gestattete, einzelne seiner Werke frei zu wiederholen, erkannte er dadurch zugleich die Reife desselben an und hielt es endlich somit an der Zeit, ihm zu einer Reise nach Italien zu rathen, was in solchem Falle mit weniger Gefahr verknüpft sein konnte, wie bei vielen seiner künstlerischen Landsleute, die, wie noch jetzt, oft schlechter aus diesem Lande zurückkehrten, als sie hingegangen waren.

Tizian und Paul Veronese wurden auch für van Dyck die Hauptleitsterne, wie sie es bereits für Rubens selbst waren.

Auch in Italien, wie bereits in seiner Heimath, scheint sich van Dyck im Ganzen von seinen künstlerischen Landsleuten entfernt gehalten zu haben, um ungestörter seinen eigenen Weg gehen zu können. Es zeigt sich wenigstens keine Spur davon, dass er sich in Rom in den daselbst bestehenden Künstlerverband hätte aufnehmen lassen, der meist aus niederländischen Künstlern bestand.

Als Portraitmaler auch in Italien bewundert, fehlte es ihm nicht an Bestellungen, die ihn mit den höchsten Ständen in eine fortwährende Beziehung brachten, wodurch sich bei ihm selbst ein gewisses aristokratisches Wesen nach und

nach festsetzte. Indessen ist aus dem grossen Umfang seiner Ikonographie, die meist aus Bildnissen niederländischer
Künstler seiner Zeit besteht, zu erschen, dass er gern
bereit war, fremdes Verdienst anzuerkennen, wenn es sich
auch mit dem seinigen nicht messen konnte.

Die Bildnisse dieser Ikonographie, welche van Dyck
in verschiedener Art nach dem Leben für den Stich gemalt
und gezeichnet hat, gehören zu dem Schönsten, was dieser
Künstler hervorgebracht hat. Die instructivste Anschauung
von dem überaus grossen Reichthum seiner ideenreichen
Phantasie erhält man daher, wenn man die von ihm selbst
radirten Bildnisse betrachtet, in welchen die geistvolle Bewegung der Nadel von der unendlich mannigfachen Gestaltung
der individuellen Wirklichkeit selbst geführt worden zu sein
scheint.

Der Rath des Rubens, dass van Dyck seine Schöpfungskraft hauptsächlich im Bildnissfache concentriren möchte, hat
so in Wahrheit die herrlichsten Früchte getragen, denn jene
Bildnisse stehen in ihrer Art einzig da. Dieser Rath, sowie
die vielfachen Bestellungen von Bildnissen, mögen der Grund
gewesen sein, dass van Dyck in Italien nur wenig historische
Bilder gemalt hat. Auch war seine Darstellung in diesem
Kunstzweige hier vielleicht nicht so ansprechend befunden
worden, da er in Historienbildern so oft die heroische Art
seines Lehrers in Anwendung brachte, die genau betrachtet
nur wenig mit seiner Eigenthümlichkeit im Einklang stand.
Seine Phantasie, die, wie eben gezeigt, so sehr bewunderungswürdig ist, wenn sie sich in directer Naturauffassung bethätigt, gelangte in freier Conception durchaus nicht zu der
Physiognomie, die man von einem historischen Werke zu

fordern gewohnt ist und die man in den Rubensschen
Bildern so grossartig ausgesprochen findet. So vortrefflich
mehrere Bildnisse von ihm, befindlich in der Sammlung des
Capitols zu Rom, sind, so schwach erscheint er repräsentirt
in einem historischen Bilde, vorstellend eine Pieta, befindlich
in der Galerie Borghese ebendaselbst. Eine freiere Art des
Vortrages, welche bei solchen Bildern unerlässlich ist, kostet
seiner wenig energischen Natur immer eine Art von Zwang.
Selbst bei mythologischen Vorwürfen sanftern Charakters, die
seinem Naturell bedeutend mehr zusagen, spürt er doch die
Nothwendigkeit, seiner Behandlung einen freiern Schwung zu
geben, als dies gemeiniglich bei seinen Portraitbildern der
Fall, wenn deren Umfang und figurenreiche Zusammenstellung
sich auch dadurch dem Historischen nähern. Jene Methode,
die er bereits in der Schule Hendrik's van Balen als
förderlich hat kennen lernen, besonders insofern sie stilvoll in breiten Lagen die Gesetze der künstlerischen Haltung
in sich schliesst, blickt in seinen freiern Compositionen mehr
oder weniger immer wieder durch und gibt somit ein cha-
rakteristisches Merkmal ab, wodurch sich seine Bilder von
denen der übrigen Schüler des Rubens wesentlich unterscheiden.

Ein historisches Bild, in welchem sich die Eigenthümlichkeit des van Dyck in möglichster Selbständigkeit zu erkennen gibt, enthält meine Sammlung in $^2/_3$ lebensgrossen
Figuren, vorstellend: Hero und Leander. Wenn dieses
Werk in der ganzen Art der Conception unverkennbar auf
die Schule des Rubens hinweist, so gewinnt man doch bald
die Ueberzeugung, dass man es hier mit keinem andern
Meister, als mit van Dyck zu thun haben kann. Dies

beweist nicht nur die obenerwähnte Methode, die Behandlung und eigenthümliche Färbung mit ihren weinrothen
Tinten der Carnation und deren sanfte Vertreibung, sondern auch insbesondere die Auffassung der Individualitäten,
die in den beiden Hauptfiguren die Gesichtszüge der Gemahlin
des Rubens und die des van Dyck selbst erkennen
lassen, der bekanntlich zu der ersteren eine stille Neigung
gefasst haben soll.

In diesem Werke zeigt van Dyck vorzugsweise, dass
der Stil und Vortrag in einem historischen Bilde ein anderer
sein müsse, als im Bildniss, und wenn demgemäss die Ausführung weniger geschlossen ist, um mit mehr Nachdruck die
Hauptpointen des Vorwurfes in's Leben treten lassen zu können, so kam es ihm hierbei besonders zu statten, dass er
viele Stellen, welche er gleich prima vollführte, einsichtsvoll
zu schonen wusste und durch verstärkten Farbenauftrag eine
lebensvolle Wirkung erzielte, die besonders eine feine Charakteristik zum klaren Ausdruck brachte.

Im Ganzen macht sich bereits ein gewisser Einfluss des
Paul Veronese in diesem Bilde bemerkbar, der sich aus
der directen Anschauung der Werke dieses Meisters herleitet,
und wenn mit Rücksicht auf seine ungewöhnliche Selbständigkeit dieser Einfluss auf die italienische Periode des Künstlers hinweist, so erhält es durch die Wahl und Behandlung
des Vorwurfs den Anschein, als hätte van Dyck dadurch
dem sehnsüchtigen Gefühle nach der Heimath, wo er in dem
Hause des Rubens so viel Liebes und Gutes erfahren, einen
stillen Ausdruck gegeben.

Leander, in welchem sich, wie bemerkt, der Künstler
selber dargestellt, hat eben den Hellespont durchschwommen.

Mit liebender Hingebung liegt er der Hero zu Füssen,
die im Begriff steht, ihn sorglich mit ihrem Mantel zu bedecken. Die Zusammenstellung beider jugendlich aufgefasster
Gestalten ist weniger angenehm, als wahr und charakteristisch. Wie Rubens, vermeidet van Dyck hier jeden
Schein einer künstlerischen Absicht, um dem Zufälligen gerecht zu werden, dessen natürliche Bedeutung zur psychologischen Erforschung weit erspriesslicher, als die Schaustellung angenehmer Gliedmassen ist, wodurch die Kunst um
jene Zeit so oft vermeinte, der Schönheit besser Rechnung
tragen zu können.

Die Art und Weise, wie van Dyck das ganze aus
vier Figuren bestehende Bild componirt hat, gibt zu erkennen,
dass er in Anwendung der Prinzipien seines Lehrers, was
diesen Punkt betrifft, fast zu weit gegangen ist. Es zeigt
sich dieses auch bei dem in der Luft schwebenden Eros,
dessen rechtes Unterbein so verkürzt ist, dass sich der Fuss
fast unmittelbar an den Oberschenkel ansetzt.

Bekanntlich fanden die Zusammenkünfte beider Liebenden
während der Nacht statt, da deren Eltern in Feindschaft
mit einander standen. Van Dyck ist hiervon insofern abgewichen, dass er durch den Eros die Nacht in Tag verwandeln
liess, damit er durch die schroffen Gegensätze, welche eine
Nachtbeleuchtung hervorbringt, in der Darstellung seines
feinen Colorits nicht behindert wurde. Ihm genügte es, durch
ein Feuerzeichen am Schlossthurm, das dem Leander als Ziel-
punkt diente, die Nacht angedeutet zu haben. Die brennende Fackel, welche die die Hero begleitende Wärterin
in Händen trägt, stellt diese Tageszeit ausser Zweifel.

In Composition, Charakteristik, Farbe und Behandlung

ist dieses Werk als eines zu bezeichnen, in welchem die Eigenthümlichkeit des van Dyck auf das Instructivste vertreten ist. Besonders trefflich ist die jungfräuliche Schüchternheit der Hero aufgefasst, eine Eigenthümlichkeit, welche bei der strotzenden Fülle, die den Formen der Rubensschen Schule sonst eigen ist, nur selten zur Erscheinung kommt.

Ich habe oben bereits berührt, dass Rubens trotz seiner Grösse als Künstler und seiner Vortrefflichkeit als Mensch von gehässigen Angriffen der Gegenparthei nicht verschont geblieben ist, ein Loos, das mehr oder weniger jeden grossen Künstler trifft, wenn er auch, wie es bei Rubens der Fall, die grösste moralische Gesinnung hegt und die Erhabenheit des Charakters besitzt, alles das unbeachtet zu lassen, was ihn als Mensch und als Künstler nicht fördern kann.

Jene Partheiführer, welche sich unterfingen, mit ihm in der Kunst zu wetteifern, nehmen, nachdem nun die Geschichte über sie gerichtet hat, eine bedeutend geringere Stelle, wie dieser Heros der Kunst ein, kaum dass man sich noch angelegen sein lässt, ihre Werke für öffentliche Galerien zu erwerben, da sie nur selten der Natur durch ihre Kunst eine neue Seite abzugewinnen wissen, während Rubens in seinen Darstellungen unendlich, wie sie selbst, ist.

Selbst der grösste Theil von Rubens eigenen Schülern und Gehülfen ist aus gleichem Grunde einer gleichen Geringschätzung anheimgefallen. Man ist daher sehr leicht bei der Hand, solche Werke seiner Schüler, in welchen sich eine ungewöhnliche Pietät und tiefere Versenkung in die Natur des Gegenstandes findet und welche die äusseren Merkmale der Rubensschen Manier tragen, für Werke dieses grossen Meisters zu halten, wenn man nicht im Stande ist, in den bild-

nerischen Sinn des Ausdruckes einer wirklichen universellen
Anschauung einzudringen. Denn eine Geschicklichkeit und
Virtuosität mag noch so gross sein: sie vermag nicht zu einer
höhern geistigen Wirkung zu gelangen, wenn nicht hinter
jedem Strich der Ausführung die ganze schöpferische Macht
der geistigen Idee verborgen ist, durch welche nur ein bevor-
zugtes Genie sich bei Allem und Jedem leiten lässt. Schon
die Werke eines van Dyck lassen dieses am deutlichsten
da erkennen, wo sich dieser Künstler einer freiern Conception überlässt, und es wäre dieses Verhältniss ein viel schlim-
meres geworden, wenn Rubens auch mit diesem seinem
Schüler gleichwie mit den übrigen verfahren wäre, in denen
er nicht viel mehr, als nur untergeordnete Geister entdecken
konnte, welche sich von ihm als willige Werkzeuge bei seinen
Arbeiten gebrauchen liessen.

Was indessen auch eine Geschicklichkeit vermag, wenn
sie aus der Schule eines solchen Meisters hervorgegangen,
das sieht man erst bei solchen Bildern, bei denen das Verhältniss zur Natur ein directeres ist; — erst da, wo es sich
um die Auffassung einer Wirklichkeit handelt, wo der Künstler mehr sich selbst genügt und nicht im Hinblick auf den
grossen Meister durch geistreiche Zeichen und Andeutungen
vermeint, es ihm gleich gethan zu haben, wird es einem klar,
was auch solche Schüler vermögen, wenn sie auch nicht zu
der Selbständigkeit eines van Dyck gelangt sind.

Nächst van Dyck verdient kein Meister der niederländischen Schule so sehr hier in nähern Betracht gezogen
zu werden, wie Caspar de Crayer, wenn es sich von
solchen Künstlern handelt, die unter dem Einfluss des Rubens
hervorgegangen sind. In der Reife der künstlerischen Bil-

16*

dung, die Caspar de Crayer in der Schule des Rafael
Coexi erlangte, war dieser Meister von der Schönheit der
Werke des Rubens und des van Dyck so hingerissen,
dass er sich wenig um die Kunststreitigkeiten in Antwerpen
kümmerte und nur bemüht war, die Vorzüge dieser beiden
Meister sich möglichst zu eigen zu machen.

Ein treffliches Werk seiner Hand von grosser Ausdehnung, vorstellend die heilige Jungfrau, welche von vielen Heiligen umgeben, mit dem Scepter in der Hand auf einem
Throne sitzt und auf dem Schoose das stehende Jesuskind hält.
Dieses figurenreiche Bild, auf welchem sich der Künstler
selbst mit seiner Familie abgebildet, befindet sich in der
Galerie der Pinakothek in München und liefert wohl
am anschaulichsten den Beweis seiner wahren Gediegenheit. Es
gibt zugleich den lehrreichen Fingerzeig, welch einen reichen
Quell Rubens denjenigen Künstlern bietet, die bei reiner
Gesinnung nur dahin trachten, sich den geistigen Inhalt
seiner Werke zu Nutze zu machen und ihn möglichst selbständig zu erreichen suchen.

Die strotzende Lebensfülle, welche Rubens in so sinn-
reicher Weise seinen Bildern zu geben weiss, ist von de
Crayer hier in ruhiger, wohlbedachter Sammlung auf ein
Mass gebracht, das der stillen Beschaulichkeit der in einem
grossen Charakter vorgeführten Heiligen entsprechend ist.
Es kann zum Beweise dienen, in welchem Grade Caspar
de Crayer in den bildnerischen Sinn des Rubens eingedrungen, dass man diesem Werke anfühlt: so würde Rubens
ohngefähr selbst gemalt haben, wenn er eine derartige Aufgabe mehr christlich, als welthistorisch gefasst hätte. Bei
solchem Unterschiede musste die ganze Behandlung und

Ausführung de Crayer's eine geschlossenere sein. Die dadurch entstandene Einbusse tiefgreifender malerischer Ideen kommt dem vorgestellten Gegenstande zu Gute, insofern sein Hauptzweck die christliche Erbauung ist. Durch die ruhige geistige Sammlung, mit welcher hier die Aufgabe gefasst ist, geht de Crayer zugleich mit Pietät dem gewaltigen Meister aus dem Wege. der es vermag, durch den geistigen Impuls jene einheitliche Erregung der Gestalten hervorzubringen, die lebensvoll dem zugekehrt sind, von dem sie ausgegangen —, dem göttlichen Geist, dem alle Confessionen in ihrer Weise huldigen. Aber der Genius eines so freien universellen Schaffens ist nur ein selbsteigener, und keine Lehre vermag es, ihn Andern mitzutheilen. Der durchdringende Blick des Rubens erkannte die bestimmte Grenze, welche dem Genie des van Dyck gezogen war. Was van Dyck auch Bewunderungswerthes in kirchlichen Bildern hervorgebracht hat: ihm fehlte die andächtige Gesinnung, die solche Gegenstände mit erforderlicher Wärme durchdringt, und sein Geist war nicht umfassend genug, die hohe Bedeutung der Gesinnung zu erkennen, in deren schöpferischer Kraft das Göttliche zum ungetrübten Ausdruck kommt. Van Dyck wird deshalb von Caspar de Crayer in diesem Theile der Kunst in dem obigen Bilde an Feier und Würde übertroffen.

Gleichwohl strebte de Crayer darnach, sich die anderweitigen vortrefflichen künstlerischen Eigenschaften des van Dyck zu eigen zu machen. Namentlich sagte seiner mehr geschlossenen Ausführung die Färbung des van Dyck zu, wenn seine Vorwürfe nicht einen strengeren Stil erheischten. So nah er sich indessen auch der Manier des van Dyck

bei selbständiger Anschauung der Natur anzuschliessen wusste:
die Leichtigkeit des Vortrages, die geistvolle Behandlung und
den Zauber seiner Harmonieen, die er so oft aus natürlichen
Dissonanzen herleitet, wusste er nicht zu erreichen.

§. 22.

Rembrandt im Verhältniss zu seinen Schülern.

In der Schule des Rembrandt walten in der Historienmalerei ähnliche Verhältnisse unter seinen Schülern, wie in der
des Rubens ob, doch ist die Unterscheidung derselben
vor ihrem Lehrer nicht so schwierig, obgleich sie fast
alle Nachahmer des Rembrandt sind, weil zur Auffassung
seiner Originalität mehr Ebenbürtigkeit, wie bei andern
Meistern gehört, deren Naturauffassung allgemeiner ist.
Ihnen geht meistens der Adel des künstlerischen Gefühles
ab, der in den Werken des Rembrandt so oft übersehen wird,
da er in ihnen oft die hässlichen Formen zum Grunde legt,
seine künstlerischen Zwecke zu erreichen, deren Auffassung
solchem Gefühle zu widersprechen scheint.

Von dem überaus innigen Interesse, mit welchem sich
Rembrandt der Natur zuwendet, und von der Gewissenhaftigkeit, mit der er ihre Ideen verfolgt, findet man unter
seinen Nachahmern kaum eine Spur, da selbst ihre Naivetät
oft etwas äusserlich von ihrem grossen Lehrer Angenommenes
ist und daher der selbständigen Fruchtbarkeit ermangelt.

Es ist eine Consequenz der Rembrandt'schen Naivetät, dass er kein Bedenken trägt, den historischen Vorwurf
der Vorzeit fast genreartig mit den Zeichen seiner eigenen

Zeit zu vergegenwärtigen; denn was er durch eine strengere Treue des Zeitüblichen in seinen Kunstwerken gewinnen könnte, erschien ihm gegen den tieferen Lebenssinn des Wesens der Erscheinung, den er zu offenbaren trachtet, viel zu unerheblich, als dass er sich damit aufhalten sollte. Das Nächste erscheint ihm zweckmässig genug, damit das Entfernte auszudrücken. wenn es wesentlich doch ein und dasselbe ist. Ihm genügte es, die biblische Geschichte mit Modellen seiner Zeit zu tractiren, die ihm durch jüdische Auswanderer im reichen Masse geboten waren, welche, aus Portugal vertrieben, in Holland ein Asyl fanden. Der geniale Meister wusste ihnen nach Gutdünken eine orientalische Kleidung anzupassen, wie sie zu seiner Zeit üblich war.

Rembrandt hat durch gemeine Mittel keinesweges Gemeines gegeben. Mit Ernst und Würde wusste er das Gemeine zur lauteren Idee zu erheben und gibt an Schönheit, mit der er so den geschichtlichen Vorwurf zur bedeutsamen Anschauung bringt. den grössten Meistern nichts nach. Um dies einzusehen, ist freilich erforderlich, dass man erkenne, wie weit bei allem Anschluss an die individuelle Wahrheit, im Interesse ächter Schönheit, sich Rembrandt von einer gemeinen Wirklichkeit entfernt zu halten weiss.

Wenn man auch die Grösse Rembrandt's immer gespürt hat, so ist doch kein Meister nächst Rubens so oft verkannt und missverstanden worden, wie dieser. Eine Menge Abhandlungen über ihn von sogenannten Kennern beweisen das zur Genüge, und noch vor Kurzem hat Herr von Quant keine unerhebliche Probe davon abgelegt.

Dass Rembrandt das Wesen der Formen wohl versteht, wenn er auch die angenehmen und edelen Formen für seine Zwecke nicht geeignet findet, darüber kann bei denjenigen kein Zweifel obwalten, die in seinen Werken zu erkennen vermögen, dass seine tiefgeistigen, umfangreichen künstlerischen Zurüstungen hauptsächlich dahin gerichtet sind, dem Sinne eines wesentlich completen Daseins gerecht zu werden. Man betrachte nur sein berühmtes Bild, die Anatomie im Haag, und das der Nachtwache in Amsterdam, vieler andern Werke von ihm zu geschweigen, um zu der Ueberzeugung zu gelangen, dass es mit seinen elementaren Formverstössen, die nur der zuerst in's Auge fasst, der für den weiten Umfang seiner Naturauffassung keinen Sinn hat, eine andere Bewandtniss haben müsse, als man in der Regel annimmt. Der universelle Umfang seines ächt künstlerischen Wollens und Vermögens erscheint demjenigen, der diesen Meister gründlich studirt, viel zu gewaltig, als dass er dieses Original-Genie mit dem gewöhnlichen Masstabe messen sollte.

Auf dem Wege der gewissenhaftesten Ausführung seiner Naturstudien hat Rembrandt die Freiheit erlangt, die zum ächt künstlerischen Schaffen so erforderlich ist. Bei einer Phantasie, die des realen Haltes nicht ermangelt, konnte ein solcher Meister es schon unternehmen, im Verfolg tiefgreifender Ideen, die ihn begeisterten, sich dieser Phantasie frei hinzugeben, um so mehr, als viele seiner Werke es darthun, dass ihm eine eben so seltene, wie scharfe Selbstkritik eigen ist.

Wie Rembrandt schon in der äusserlichen Auffassung seiner historischen Bilder zeigt, dass es ihm nur wenig auf Unwesentliches oder Zufälliges ankommt, wenn es nicht bestimmend auf das Wesentliche mit einwirkt, so konnten ihn auch gewisse elementare Verstösse nicht behindern, seinen weiten Weg nach dem Wichtigern zu verfolgen, dem er mit um so grösserem Eifer sich zuwendet und ihm eine Ausführung zu Theil werden lässt, deren Grad zugleich den Grad dieser Wichtigkeit bestimmt. Jene Verstösse zeigen demgemäss, dass der Beschauer die Pointe der künstlerischen Aufgabe nicht in ihnen, sondern da zu suchen habe, wo Geist und Empfindung sich in grösserer Präcision zu sammeln beginnen, um endlich in die von ihm erreichte Schönheit aufzugeben, die demjenigen, welcher sie zu erkennen vermag, die Mängel kaum gewahr werden lässt, welche Rembrandt selbst mit Absicht nicht beseitigt, damit dies Genetische seines Kunstwerkes in seinem Gedanken- und Empfindungsgang nur um desto anschaulicher werde. Das besonders ist auch der Grund, weswegen er seine Farben nicht vertreibt, sondern sie so nach dem geistigen Geheiss des Gesehenen neben und auf einander fügt, dass seine Bilder sich als reine Prozesse darstellen, welche das denkende und fühlende Subject mit dem Object direct eingegangen ist. Deshalb bedient sich auch Rembrandt meist sehr körperlicher Farben und des Borstpinsels, die Klangfiguren seines erkennenden, weitumfassenden, durch ein Bestimmtes angeregten Geistes empfindungsvoll und erkennbar so zu formiren, dass das künstlerisch so aufgefasste Dasein der Erscheinung sich in seinen Ursachen und Folgen als eine lebensvolle That kundgibt, in der sich ihr selbständiges Wesen ideenreich erledigt, was eben ihre Schönheit ausmacht.

Es geht hieraus hervor, dass Rembrandt's Verstösse oder Mängel, von welchen eine schwache Kritik nicht loskommen kann, genau betrachtet eigentlich integrirende Theile seiner Grösse sind. Denn sie sind demjenigen, der sich einsichtsvoll der Führung dieses wunderbaren Meisters überlässt, nichts Anderes, als Schwellen, welche zur heiligen Tiefe leiten, die von ihm, im Drange der geistigen Offenbarung, nur flüchtig berührt werden, um im andachtsvollen Eifer zum Throne der Schönheit zu gelangen.

Wenn Rembrandt vermag, durch eine sehr beschränkte Anzahl von Farben in seinen Bildern das ganze Gebiet von Farben ideell zu erschöpfen, so bewirkt er das dadurch, dass seine Behandlung seinem reinen Gefühl, in welchem die tiefste Erkenntniss aufgeht, dienstbar ist. Das beweisen einzelne Bilder von ihm, die grau in grau gemalt sind, ja selbst aus seinen Radirungen geht hervor, dass er die Lebenselemente der Farbe und ihre Bedingungen so in sich aufgenommen, dass man sie ihrem Wesen nach nirgends vermisst. Denn die Forderung seines ächten Kunstgefühls ist immer die, dass das Kunstwerk seiner geistigen Wirkung nach dem wirklichen Leben identisch sei, dessen Trübung durch das Zufällige für ihn kein Hinderniss ist, seine Ideen so zu erkennen, dass sich alle wesentliche Consequenzen, wozu auch die feinste Lebensäusserung der Farbe gehört, von selbst ergeben.

Dieses letztere Geheimniss seiner Kunst ist nicht in der Behandlung der Tinten allein zu suchen, sondern beruht hauptsächlich in dem entsprechendsten Grade des materiellen Auftrages der Farbe selbst, den er so gestaltet und betont, bis seine durch die Kunst geläuterte Empfindung die erforderliche Befriedigung erhält. Diese Befriedigung steht so in Uebereinstimmung mit dem wesentlichen Sein, dass seine Werke im reinsten Strahl der Wahrheit glänzen.

Die Kluft, welche Rembrandt von seinen Schülern trennt, ist ganz besonders dadurch eine so grosse, dass seine Schüler, wie schon bemerkt, mehr oder weniger seine Nachahmer sind, ihnen daher die Originalität abgeht, welche ein Haupterforderniss ist, wenn sich das Verhältniss des Bildners zur darzustellenden Natur als ein reines darstellen soll, durch welches erst neue Wahrheiten erwachsen. Da somit diese Nachahmer, welche mit mehr oder weniger Geschick von der Kunst des Rembrandt zehren, nur wenig Interessantes bieten, wenn sie sich nicht in unmittelbarer Beziehung zur Natur befinden, so wird es genügen, hier nur des Gebrandt van der Eckhout zu erwähnen, der ihm unter allen Nachahmern am nächsten steht.

Jene Mängel, wie sie oft in der Zeichnung bei Rembrandt vorkommen, hat auch Eckhout; da sie aber bei diesem sonst nicht unbedeutenden Meister nicht den Sinn haben, genetisch nach dem Wichtigern hinzuleiten, so wird dadurch der Werth seiner Kunstwerke nicht wenig beeinträchtigt, und besonders hierdurch stellt sich der Unterschied beider Meister, die nicht selten durch ihre gleiche Scheinbarkeit mit einander verwechselt werden, heraus.

Aber auch die Art der Ausführung und der Färbung ist bei Gebrandt van der Eckhout geschlossener und schwerfälliger und ermangelt des inneren Reichthumes, wie ihn die Universalität des Rembrandt gewährt. Das gesteigerte Interesse, welches Eckhout seinen Bildern manchmal gibt, ist genau betrachtet nur ein äusserliches und theilweises, was bei Rembrandt eben deshalb nicht vorkommt, weil er Alles durch Alles ist und sein will. So wenig er auch manchmal seine Kunstwerke ausführt, sie können daher auch nie Skizzen genannt werden; denn sein schöpferischer Geist lässt es nicht zu, sich für anderweitige künstlerische Zwecke einer grössern Ausführung mit blossen Andeutungen skizzenhaft zu begnügen. Er versenkt sich sogleich in die Tiefen der Natur und kann sich nicht eher von seinen Werken trennen, bis er die Auffassung eines gewissen Natursinnes mit der ganzen Macht seines weitumfassenden Genies zu einem Schluss gebracht hat, der diesen Sinn auf das Prägnanteste zur Anschauung bringt.

Die Manier Rembrandt's läuft geistig mit den kosmischen Verhältnissen parallel, daher ist er für seine Nachahmer fast eben so ergiebig, wie die Wirklichkeit selbst. Aber der geschickteste Nachahmer bleibt immer Nachahmer; er beweist dies eben dadurch, dass er das erforderliche Genie nicht besitzt, die Wirklichkeit künstlerisch selbständig aufzufassen. Er sieht mit den Augen Anderer, die mit einem höhern Geiste zu sehen begabt sind, ohne zu wissen, dass hierzu ein eben solcher Geist erforderlich ist, um in die lebensvolle Tiefe des Gesehenen zu gelangen. Die hieraus entstehenden Consequenzen und Inconsequenzen sind aber doch der Beachtung werth, da sich gerade hier ein weites Feld eröffnet, in welchem man nach und nach eine Menge von Unterschieden entdeckt, die man kennen muss, um einen Meister mit Sicherheit bestimmen zu können.

Wenn dem Denk- und Empfindungsgang eines so grossen Meisters, wie Rembrandt, auch im besten Falle anscheinend genügt ist: immer fehlt dem Nachahmer die grossartige Gesinnung, die sich in der Manier eines solchen Meisters ausspricht, wodurch selbst das zufällig Hässliche geadelt erscheint. Bis zu solchem Grade der Unterscheidung muss man gelangt sein, dann wird ein einziger Blick hinreichen, das, was sich anmasslich als ein Aechtes geben will, sogleich als ein Falsches zu erkennen.

Rembrandt hat auch mehrfach historische Bilder in lebensgrossen, ja in colossalen ganzen Figuren gemalt und sein grosses Genie auch hier bewährt. Ein solches Bild befindet sich in der kurfürstlichen Galerie zu Cassel. und stellt die Blendung Simsons durch die Philister vor. Simson ist hinterlistig durch die letztern bewältigt und zu Boden geworfen. Man hört und sieht seinen Schmerz, wie man ihm die Augen aussticht; nicht nur in der Art und Weise der Bewegung seiner eigenen Gliedmassen, sondern auch in den Stellungen und Bewegungen der Philister gibt sich dieses und die ausserordentliche Handlung auf das Charakteristischste kund. Man erkennt ganz deutlich, dass es den Philistern sicher nicht gelungen wäre, den Simson lediglich durch eigene Kraft zu besiegen, obschon Rembrandt weise genug war, diese Kraft als nicht gering darzustellen. Mit eben der Sicherheit eines ächt künstlerischen Wollens hat er die Klippe des Lächerlichen vermieden, die bei Auffassung der Geberden der Philister so nahe lag. Das Ganze ist mit rüstigem Geiste in der ergreifendsten Wahrheit dargestellt und der nicht unbedeutende Raum der Bildfläche mit einer eben so weitumfassenden Uebersicht behandelt, als man sie so oft Gelegenheit hat in seinen bedeutend kleinern Bildern zu bewundern. Dieses grossartige Kunstwerk ist in jeder Hinsicht von der strotzendsten Gesundheit und einer dramatischen Wirkung, die in Hinsicht der ergreifenden lebendigen Gewalt selbst einem Rubens nichts nachgibt. —

So weit auch selbst seine besten Schüler ihm in der

Conception historischer Vorwürfe nachstehen: das Princip
einer ächt malerischen Auffassung, das seiner ganzen Schule
eigen ist und mehr die Schönheit, als die dramatischen
Möglichkeiten zum Zweck hat, welche so oft den Vorwurf
unnütz belasten, ohne seine historische Idee zu fördern, lässt
auch bei seinen Schülern keine wesentlichen Verstösse gegen
die historische Idee aufkommen, vielmehr erwachsen hieraus
häufig jene erwähnten naiven Züge, die dem rein Menschlichen, auf welches Rembrandt, gleich Rubens, auch das
Biblische zurückgeführt, dadurch zu Gute kommen, dass es
seiner Urbedeutung näher gebracht wird.

Bei den didaktischen Zwecken, wie sie nächst Rubens
Rembrandt verfolgt, darf es nicht befremden, dass eigentliche Genrebilder von seiner Hand nicht existiren. Dieses
Fach ist einestheils zu particularistisch, anderntheils erheischt es im engen Anschluss an die individuelle Wahrheit
eine Ausführung, in welcher die Wahrheiten, über welche
eine künstlerische Belehrung durch Rembrandt geboten
wird, in möglichst natürlichstem Grade verheimlicht sind.

Aber gleichwohl sind Rembrandt's Bilder so vollführt, dass auch der Genremaler durch ihn die Principien
erläutert findet, die die Genremalerei zu beobachten hat,
wenn sie sich zur Höhe einer ächten Kunst erheben soll.

Die überaus sorgfältig ausgeführten Bilder des trefflichen
Genremalers Gerard Dow zeigen, dass genau betrachtet
sich in den Werken dieses Meisters keine Wahrheit findet,
die nicht auch bereits durch Rembrandt's Bilder erläutert
worden wäre. Die Selbständigkeit Dow's beruht nur darin,
dass er viele dieser Wahrheiten, ihrer hohen Bedeutung
nach, im möglichst kleinsten Raume mit der grösstmöglichen

Ausführung darstellt und durch dieses Verhältniss dieser Bedeutung eine neue Seite abzugewinnen weiss.

Sehr bemerkenswerth sind zwei ungewöhnlich kleine Bilder von Rembrandt in der Galerie des königlichen Museums zu Berlin. Das erste stellt unter 805 den blinden Tobias vor, der in seinem Hause bei einem Feuer sitzt und seiner Frau befiehlt, die Ziege, welche sie gebracht, dem Eigenthümer zurückzustellen; das andere unter 806 Joseph, Maria und das schlafende Christkind. Dem erstern erscheint der Engel in einem Lichtglanze und befiehlt ihm die Flucht nach Aegypten. Diese beiden kleinen Bilder, die gleichwohl sehr grossartig ausgeführt sind, beweisen das eben Gesagte nicht allein auf instructive Weise, sondern zeigen auch, wenn sie zur Grundlage für grössere Bilder gedient haben, dass sie zugleich als selbständige Kunstwerke gelten können, wenn sie auch den mit einer gewissen Sorgfalt angebrachten Namen des grossen Meisters nicht trügen.

Rembrandt ist bei Ausführung seiner Bilder im höchsten Grade malerisch und findet dafür in dem Helldunkel des geschlossenen Raumes die ergiebigste Quelle. Wenn er auch so Vieles in seine Werke hineinsieht, was die Natur zurückhaltender zeigt, so dient diese seine Uebertreibung, wie bei Rubens, nur in anderen Punkten zur Verdeutlichung gewisser Naturgeheimnisse, deren Sinn er malerisch erledigt, ohne doch diese Geheimnisse als solche anzutasten.

Es leuchtet ein, dass es ihm hierin kein Anderer zu Danke machen konnte, auch selbst in der Untermalung nicht; denn diese ist bei ihm der Art, dass er sie mehr oder weniger blosslegt, den genetischen Gang seiner Ausführung erkennen zu lassen. Hieraus geht hervor, dass Rembrandt für seine Bilder keine Gehülfen haben konnte. Mit Rücksicht hierauf ist anzunehmen, dass er eben so productiv in seiner Kunst war, wie Rubens; denn einem Meister von seiner Grösse ist das künstlerische Schaffen dringendes Bedürfniss, und seine strenge Selbstkritik, wodurch er eben diese Grösse erlangt und Alles, was er bildet, zu schätzen weiss, lässt ihn nichts umsonst thun. In Letzterem ist hauptsächlich der Grund zu suchen. dass solche Meister ihre Bilder in unglaublich kurzer Zeit vollführen, selbst wenn sie sehr speciell vollendet sind. Ein richtiges Wollen kommt immer auf dem kürzesten Wege zum Ziele.

§. 23.

Frans Hals und seine Schüler.

In den Werken des Bildnissmalers Frans Hals zeigt sich ein dem Rembrandt verwandtes Streben, wenn auch die Beleuchtung seiner Bilder mehr eine zufällige als geschlossene ist. Ohne Zweifel würde diese Verwandtschaft, namentlich bei seinen kleineren Bildnissen, mehr in die Augen springen, wenn er sie in einem solchen Helldunkel behandelt hätte, wie Rembrandt.

Ueber die persönlichen Beziehungen beider Meister zu einander ist nichts bekannt, und es wird nur angegeben, dass Carl von Mander der Aeltere der Lehrer des Frans Hals gewesen sei. obgleich aus der bedeutenden Selbständigkeit des Letzteren sich dieses nicht erkennen lässt.

Die lebensgrossen Bildnisse des Hals sind nach einem grossen Gesetze aufgefasst, in welchem sich die einzelnen

Wahrheiten, welche dieses Gesetz einheitlich in sich fasst, nach dem Grade ihrer Wichtigkeit auf kunstvolle anschauliche Art kategorienweise unterordnen, und so macht sich auch bei diesem Meister wieder ein didaktisches Element bemerkbar, das im siebzehnten Jahrhundert in den Niederlanden immer mehr oder weniger zu Tage tritt, wenn die Auffassung eine frei malerische ist, wie es bei diesem Meister im hohen Grade der Fall.

Jenes grosse Gesetz, welches das Verhältniss der wichtigsten Punkte der Erscheinung umschliesst, die als solche in der Wirklichkeit schwierig zu erkennen sind, tritt in seinen Bildern in einer Weise hervor, die oft wahrhaft überraschend ist, weil es in der Natur durch den Einfluss des Zufälligen behindert ist, zu seiner ursprünglichen Geltung zu gelangen, und da Frans Hals die diesem grossen Gesetz untergeordneten organischen Wahrheiten in einem gleichen Sinne auffasst, so sind diejenigen Bildnisse, in welchen dieses malerische Verfahren mit Absicht zur nähern Anschauung gebracht ist, von grossem Interesse, zumal da er seine unvertriebenen Farben mit tiefer Einsicht möglichst unberührt lässt, wenn sie bereits ihre Schuldigkeit thun und er die Feile kunstvoll zu vermeiden weiss, durch welche die Behandlung so leicht ihre gedankliche Bedeutung einbüsst.

Ein solches Bild befindet sich unter 600 in der Galerie des königlichen Museums zu Berlin, vorstellend einen Mann mit breitkrempigem Hut in schwarzer Kleidung und weissem Kragen. Das Gegenstück hierzu, eine Frau vorstellend, ist, was den Kopf derselben betrifft, von geringerem Werthe, weil die zarteren Züge des weiblichen Geschlechtes in

den jüngeren Jahren eine solche malerische Behandlung ohne
Gefährdung der Aehnlichkeit nicht zulassen.

Dieses letztere ist, wenn auch nur in einem geringeren
Grade, bei männlichen Bildnissen der Fall, und damit erklärt
sich, dass viele männliche Bildnisse dieses Meisters existiren,
welche seine obige lehrreiche Methode weniger erkennen lassen.
Aber der Geist derselben, der hier natürlicher comprimirt
zum Vorschein kommt, macht sich daher auch um so bemerk-
licher, denn in dem erwähnten Bilde handelt es sich mehr
um den Weg zur Schönheit, als um die Schönheit selbst.

Seine kleineren Bildnisse, deren dieselbe Galerie unter
766 und 767 gleichfalls zwei besitzt, von welchen das, welches den alten streitsüchtigen holländischen Prediger und
Professor Johannes Acronius vorstellt, von grosser Schönheit
ist, lassen jene Methode auch weniger zur Anschauung kommen.
Der bedeutend geringere Umfang solcher Bildnisse hat diese
Methode in eine zusammengedrängtere Behandlung modificirt
und in der Art des Farbenauftrages eine Beredtsamkeit erlangt, die besonders hier an Rembrandt erinnert.

Das bei Frans Hals so vorwiegende Element des Malerischen ist der Grund, dass er seine männlichen Bildnisse
fast immer mit Mänteln bekleidet und daher in dem Beiwerklichen nicht die Rücksicht zu nehmen hat, wie er sie
so oft bei den dargestellten Personen selbst nehmen muss;
so kommt vornehmlich hier wieder sein freier Stil zur vollen
Geltung. Besonders ist es die grossartige Auffassung und
Behandlung der Falten, in welchen er in der breitesten Zusammenfassung der wesentlichsten Punkte derselben die über-
raschendsten Ideen entwickelt.

Dass Frans Hals als Bildnissmaler schon zu seiner

Zeit in grossem Ansehen stand, geht schon daraus hervor,
dass sich van Dyck von ihm hat malen lassen. Man er-
zählt, dass dieses zu der Zeit geschehen sei, als van Dyck
nach England reisen wollte und zuvor eigens den Frans
Hals in Harlem aufsuchte, dem er bis dahin persönlich
völlig fremd war. Die damaligen Biographen, die gern den
Künstlern unwesentliche Sonderbarkeiten nachsagen, weil sie
einen Künstler selbst nur selten nach seiner Kunst zu schätzen
wissen, lassen ihn den Frans Hals nach mehreren vergeblichen
Versuchen, seiner habhaft zu werden, in dem Wirthshause
auffinden, wo er den grössten Theil seiner Zeit zugebracht
haben soll, eine Angabe, die von solchen ausgegangen zu
sein scheint, welche einen zufälligen Umstand so gern zum
allgemeinen Lebensprincip eines Menschen stempeln. Van
Dyck war mit seinem Bildniss am Ende wohl zufrieden,
bezahlte es als feiner Cavalier sehr anständig und ersuchte
den Frans Hals, ihm zu einem Versuche gleichfalls zum
Malen zu sitzen. Aber schon in der Anlage dieses Bildnisses
sah sich van Dyck von dem auf das Freudigste überraschten
Meister erkannt.

Nimmt man zu diesem Vorfall, der ein neues geistiges
Interesse dieses Meisters zeigt, noch hinzu, dass die grosse
Menge von Bildnissen desselben die deutlichen Spuren einer
nüchternen Bedächtigkeit, sowie die einer völligen geistigen
Sammlung tragen, so ist dieser Umstand, welcher dem mo-
ralischen Leben dieses Meisters unstreitig das Wort redet,
viel gewichtiger, als jener ebenso einseitige, als kurzsichtige
Ausspruch des Gegentheiles, durch den man glaubt sein
Leben interessanter zu machen.

Aus der Schule des Frans Hals sind die beiden be-

17 *

deutenden Genremaler **Adrian Brouwer** und **Adrian von Ostade** hervorgegangen, die nur dadurch zu ihren reinen Originalitäten gelangen konnten, ohne mit der ihres Lehrers gemischt zu sein, dass dieser ihre Individualitäten einsichtsvoll in Rücksicht zu nehmen wusste, eine Erscheinung, die in den Kunstschulen nur selten vorkommt.

Die flämische Natur des **Adrian Brouwer** verleugnet sich im Gegensatz zur holländischen insofern nicht, als seine Genrebilder oft mehr Handlungen, als Zustände darstellen und er im Zusammenhange hiermit die malerische Behandlung oft mehr vorwiegen lässt, als die geschlossene Ausführung. Die Bauernstreitigkeiten, welche er häufig vorstellt, arten bei ihm nicht selten in Mord und Todtschlag aus, und wenn er die Bewegung seiner Gestalten mit grosser Virtuosität fixirt und seiner Charakteristik alles dessen, was seine Bilder ausmachen, die naivste Anschauung zum Grunde liegt, so weiss er zugleich in seiner breiten und zweckmässigen Anlage, die das Wesentlichste der Erscheinung in sich schliesst, durch ein letztes Agens, das er auf das Ideenreichste in dem möglichst Wenigsten durch den Spitzpinsel zusammenfasst, eine überraschende Lebensfähigkeit aller Dinge zu erzielen, deren künstlerische Haltung in hohem Grade bewunderungswürdig ist. Besonders diese Haltung ist es, aus deren ergründeten Gesetzen er die entsprechende Oekonomie der Mittel und das präcise Mass ihrer Anwendung so herleitet, dass das sich auf diese Weise geltend machende Wissen auch seinen locker ausgeführten Bildern den Schein einer gewissen Vollendung verleiht, deren Werth, weil er vornehmlich in dem Ideellen wurzelt, nicht so gering ist, als die Preise, für welche solche Werke ihres schwierigen Verständnisses wegen mitunter zu haben sind, die indessen aus eben dem Grunde grösstentheils verschleppt zu sein scheinen, wie dies auch unter ähnlichen Umständen bei andern genialen Meistern vorkommt.

Sein Drang, über den Sinn der Lebenszüge der Erscheinung einen noch näheren Aufschluss zu geben, als es bei seinen Genrebildern der Fall, trieb ihn auch zur Darstellung von gewissen Zerrbildern, die meist charakteristische Köpfe vorstellen, deren sich einige in der Dresdener Galerie befinden. In diesen ist es besonders, wo er seiner Phantasie den Zügel schiessen lässt, und wenn Frans Hals diesem Kunstzweige an sich nicht gerade das Wort geredet haben mag, da ein guter Theil des Ertrages der Brouwerschen Bilder ihm für Lehre, Kost, Wohnung und Kleidung zufloss, so war die Gründlichkeit solcher Naturauffassung und Behandlung gewiss nach seinem Sinn, da er ja selber, wie oben gezeigt, ein ähnliches Stilverfahren hatte und die sehr ausgeführten Werke des Adrian von Ostade genau betrachtet gleichfalls im Sinne der Carrikatur vollführt sind.

Wie Brouwer, so wendet sich auch Ostade dem Nebensächlichen seiner Bilder mit tiefer Sachkenntniss zu, zu der er durchgehends die überzeugende That einer grossen Ausführung gesellt, während Brouwer, im Hinblick auf diesen seinen Mitschüler, nur ausnahmsweise den Beweis liefert, dass er seiner weitumfassenden Erkenntniss nicht weniger durch eine ebenso sorgfältige präcise Ausführung zu entsprechen weiss. Derartige Bilder von Adrian Brouwer wurden später in Holland für sehr hohe Summen versteigert, wo sie diesem armen Künstler, dem man in Hinsicht seines Lebenswandels viel Nachtheiliges nachsagt, nicht mehr zu gute kommen konnten.

Man muss jedoch ja nicht glauben, dass die Meister
der Genremalerei, weil sie sich oft in den niederen Kreisen
der menschlichen Gesellschaft bewegen, auch mit ihr Gemeinschaft gemacht haben müssen, wie es oft den Anschein hat. Bei
aller Humanität, welche eine wohlverstandene Kunst einflösst,
die bei jedem wahren Meister vorausgesetzt werden kann,
ist einem solchen zugleich ein gewisser Grad von Objectivität
eigen, der ihn mit Leichtigkeit den Ton treffen lässt, mit
dem Gemeinen zu verkehren, ohne seinen edleren Theil hinzugeben, den er für die schöpferische Kunst so nöthig hat.

Wenn Brouwer auch solche Kreise mit Vorliebe be-
suchte und künstlerisch auffasste, so hält es doch nicht schwer,
aus seinen Bildern zu erkennen, dass sein Interesse bedeutend
mehr den ursprünglichen Lebenszügen, die in solcher Sphäre
im bedeutend höhern Masse, wie in den höhern Ständen geboten sind, zugewendet ist, als dem Gemeinen an sich.
Seine Besonnenheit und geistige Sammlung, womit er die
Naturidee des Ursprünglichen erfasst und künstlerisch zur Anschauung bringt, stellen sein persönliches Verhältniss in ein
viel günstigeres Licht, als es seine Biographen so einseitig
nach Hörensagen angeben Durch die treffende Auffassung
seiner niedern Vorwürfe gewinnt er nur jene Menge, der
seine Meisterschaft schon äusserlich in einer gemeinen Deutlichkeit vollauf zu geben weiss; denn auch diese Menge hat
ihm die Berechtigung einer Kunstforderung, die, wenn sie
sich auch nicht in die Tiefe der Erscheinung erstrecken kann,
der Wirkung derselben bei Meistern nicht verlustig geht, die
sich nur um dieser Tiefe willen auch in das Bereich des Gemeinen begeben, das nach ihrer Erkenntniss nur eine Modification eines und desselben Seins ist, wie das Edele.

Diese Erkenntniss, welche nur einen kleinen Theil der Brouwer'schen Kunst ausmacht, ist wohl vornehmlich der Grund, weshalb sich Rubens so eifrig dieses vom äusseren Glück so wenig begünstigten Künstlers annahm, dem das Ungemach, welchem er von Jugend auf ausgesetzt war, zuletzt zu einer gewissen Lebensbedingung geworden zu sein scheint.

Dem lockeren Vogel behagte nach kurzer Zeit die Bequemlichkeit nicht, welche ihm im Hause des Rubens in so vielfacher Hinsicht geboten war. Er konnte seine Kunst nur in ungebundener Freiheit ausüben, darum floh er selbst diesen seinen Wohlthäter.

Der tiefere Lebensblick des Rubens beurtheilte diesen Fall milder, als die Biographen des Brouwer, der, nachdem er von Frankreich, unbekannt mit dem praktischen Leben selbst, elend zurückgekehrt, in einem Hospital von Antwerpen kurze Zeit darauf ein klägliches Ende fand und auf dem Gottesacker der an der Pest Verstorbenen beerdigt wurde. Rubens liess ihn hier wieder ausgraben und ehrenvoll in der Carmeliterkirche bestatten.

Die beiden Teniers, besonders der jüngere, fussen in dem originalen Stil des Adrian Brouwer, obgleich sie Schüler des Rubens waren, und so gewinnt es den Anschein, als hätte Rubens, welcher die Kunst des Brouwer so hoch hielt, sie selbst auf diesen Meister hingewiesen.

Vielleicht hängt die Vorliebe, welche Rubens für diese Stilrichtung hegt, die von Frans Hals ursprünglich ausgegangen war, mit dem Umstande zusammen, dass van Dyck den Letzteren aufgesucht hat, um sich von ihm malen zu lassen.

Die gleiche Liebe und haltungsvolle Sorgfalt, mit welcher Adrian von Ostade jede Erscheinung nach ihrer künstlerischen Bedeutung zu erfassen vermag, sowie seine beharrliche Gemüthsstimmung, machen ihn auch für die Darstellung des Stilllebens besonders geeignet. Bilder solcher Art, Interieurs, Küchen- und Bodenräume, die mit allerhand Geräthschaften und Hausbedarf erfüllt sind, sieht man öfter von ihm mit grosser Kunst und einer eben so grossen Partheilosigkeit dargestellt, die seine reine Empfindung in jedem Theile eines harmonischen Ganzen immer wach erhält und ihn zum entsprechendsten Lebensausdruck drängt, womit auch er nicht selten dem grossen Rembrandt begegnet.

Wenn die Bilder Brouwer's durchschnittlich bedeutend mehr Kunst in sich schliessen, als es den Anschein hat, so gilt dies vorzugsweise von seiner Kunst der Haltung. Dieser Theil der Kunst ist deshalb so schwierig, weil man ihrer Gesetze in der Wirklichkeit nicht wohl habhaft werden kann und man dabei sich nur selten vor vorgefassten Meinungen zu schützen weiss. Brouwer löst dieses Problem in eben so geheimnissvoller Weise, als mit naiver Unbefangenheit und will dessen Lösung nur dadurch beweisen, dass die Haltung seiner Bilder nicht mehr und nicht weniger zur Geltung kommt, wie die Wahrheit selber, ohne deshalb der Kunst ihr Recht zu vergeben, das in ihrer Selbständigkeit besteht.

Auch die Haltung der Bilder des Adrian von Ostade ist im hohen Grade bewunderungswürdig, vornehmlich wenn er das Tageslicht behandelt, durch welches verschiedene in einander führende Stubenräume erhellt sind. Ein Bild dieser Art besitzt die königliche Galerie zu Dresden, das als eines seiner besten gelten kann. Jene Naivetät der Naturanschauung, wie sie Brouwer eigen, zeigt indess Ostade

nicht, weil er sie sich in seiner Kunst nur wenig von selbst
verstehen lässt. (Siehe den Artikel Adrian von Ostade
in meinem Werke „Das Wesen der Malerei".)

§. 24.

Rembrandt als Landschaftsmaler.

Der Einfluss des Rembrandt auf seine künstlerischen
Landsleute war auch im Fache der Landschaft ein bedeutender, da er auch hier die schöpferische Kraft seines universellen Geistes in der bewunderungswürdigsten Weise bewährt

So wenig es indess in der grossartigen Auffassung seines
weitumfassenden Genies, wie man gesehen, liegen konnte.
sich mit den Specialitäten der Genremalerei zu befassen, da
er die Grenzen seiner Aufgabe in einem grösstmöglichen
Umfang steckt, eben so wenig konnte dies im Fache der
Landschaft der Fall sein, obgleich er auch hier sich als
Holländer mehr der individuellen Wahrheit. als der idealen
Allgemeinheit nähert.

Wenn andere bedeutende Meister Hollands auch so gross
sind, sich bei der sorglichen Ausführung ihrer Landschaften
nicht kleinlich zu zersplittern, wie sehr sich ihre Kunst auch
in die speciellen Ideen der Wirklichkeit verliert, so kann
doch hier nicht wohl jene grossartige Physiognomie gewonnen
werden, da diese nur erst das Product allgemeinerer Ideen
ist. Denn wenn die Begeisterung für das Schöne auch ihren
Grund mit in der Erkenntniss hat, dass das Einzelne im
Analogen eines einheitlichen lebendigen Ganzen in der Natur
sei: die künstlerischen Aufschlüsse über die Bedingungen

solcher Physiognomie sind nur erst da zu ersehen, wo man es mehr mit einem grossen Ganzen zu thun hat.

In Wahrheit gewährt daher nur Rembrandt unter den holländischen Landschaftsmalern den ungeschmälerten Anblick bedeutender Linien, in welchen das Wesen einer grossen Physiognomie beruht, während bei anderen Meistern der enge Anschluss an den besondern Fall und diesem zufolge eine grössere Berücksichtigung des Zufälligen diese Linien nur selten zu dem reinen Ausdruck ihrer höheren Bedeutung gelangen lässt.

Rembrandt's freierer Stil, wenn er sich auch immer an einen bestimmten Naturfall anlehnt, um der Phantasie einen realen Halt zu geben, überspringt jene Hindernisse, wenn sie ihm nicht bedeutend genug sind, für den Verlust an Schönheit schadlos zu halten, welche er durch solche Linien erzielt.

Das Wesen dieser Linien aber besteht in dem Ausdruck der Lebensideen, die in der Art und Weise der körperlichen Ausdehnung nach allen Richtungen hin enthalten sind, die sich auch in den Modificationen der Umgrenzung der Erscheinung zu erkennen geben, welche von einem bestimmten Punkt aus wahrgenommen werden.

Wenn aber auch in dem unendlich verschiedenen Ausdruck der Bewegungen jener Linien die Hauptmittel geboten sind, die Lebensideen körperlicher Ausdehnungen nach allen Richtungen anschaulich auf einer Bildfläche zu machen, so weiss Rembrandt auch in solchen Fällen, wo keine Formen und somit auch keine Linien oder Umgrenzungen vorhanden zu sein scheinen, noch anderen Gesetzen auf die Spur zu kommen, den Ideen der Ausdehnung zu entsprechen, die unter allen Umständen die Bedingung jeder körperlichen Erscheinung sind und den Charakter ihrer Existenz ausmachen. So scheint z. B. der unbewölkte Himmel aller Mittel zu entbehren, ihn malerisch so darzustellen, dass die Idee seiner allseitigen Ausdehnung erweckt werde. Die kurfürstliche Galerie zu Cassel enthält eine Landschaft von Rembrandt, in welcher ein derartiges Problem bei Darstellung der Luft gelöst ist, die wohl das Schönste ist, was man in dieser Hinsicht sehen kann.

Die Lösung dieser schwierigen Aufgabe liegt vornehmlich in der Art und Weise der Behandlung des Farbenmaterials, in welchem nach den Gesetzen der Luftperspective das Conglomerat seiner Moleküle gelockert oder verdichtet aufgetragen ist. Der Mangel an Linien ist demnach doch nur ein scheinbarer, denn die einzelnen Bestandtheile der Farbe, so klein sie auch sein mögen, schliessen immer eine Form in sich, die sich nach ihrem örtlichen Verhältniss scheinbar verändert, und eben in dem Gesetze dieser scheinbaren Veränderung ist die Idee der Ausdehnung mit ausgesprochen, so wenig auch diese Bedingungen sichtbar sein mögen. Denkt man sich noch eine verheimlichte Pinselführung hinzu, welche, wenn auch eben so unmerklich, der Perspective das Wort redet, so wird einem die Möglichkeit solcher Darstellung einleuchten. Aber hiermit ist die Idee der Ausdehnung des reinen Aethers bei Rembrandt noch keineswegs malerisch erschöpft. Der Erscheinung seiner Bläue liegen andere Bedingungen zum Grunde, als die sind, welche die Bläue des Farbenmaterials ausmachen. Kommt auch hierbei nur der Unterschied des Grades der Leuchtbarkeit beider Bläuen in Betracht und sieht man, mit welcher

Kunst Rembrandt die Eigenwilligkeit des Bildungsmaterials
der darzustellenden Erscheinung dienstbar macht, wie er
alles dies einem einheitlichen Ton unterwirft, dessen Modificationen wieder der Idee der Art der Ausdehnung des Aethers
entsprechend sind, so wird man beim Anblick solcher Kunst
wohl mit Recht zur Bewunderung hingerissen, bei der die
tiefste Erkenntniss der ursächlichen Verhältnisse so in das
bildnerische Gefühl aufgegangen, dass es der Natur gegenüber weiter nichts bedarf, als seinem geistigen Bedürfniss
der Identität zu genügen, um die Schönheit einer darzustellenden Erscheinung zu erreichen. Der beurtheilende Verstand richtet sich bei Rembrandt objectiv mehr auf sich
selbst, damit der schöpferische Hauch der Empfindung durch
ihn nicht behindert werde, den Act der Begeistigung zu
vollführen.

Auch in dem Fache der Landschaft stellen sich somit
Rembrandt's Bilder als unmittelbare Processe dar, die
seine Kunst der Natur gegenüber empfindungsvoll mit der
Erscheinung eingegangen. Er selber steht als denkender
Beobachter über sich und leitet diesen Process mit einer
Behutsamkeit, die mehr Misstrauen in seinen Verstand, als
in eine Empfindung setzt, die durch die Gewissenhaftigkeit,
mit welcher er seine Kunst ausgeübt, allmählig eine solche
Läuterung erfahren, dass ihm der Grad ihrer Verlassbarkeit
im Stadium seiner Meisterschaft nicht zweifelhaft sein
kann.

Rembrandt ist so überaus vertraut mit der Natur,
dass er im Stande ist, aus einem einzelnen Motive, welches
er unmittelbar aus ihr entnimmt, damit seine Phantasie eines
realen Haltes nicht entbehre, die Intentionen und Conse-

quenzen so selbständig zu entwickeln, dass es sehr schwer
hält, zu erkennen, was gegeben war und was seine Erfindung ist, da er die grosse Eigenschaft besitzt, keine Erfindung zu haben, wenn es sich darum handelt, die Eigenschaft
von Naturerscheinungen zu ergründen, von welchen ihm jede
ihres innewohnenden Geistes wegen gleich wichtig ist. Die
unscheinbarste ist ihm deshalb gerade diejenige, wo seine
Kunst am sorglichsten verweilt, den Beweis der geistigen
Allgegenwart zu führen durch die scharfsinnigste Auffassung
der Mögungen und Regungen, die er selbst im Starren als
in einem Lebendigen wahrnimmt.

Bei der Grossartigkeit des Stiles, mit welchem Rembrandt seine Landschaften darstellt, weiss er Alles und
Jedes mit Sicherheit im Wesen zu fassen. Da er aber mehr
nach einem einheitlichen Ganzen, als nach der Darstellung
von Einzelheiten trachtet, das Einzelne in seinem lebendigen
Zusammenhang aber der Grund des Ganzen ist, so findet
auch jedes seine ihm gebührende künstlerische Berücksichtigung
dadurch, dass dieser Künstler die geistige Beisteuer des Einzelnen empfindungsvoll in sein Ganzes aufnimmt, um ihm dadurch den möglich höchsten Grad von Lebensfähigkeit zu
verleihen. Wenn daher in Rembrandt's Landschaften auch
von einer specielleren Ausführung nur wenig die Rede ist:
in der Befriedigung seines Gefühlsbedürfnisses, dem die Universalität seiner Kunsterkenntniss zum Grunde liegt, ist auch
der geistige Antheil des Einzelnen am Ganzen nach künstlerischer Gebühr erledigt.

Hieraus ergibt sich eine sehr bemerkenswerthe Eigenschaft der Rembrandt'schen Landschaften. Sieht man
von allen Einzelnheiten ihrer Erscheinungen ab, die sie ent-

halten, so ist doch jede dieser Erscheinungen mit einem
ganz bestimmten Grade der Energie ihres Daseins hingestellt,
das dem der Idee der Wirklichkeit genau entsprechend ist.
Schon die Auffassung dieser Eigenschaft allein schliesst alle
Bedingungen in sich, welche die Malerei zu erfüllen hat,
wenn sie sich zur Höhe einer wahrhaft schöpferischen Kraft
erheben will; denn in diesem bestimmten Grade der Energie
der Erscheinung ist zugleich der aller ihrer Factoren enthalten. So tief also auch die Kunst Rembrandt's ist, sie
hindert ihn nicht, das Allernächste nach dem ganzen Werthe
seiner wesentlichen Existenz zu fassen, nach der vollen Kraft
der geistigen Wirkung ihrer Gesammtheit.

Rembrandt erreicht dieses vornehmlich durch die Art
und Weise der Behandlung und den entsprechendsten Grad
der Stärke des Farbenauftrages, sowie durch dessen Formation und die Kunst der Färbung überhaupt. Sein Farbenauftrag mag manchmal noch so stark sein: nie wird er das
Mass überschreiten, welches die Idee des Dargestellten völlig
in Anspruch zu nehmen hat, um als das zu erscheinen, was
es seinem Wesen nach ist. In der Modification seines Farbenauftrages liegt das Geheimniss seiner feinen Lebenswirkung,
neben welcher so selten ein anderer Meister Stand hält.
Denn mit der Eigenthümlichkeit seiner Mittel wohl vertraut,
zersplittert er nicht gern ihre selbständige Kraft in üblichen
Mischungen, wenn sie heller erscheinen sollen, sondern er
operirt lieber mit dem wirklichen Lichte, das auf seine Bildfläche fällt und fängt so durch zweckmässige materielle Verstärkung der einen oder der andern Farbe die Wirkung ab,
die nach seiner Gefühlsforderung der der Natur am meisten
identisch ist. Dadurch behalten seine Farben ihre ursprüngliche

jungfräuliche Frische, womit er einen Zauber der Harmonie erreicht, der in seiner Art unvergleichlich ist.

Wenn man bedenkt, wie unendlich mannigfaltig und verwickelt die begleitenden Umstände sein können, unter welchen die der Erscheinung eigenthümliche Energie ihres Daseins sich modificirt, da sie durch solche Umstände verstärkt, geschwächt oder überhaupt so in's Leben treten kann, dass sie scheinbar mit ihrer Natur im Widerspruch steht, so wird man begreifen, welch weites Feld der Malerei auch nach dieser Seite hin eröffnet ist; besonders aber ist es die Landschaftsmalerei, welche sich hier in solchen Verhältnissen ganz selbständig bethätigt, da sie mehr, wie jedes andere Fach der Malerei, sich mit ihren Aufgaben allgemeiner befasst und die malerische Ergründung der Lebenswirkung gewisser Gesammtmassen in weiten Raumverhältnissen hauptsächlich ihr anheimfällt.

Rembrandt's Landschaften sind nach dem Erörterten ganz einzig in ihrer Art und durch die stilvolle Beschränkung der Ausführung, deren Berechtigung er dadurch darthut, dass er dabei nichts von ihrem geistigen Inhalt aufgibt, von um so gewichtigerer Schönheit. Zugleich tragen sie dadurch den eigentlichsten Charakter der tiefsten, welthistorischen Bedeutung.

Dass die Landschaften Rembrandt's bei der weitumfassenden Auffassung ihrer Allgemeinheit die entsprechendste Lebensfülle ausströmen, bei der sich nichts hinzu-, noch abdingen lässt, ist eine Erscheinung, die vor ihm in der holländischen Schule noch nicht da war. Nach solchem Muster der Lebenswirkung, die ideell alle Factoren der Naturnothwendigkeit in sich begreift, konnte es nicht fehlen, dass andere grosse Meister Hollands, welche die Aufgabe der Landschaft weniger allgemein fassten, um so sicherer in das Einzelne gehen lernten, nachdem die Grenzen eines allgemeinen Ganzen so bestimmt gezogen waren.

Wenn indessen schon Rembrandt sich mit den Fernen seiner Landschaften so sehr beschränkte und die wenigen Gegenstände, welche sie in sich begreifen, am liebsten in eine solche Nähe rückt, dass die malerische Ergründung ihrer concreten Verhältnisse möglich wird, so musste dies noch mehr bei denjenigen Meistern der Fall sein, welche sich eine möglichst detaillirte Ausführung zur Aufgabe stellten.

In einer eigenen Classe landschaftlicher Bilder beschränkte sich Rembrandt nicht allein in den Fernen und dem gegenständlichen Inhalt; — auch bei den Darstellungsmitteln selbst ist dies der Fall, um sich desto mehr in die geistige Lebenstiefe versenken zu können.

Ein dahin bezüglicher Artikel in meinem Werke. „Das Wesen der Malerei" mag hier eine Stelle finden.

Nachdem von der Landschaft die Rede war, welche die königliche Galerie zu Dresden von diesem Meister besitzt und zu der malerischen Bedeutung der Manier grau in grau übergegangen worden, in welchem Rembrandt zuweilen Landschaften ausgeführt, heisst es in diesem Buche:

„Nicht allein auf die Darstellung der Localfarben verzichtet er, auch das Gegenständliche selbst beschränkt er seinem äusseren Umfange nach, um desto gesammelter sich den künstlerischen Functionen zu unterziehen, welche die in stiller Regsamkeit sich ihm geistig offenbarende Natur erheischt. Ein Hügel, ein Paar Bäume mit massenhaften Kronen und etwas Luft sind hinreichend, das künstlerische Interesse dieses wunderbaren Meisters völlig in Anspruch zu nehmen, um möglichst kunstlos die ganze Kunst in Darstellung eines so beschränkten Naturtheiles zu entfalten; kaum dass man deshalb das Geäste seiner prallen Baumstämme gewahr wird.

„In einem solchen mir vorgekommenen Bilde Rembrandt's haben die Kronen seiner Bäume keine Blätter, die Stämme keine Stabilität und die Luft keine Farbe; die Kunst des Rembrandt besteht hier vorzüglich in der gänzlichen Verleugnung alles Wissens, um desto wahrer zu sein, weil das Wissen mehr oder weniger der Grund ist, einem neuen Verhältniss der Erscheinung die an ihr gemachte alte Erfahrung anzupassen, die sie in Wirklichkeit ihrer Totalwirkung nach so oft negirt.

„Krone, Stämme und Luft sind in diesem Rembrandtschen Bilde nur um so wahrer, als sie lediglich das Product der reinsten, unbestochensten Empfindung sind, die sich kraft der Kunst von der Erfahrung der ursächlichen Bedingungen frei gemacht hat.

„Der Halbkenner erkennt in solchen Bildern nichts, der wahre Kenner das Wahre der Erscheinung und das in der Kunst unerfahrene reine Gemüth vermisst nichts Natürliches, nur weiss es nicht, wie ihm geschieht.

„Alles ist in solchen Bildern durch die Schätzung des Grades der Energie des Vorhandenseins und ihrer speciellen Theile bestimmt, die lediglich der vernünftigen Empfindung überlassen ist, deren fruchtbare Wärme bei der Einfachheit ihrer Darstellungsmittel nicht durch ein nüchternes Suchen nach den der Realität treueren Mitteln gefährdet wird."

Das ist die Weise einer ächt biblischen Weisheit. Denn

wenn man Wahrheit als Uebereinstimmung des Denkens mit dem Sein definirt, um wie viel mehr ist hier Uebereinstimmung mit einem Fühlen, dessen schöpferische Kraft ihren göttlichen Ursprung so unzweifelhaft in solcher Kunst offenbart, die deshalb die höchste Stelle in dem gesammten Umfange des menschlichen Vermögens einnimmt.

In der Rembrandt'schen Periode, wo die Kunst mehr Selbstzweck geworden war, musste besonders im Fache der Landschaftsmalerei, das sich unter allen anderen Kunstfächern am freisten von einem abstracten Gedankenspiel gehalten, der behandelte Gegenstand selbst mehr als ein Mittel angesehen werden, die Kunst zu bethätigen. Das Interesse, welches die holländischen Meister durch ihre Kunst zu erwecken wissen, ist daher oft bedeutend grösser, als das, welches der von ihnen gewählte landschaftliche Gegenstand selbst gewährt.

Da aber überhaupt die Landschaftsmalerei, wenn sie ihren Kunstforderungen genügen will, sich mehr auf diese, als auf den Gegenstand als solchen zu richten hat, so findet dieses Verhältniss auch schon bei den Italienern und anderen Nationen dieser Zeit statt.

Nur erst bei Claude Lorrain ist das Interesse für Kunst und Gegenstand ein gleichmässig getheiltes. Von da ab wird das des Gegenstandes überwiegend und in dem Grade, als dieses der Fall, ist die Kunst zurückgegangen. Selbst bei Claude Lorrain's Bildern kann man erkennen, dass die die schönsten sind, in welchen der Nachdruck mehr auf der Kunst, als auf dem Gegenstand ruht.

§. 25.

Albert Kuyp.

Eine nicht unbedeutende selbständige Grösse unter den holländischen Landschaftsmalern, die zuweilen Rembrandt-sche Anklänge erkennen lassen, ist Albert Kuyp, dessen unbestochener Blick zumeist an diesen grossen Meister gemahnt.

Auch er erfasst die gewöhnlichsten Naturvorwürfe, die er zur Höhe der reinen Begeistigung zu erheben weiss, eine Eigenheit, mit welcher schon Rubens und Rembrandt denjenigen Künstlern entgegentraten, die mehr eine ausserordentliche Natur zu ihren Darstellungen wählten und damit das Interesse für das eigentlich Wesentliche nicht selten schmälerten.

Albert Kuyp gehört zu denjenigen Meistern, welche das helle Tageslicht mit seinen verschiedenen Modificationen malerisch am glänzendsten bewahrheiten. Unter seiner Hand geht der helle Schimmer des Firmamentes in einer Weise hervor, die an das Räthselhafte grenzt, weil die dazu verwendeten Mittel keine Spur erkennen lassen, wie und auf welche Art ihre Leuchtkraft zu einem Grade gesteigert ist, den sie an und für sich nicht haben. Nur der physikalischen Erkenntniss der Luftverhältnisse und der gefühlvollen Behandlung, die dahin zielt, diesen Verhältnissen wirkungsreich und lebensvoll zu entsprechen, ist es möglich, eine so feine Wahrheit zu erreichen, die in jedem Punkte von einer überall thätigen schöpferischen Kunst Zeugniss gibt, dass das rohe und stumpfe Material zum lebensvollsten Ausdruck gebracht ist.

Die Landschaften Kuyp's sind mit einem so hellen
Lichte erfüllt, und seine Gegensätze, die es mit zu solcher
Wirkung bringen, sind oft so kunstvoll in ihren Ursachen
verheimlicht, dass man nur erst nach und nach inne wird,
wie hier eine Uebereinstimmung mit einer Naturwahrheit
stattfindet, die, weil sie zur malerischen Auffassung so wenig
Halt zu bieten scheint, nach ihrer künstlerischen Bedeutung
leicht unterschätzt wird.

Zur künstlerischen Darstellung einer so wenig auffälligen
feinen Wahrheit gehört eine eben so grosse Selbstverleugnung,
wie Liebe zur Kunst selbst, zwei Eigenschaften, die besonders in der holländischen Schule geübt wurden und die
Grundbedingungen einer Geduld sind, welche nur erst nach
völliger Beendung eines Kunstwerkes die Wirkung erwartet,
die eine erreichte feine Wahrheit nicht an sich, sondern
nur erst im Zusammenhange mit dem Ganzen zeigen kann.

Eine bestimmte Classe von Bildern des Kuyp trägt
in ihrer Gesammtwirkung durchgehends den Charakter so
feiner und daher auch so unscheinbarer Wahrheit, in denen
durch ein mässiges Tageslicht kein Theil effectuirt erscheint,
ihnen einen besondern Reiz zu verleihen, da ihm die hier
gestellte Aufgabe, die Verhältnisse der Wahrheiten, welche
ein organisches Ganzes ausmachen, unter den gewöhnlichsten
Umständen malerisch zu ermitteln, wichtig genug ist.

Solche Bilder können ihrer Natur nach vorerst nur
wenig Anziehungskraft haben. Sobald man sich aber mit
ihnen vertraut zu machen sucht, verliert man bald den Boden
unter sich, der Anfangs nur deshalb so flach schien, weil
das Element, das ihn bedeckt, wie reines Krystallwasser,
die durchsichtigste Wahrheit ist. Das ist aber der eigenste

Charakter der Wahrheit, dass sie weniger an sich, als an ihrer Spiegelungsfähigkeit erkannt wird. Weil man meist vermeint, dass das Wichtige mit einem gewissen Aufwande in's Leben treten müsse, befindet man sich oft schon mitten in ihm, wenn man es noch mit Spannung erst erwartet.

Ein Bild dieser Art besitzt die Galerie des Louvre zu Paris von ungewöhnlicher Grösse. Dass bei solcher Tiefe der Auffassung auch das Vegetabilische eine demgemässe Behandlung erfährt, kann nicht Wunder nehmen. Dabei ist Alles mit einer Leichtigkeit des Vortrages vollführt, die um so bewunderungswürdiger ist, als bei dem Conglomerat der Blättermassen, und was dahin gehört, sich keine Spur einer manieristischen Angewöhnung entdecken lässt, jede einzelne Stelle vielmehr eine neue Consequenz unantastbarer Naturgesetze ist.

Dass so lange Zeit verstreichen konnte, ehe die Bilder Albert Kuyp's zu der Anerkennung gelangten, die sie verdienen, erklärt sich aus der Schwierigkeit ihres Verständnisses, wie sich zeigt, wenn man das eben erwähnte Pariser Werk dieses Meisters in näheren Betracht zieht, das gerade seine feinsten künstlerischen Eigenheiten repräsentirt. Ja, was unglaublich zu sein scheint, noch gibt es öffentliche Galerien, wo dieser treffliche Meister nur schwach oder gar nicht vertreten ist.

Ein von dem obigen Bilde sehr verschiedenes, aber gleichwohl eben so schönes mit Abendbeleuchtung besitzt die königliche Galerie zu Dresden, das seiner Bezeichnung wegen lange Zeit als ein Werk des Berghem galt, mit dem es gar nichts gemein hat.

Die Staffagen, welche Kuyp gleichfalls mit Virtuosität

vollführt, sind am interessantesten, wenn sie weidendes Vieh vorstellen. Zuweilen bildet dieses die Hauptsache, wo es sich dann deutlicher zeigt, dass er auch hier eben so zu Hause ist, wie in der Landschaft.

Seine vom hellen Tageslichte durchschimmerten grösseren Bilder, mit einfacher weiter Form, die weniger durch bedeutsame Formen der Linien, als durch Luftperspective und feine Haltung erzielt ist, pflegt er in der Regel durch Reiter im Vordergrund zu beleben, die vorerst auch wenig Kunst zu bieten scheinen; aber gleichwohl tragen sie Alles in sich, was von einem Meister Zeugniss gibt, der die Kunst mehr um ihrer selbst willen treibt und nur dadurch sich selbst genügt.

Albert Kuyp ist nicht allein vielseitig in Hinsicht der Fächer, die er behandelt, sondern auch in der Art und Weise seiner Auffassung. Dass vornehmlich seine Canalbilder geschätzt sind, scheint darin zu liegen, dass sie einem weniger gründlichen Kunstverständnisse zugänglicher sind und sie dem Gegenstande nach mehr interessiren, als unscheinbare Landschaften, die nur ihrer feineren tiefliegenden Pointen wegen zur Darstellung gewählt worden.

Dass er sich in den Canalbildern durch die Darstellung von Gebäulichkeiten mit gewissenhafter Hingabe einem Zwang unterwirft, der in seinen freier behandelten Landschaften weniger stattzufinden scheint, kann zum Beweise dienen, dass er sich auch in den letzteren die Aufgabe nicht durch ein willkührliches Verfahren erleichtert. Solche Meister dünken sich in ihrer Kunst nur insofern frei, als sie sich sicher und mit Leichtigkeit in den bestimmten Schranken unumstösslicher Naturgesetze bewegen, die viel tiefer reichen, als

es jene Canalbilder vorerst glauben machen. In Wahrheit
sind auch solche Bilder von Kuyp viel tiefer aufgefasst, als
man in der Regel glaubt, er verbirgt die Tiefe nur hinter
einer Leichtigkeit der Behandlung, mit der er nicht selten
dem in dieser Hinsicht vortrefflichen Canaletto begegnet.

Ein solches Bild, wenn auch nur klein, besitzt die
herzogliche Galerie zu Gotha, in welchem Kuyp
seine Virtuosität mit der anspruchlosesten Unbefangenheit
auch in dieser Kunstrichtung darthut. Auch der Grad des
materiellen· Farbenauftrages lässt erkennen, dass er mit diesem Mittel wohl vertraut ist, die Lichtwirkung möglichst
lebensvoll zu erzielen.

Auch die Galerie des königlichen Museums zu
Berlin besitzt eine kleine Landschaft grau in grau, welche
in jeder Stelle eine Reinheit der Empfindung athmet, die es
klar herausstellt, wie wenig es einer auffallenden Aeusserlich-
keit bedarf, seine Begeisterung zu erregen, da er im Grossen,
wie im Kleinen dasselbe Wesen erblickt und zur Schönheit
durch seine Kunst zu erheben weiss. Das Bildchen ist, obgleich tiefer in der Stimmung, wie die Wirklichkeit, von
einer wahrhaft sonnigen Lichtwirkung, die durch die ideenreiche Behandlung eines markigen Farbenmaterials keinen
geringen Vorschub erhält.

Der Vater und Lehrer des Albert Kuyp, Jacob
Gerritz Kuyp, ist tüchtig im Portrait, wo er gehalten
ist, sein Talent für einen bestimmten Zweck, der Natur unmittelbar gegenüber, einheitlich für eine Naturwahrheit zu

sammeln, bei welcher jeder Verstoss sich so leicht bemerkbar macht. In Schlachtstücken, Landschaften und anderen Vorstellungen lässt er sich hingegen oft zu sehr gehen, ohne in diesen Fächern die erforderliche Stabilität zu zeigen, welche einem freien, willkührlichen Verfahren oft einen erhöhten Reiz verleiht. Die Holländer sind am wenigsten die Leute, welche eine derartige Manier, selbst wenn sie eine solidere Grundlage hat, lieben, und wenn Albert Kuyp, wie aus Obigem deutlich hervorgeht, von solcher Leichtfertigkeit weit entfernt war, so hat es den Anschein, als wenn es der Vater mit seinem Sohne um so strenger genommen hätte, da der Erstere in Holland für seine in so flüchtiger Art ausgeführten Bilder, so geistreich sie auch mitunter behandelt sind, nur wenig Liebhaber finden konnte.

Im Uebrigen ist es eben nichts Neues, dass die Fehler der Eltern den Kindern oft zur erspriesslichsten Warnung dienen. Solchem Umstande liegt die Naturintention zum Grunde, die Regeneration des Guten nicht durch das ihm zufällig Entgegengesetzte beschränken zu lassen.

§. 26.

Jacob Ruysdael.

Von allen Landschaftsmalern Holland's steht keiner so ausser allem kunstgeschichtlichen Zusammenhang mit einem Mal so bedeutend da, wie Jacob Ruysdael, von dessen künstlerischer Entwickelung und äusseren Lebensverhältnissen man fast gar nichts weiss. In meinem Werke „Das Wesen der Malerei" habe ich mich bereits näher über ihn ausgelassen.

Ein im Jahre 1858 stattgehabter Ankauf eines Bildes
für die Galerie des königlichen Museums zu Berlin,
das man irrthümlich für ein Werk dieses Meisters hielt, gab
mir Anlass, dieses Bild einer näheren kunstwissenschaftlichen
Kritik zu unterwerfen, die Manches enthält, was ein deut-
licheres Licht über Eigenthümlichkeiten verbreiten dürfte, die
in jenem Werke mehr allgemein aufgefasst sind. Eine Wiederholung dieser Kritik mag im Wesentlichen daher hier eine
geeignete Stelle finden, da sich später noch Manches daran
knüpft, was die Charakteristik noch anderer nicht unwich-
tiger Meister betrifft.

Es kommt bei der kritischen Untersuchung dieses Bildes,
vorstellend eine felsige Landschaft mit einem Wasserfall, sehr
zu statten, dass sie in dem Zimmer placirt ist, wo sich bereits schon lange Zeit zwei treffliche Landschaften des Jacob
Ruysdael befinden. Im Aeussern von einander sehr verschieden, tragen diese letzteren das genaue, übereinstimmende,
unverkennbare Gepräge der grossen Eigenschaften des genannten Meisters. Das neu erworbene Bild gehört der Richtung an, die in der Dresdener Galerie mehrfach vertreten ist.

Für Solche, die mit der Eigenthümlichkeit des Jacob
Ruysdae nur oberflächlich bekannt sind, hat das angekaufte
Bild manches Bestechliche. Zunächst ist es die mit ächten
Bildern von ihm übereinstimmende Scheinbarkeit des Ganzen,
eine geschickte Behandlung des Wasserfalles, der Luft, einzelner Baustämme u. s. w. So wie man aber anfängt, das
Bild genauer zu prüfen, so kann für denjenigen, der im Erkennen von Bildern geübt ist, auch nicht der mindeste Zweifel entstehen, dass man hier eine Imitation und nicht einmal
eine gute vor sich hat, da es sich hierbei herausstellt, dass

in dem Bilde weder die Keime der Ruysdael'schen Eigenschaften, noch die einsichtsvollen Bestrebungen enthalten sind,
die zu einem ächt künstlerischen Resultate führen.

Am leichtesten ist dies zu ersehen, wenn man bei den
beiden Originalbildern irgend einen kleinen Theil des Blatt-
werkes, der Halme oder des Baumschlages mit gesammelter
Aufmerksamkeit betrachtet. Besonders wird man bei letzterem erstaunen, wenn man sieht, mit welcher wunderbaren
Sinnesschärfe Ruysdael hier das Gesetz des scheinbar
Gesetzlosen aufgefunden, nach seinem Wesen künstlerisch
gewürdigt und mit dem gefühlvollsten Interesse so bedächtig,
als gewissenhaft verfolgt und endlich dadurch den der Erscheinung eigenthümlichen Ausdruck so wiedergegeben hat,
dass auch die kleinste Partie der Blättermassen, wie in der
Natur, sich ihrer Form nach nicht wiederholt. Ja selbst
in der äussern Umgrenzung der Ausladung des Baumschlages
ist dieser geniale Meister unermüdlich, bei der stilvollen
scheinbaren Gleichförmigkeit der einzelnen Parcellen die unendlichen Naturmodificationen auf das Sinnreichste wiederzugeben, ohne dabei in's Kleinliche zu verfallen.

Hierzu ist eine Phantasie erforderlich, die nur in einem
fortwährenden Naturstudium, verbunden mit der Erkenntniss
der der Erscheinung inwohnenden Idee, jene lebensvolle Fruchtbarkeit und mit ihr endlich die meisterliche Freiheit erlangt,
welche sich dadurch zu erkennen gibt, dass sie eben keine
unbedingte Freiheit ist. Die tiefe Weisheit, mit welcher
Ruysdael die Grenzen dieser Freiheit in den kleinsten
Theilen seiner Bilder in Rücksicht eines harmonischen, einheitlichen Ganzen bestimmt und gefühlvoll werth hält, ist
es vornehmlich, welche die Nachahmung seiner Werke so

sehr erschwert, zumal wenn, wie das angekaufte Bild zeigt, mehr dem Auge, als der Erkenntniss die Prüfung über- lassen ist.

Besonders ist bei der Auffassung landschaftlicher Bilder die Erkenntniss des Verhältnisses der künstlerischen Freiheit von grosser Schwierigkeit, weswegen weniger gebildete Künstler so oft vermeinen, ihrer ungeläuterten Willkühr den Zügel schiessen lassen zu dürfen, woraus denn freilich nichts der Natur tiefer Entsprechendes entstehen kann. Bei einem ächten Künstler hingegen, wie Ruysdael, sind die ihm ent- sprechenden Eigenschaften im Stadium der Meisterschaft so in Fleisch und Blut übergegangen, dass er sich ihrer auch da nicht entäussert, wenn er sich einer freien Willkühr überlässt. woraus zugleich die Berechtigung zu einem kategorischen Ver- fahren bei seiner Auffassung und Bestimmung erwächst, und da es sich in andern Zweigen des geistigen Vermögens ähn- lich verhält, so folgt hieraus, dass auch bei Beurtheilung von Kunstwerken nur derjenige beim Ausspruch, ein Bild sei ächt oder unächt, Glauben und Vertrauen verdient, der nicht durch schwach unterstützte Kunstansichten vermeint, eine derartige Frage entscheiden zu können, sondern auf kunst- wissenschaftlichem Wege zu überzeugen vermag.

Geht man zu dem angekauften Bilde zurück und nimmt in ähnlichen Particeen dieselbe Prüfung vor, so wird man alsobald gewahr werden, wie sich die Behandlung in einer leicht tractirbaren allgemeinen Farbe in unbedachter, wenig sagender Fertigkeit ein für alle Mal abschliesst, wäh- rend ein so grosser Meister, wie Ruysdael, langsamen, ge- messenen und sicheren Schrittes, im einheitlichen Zwecke der geistigen Offenbarung, mit gefühlvollster Andacht dem

Ziele der Schönheit zuwandelt. Kein Theil ist ihm zu gering, als dass er sich nicht die Mühe nehmen sollte, ihm sein volles Recht der Idee nach angedeihen zu lassen.

Diejenigen, welche nicht im Stande sind, den Unterschied einer grossmeisterlichen Behandlung, wie sie Ruysdael, und einer schülerhaften, wie sie das angekaufte Bild bietet, zu erkennen, werden wohl thun, sich mit einem gewöhnlichen, nur wenig scharfen Vergrösserungsglase zu versehen. Die so besser zum Vorschein kommende, ausser dem hier festzuhaltenden Naturgesetze liegende, leichtfertige Zerfahrenheit in den Partieen dieses sonst in allen Theilen wohlerhaltenen Gemäldes wird ihn überraschen und leicht überzeugen, dass beim Ankauf desselben eine Unkenntniss zum Grunde liegt, die in ihrer bezeichnenden, weitumfassenden Tragweite schwer zu verantworten sein dürfte.

Es würde hier zu weit führen, auch bei den Felsenpartieen, dem links des Bildes gefällten Baumstamme in der Behandlung des Farbenauftrages und der Pinselführung ähnliche Schwächen, wie in dem Baumschlage, nachzuweisen; daher mag es genügen, nur noch anzuführen, dass der Maler dieses Gemäldes von dem einheitlichen Gesetze der perspectivischen Formenmodificationen, das Ruysdael unter den verwickelndsten Umständen so festhält und daraus den grossen Reichthum malerischer Ideen zu entwickeln weiss, keine Ahnung hat, weil dieser Meister die so gewonnenen feinen Wahrheiten so geheim hält, wie die Natur selbst.

Berlin, den 19. Mai 1858.

§. 27.

Ueber die neuen Erwerbungen für die Bildergalerie des königlichen Museums zu Berlin.

Es ist bereits über zwei Jahr, dass ich in einer öffentlichen kunstwissenschaftlichen Kritik nachgewiesen habe, dass die um diese Zeit für die Königliche Bildergalerie zu Berlin als ein Original des Jacob Ruysdael angekaufte Landschaft nicht ächt sei. Nachdem man diese Angelegenheit hat eine geraume Zeit auf sich beruhen lassen, während deren man sich genugsam überzeugen konnte, wie alle Sachverständigen, welche von diesem Falle Kenntniss nahmen, mit mir übereinstimmten, hat man nun dennoch dieses Bild als ein Original des Jacob Ruysdael in der königlichen Galerie unter No. 889 A. aufgeführt, ohne vorher dem Publicum, welches sich in einem ungewöhnlichen Grade für diese Angelegenheit interessirte, durch eine ihm schuldige Entgegnung auf jene Kritik Rechenschaft von diesem Thun zu geben, wozu unserer Ansicht nach Herr Waagen verpflichtet war, da derselbe als Director der Galerie die Bestimmung der Meister zu vertreten hat. Statt einer Entgegnung zieht es Herr Waagen vor, meiner Kritik, wie ich vernommen, einen kleinlichen Beweggrund unterzulegen und den bequemen Einwand zu machen, das obige Bild gehöre einer früheren Periode des Ruysdael an. Obgleich einem solchen Einwande in meiner Kritik bereits begegnet worden, so finde ich mich doch veranlasst, noch ein Mal auf das leidige Bild zurückzukommen, wobei es sich ergeben wird, wie sehr man Grund hat, auf der Hut zu sein, damit man in die allgemeinen

Kunstredensarten des Herrn Waagen nicht mehr hineintrage, als sie bei seiner Art der Kunstkenntniss enthalten können.

Das Hauptmerkmal des Genies, in welchem sich die zukünftige Grösse eines Meisters erster Grösse zu erkennen gibt, ist dieses, dass es sich von Haus aus nur durch das Wesen dessen unmittelbar angeregt fühlt, was es hervorbringen will. Der bildnerische Trieb des Genies ist daher rein geistiger Natur. Seine Entwickelung besteht nur darin, dass es für das Wesen den entsprechendsten Ausdruck sucht. Bei diesem seinem Streben lässt sich das Genie niemals durch Unwesentliches verleiten, auf Abwege zu gerathen, daher die reissende Schnelligkeit seiner Entfaltung durch das Erlernbare.

Schon der alten Mythe, dass Minerva aus dem Haupte des Jupiter vollständig gerüstet entsprungen, liegt der Sinn zum Grunde, dass das Genie von der Natur von Anfang an Alles empfangen, was den Kern seiner Bedeutung ausmacht. Eine vorläufige Unbehülflichkeit bei Handhabung der Mittel, das Wesen möglichst entsprechend auszudrücken, dient nur dazu, diesen Zweck um so deutlicher erkennen zu lassen. Das ist es, was den Werken der frühesten Meister, trotz ihrer so wenig entwickelten Formen, so hohen Werth verleiht, und es kann die Bestätigung dieser Eigenthümlichkeit des Genies bei jedem grossen Meister gefunden werden, von welchem eine Sammlung von Bildern vorhanden ist, die seinen Entwickelungsgang anschaulich macht.

Bei der in Rede stehenden Landschaft lässt sich nicht nur nichts von unentwickelten Formen solcher Art entdecken, sondern derjenige, der vernünftig sehen kann, wird leicht erkennen, dass sich hier eine äusserlich erlernte Geschicklichkeit in einer bald erschöpften Geläufigkeit durch manieristische

Bezeichnung der darzustellenden Sache bereits so abgeschlossen hat, dass hier von einer unmittelbaren Anschauung, die die Auffassung des Wesentlichen bedingt, gar nicht die Rede sein kann.

Dass Ruysdael, wie jeder grosse Meister, von einer solchen Manierirung weit entfernt ist, geht schon aus seiner überaus grossen Fruchtbarkeit hervor, die bei einer so rohen Willkühr und bei einem so abschliessenden Verfahren, wie sie die obige Landschaft enthält, durchaus nicht möglich ist. Eine auf dem königlichen Kupferstichkabinet zu Berlin befindliche Naturstudie, von Ruysdael mit der Feder ausgeführt, kann zeigen, wie werth dieser Meister die Natur geachtet, da er hier, ihr unmittelbar gegenüber, sich vorsätzlich seiner Meisterschaft entschlagen, um mit kindlicher Unbefangenheit ihrem eigensten Ausdruck gerecht zu werden. Vermöge seiner Grösse erkannte er wohl, dass man in der Kunst allen Grund habe, sich zuweilen der Kunst zu enthalten, um ihrem höhern Zwecke nur um so besser entsprechen zu können.

Man sieht daher nicht selten die grössten Meister der höchsten Kunstblüthe in die Zeit ihrer bedeutenden Kunstanfänge vorsätzlich zurücktreten; denn da ist das Bedeutendste hervorgebracht worden, wo die höchste Meisterschaft nur dazu verwendet wird, der geistigen Bedeutung eines anfänglichen unbefangenen Kunstbeginnens später im Zweck der zu offenbarenden Schönheit den deutlichsten Ausdruck zu verleihen.

Solche Züge sind es, die einen Meister erster Grösse sogleich erkennen lassen. Aber es gehört ein kunstgebildeter Sinn dazu, der ihren Umfang zu ermessen vermag, damit man nicht ein äusserliches trügliches Zeichen solcher Züge für die Sache selber nehme.

Wie kann man einem Meister, wie Ruysdael, dessen
Feinheit unerschöpflich ist, ein Machwerk zutrauen, das kaum
eine Spur von seiner tiefern Auffassung aufzuweisen hat, sondern
nur die mit schwachem Geist entlehnten äussern Merkmale
derselben, denen ein lebendiger innerer Zusammenhang völlig
abgeht. Es verhält sich damit, wie mit der Kennerschaft,
von welcher die Erwerbung dieses leidigen Bildes ausgegangen ist. Mit der Kenntniss einer beschränkten Anzahl äusserer Merkmale glaubt man, einen Meister, wie Ruysdael,
erkannt zu haben, und liefert dadurch nur den Beweis, dass
man keine Ahnung davon hat, was man in der Kunst zu
wissen habe, um zu einer bestimmten Ueberzeugung gelangen
zu können.

Wenn ich mich in meiner vorigen Kritik begnügt habe,
nur die handgreiflichsten Schwachheiten nachzuweisen, die in
keinem ächten Bilde Ruysdael's vorkommen, so geschah
dies einestheils, weil mich der Nachweis anderer Mängel
leicht hätte zu weit führen können, anderntheils weil dieser
Nachweis, um ihn als solchen zu erkennen, eine Kenntniss
voraussetzt, die am allerwenigsten bei denjenigen gesucht
werden kann, die aus nichtigen Gründen den Ankauf dieses
Bildes gut heissen.

Man hat es hier freilich nicht mit einer Nachahmung
vom gewöhnlichen Schlage zu thun, sondern mit einer solchen, die aus der willkührlichen Zusammensetzung einzelner
aus Ruysdael'schen Werken entlehnter Theile besteht,
denen der nothwendige innere Zusammenhang fehlt, was die
Sache etwas erschwert.

Wer nicht fähig ist, meinen bisherigen Nachweis der
Unächtheit dieses Bildes als überzeugend anzuerkennen, son-

dern sich demselben trotzig verschliesst und lieber bei einer oberflächlichen Ansicht beharrt, für den wird auch das Nachfolgende umsonst sein. Zum Glück gibt es aber im Publicum Männer genug, die das Wahre vom Falschen bei einem Erweise zu unterscheiden wissen, wenn er auch in der Kunst kein mathematischer sein kann. Denn die Physiognomie der Wahrheit ist in allen Fächern des geistigen Vermögens dieselbe, und der wissenschaftlich Gebildete weiss schon, in wieweit ihr zu trauen ist.

Schon die Art der willkührlichen Zusammensetzung der einzelnen Theile erregt in dem obigen Bilde den Verdacht der Unächtheit. Ruysdael ist ein viel zu tiefer Denker, als dass er nicht wissen sollte, wie weit die freie Erfindung sich in dieser Beziehung erstrecken darf, damit sie nicht mit der geistigen Eigenwilligkeit der Natur im Widerspruch stehe, wie es hier der Fall. Die Natur ist in ihren Aeusserungen durch die Einwirkung universeller Ursachen so überaus bedeutsam und reichhaltig, dass selbst das grösste künstlerische Genie, wegen der verhältnissmässigen Beschränkung persönlicher Anschauung, sich genöthigt sieht, sich wenigstens an ein bestimmtes Naturmotiv beim bildnerischen Schaffen anzulehnen, damit es jener Fruchtbarkeit theilhaftig werde, die, wenn sie nur von ihm selbst ausgeht, im Vergleich zur Natur so wenig ergiebig ist. Sicher hatte Ruysdael bedeutend mehr Grund, wie der Fertiger des obigen Bildes, in Hinsicht der freien Zusammenstellung der einzelnen Partieen willkührlich zu verfahren. Er zieht es aber vor, lieber in den Schein einer so grossen Treue der Wirklichkeit zu verfallen, als hätte er sich der künstlerischen Freiheit begeben, die als eine wohlverstandene so unerlässlich ist, wenn es sich, wie bei seinen Bildern, um die Offenbarung des geistigen Inhaltes handelt.

Von den beiden ächten Landschaften No. 885 und No. 893, die dem in Rede stehenden Bilde gegenüber haangen, ist es besonders die erstere, welcher man den Vorwurf einer zu grossen Treue der die Schönheit verschliessenden Wirklichkeit machen könnte, wenn man nicht bald gewahr würde, dass diese Treue nur eine scheinbare ist, da sie der Schönheiten so viele offenbart, was nur durch eine sinnvolle Unterscheidung des Wesentlichen vom Zufälligen stilgemäss möglich ist. Die Gewissenhaftigkeit, mit welcher hier ein besonderer Fall von Ruysdael bildnerisch gewürdigt wird, steht im genauen Einklang mit der Erkenntniss, durch welche dieser Fall dennoch zur geistigen Höhe seiner einheitlichen Idee erhoben wird.

Mehr oder weniger tragen alle Werke des Ruysdael dieses treue Naturgepräge bei einer wahrhaft freien Schöpfungskraft, deren Weisheit mit darin besteht, dass sie sich nicht selber zur Schau stellt, damit den feinern selbständigen Naturzügen, die auch in dem Oberflächlichen enthalten sind, nicht durch die Eigenheit des Meisters der Weg vertreten, werde, der auf diese Weise in Ehrfurcht vor den Naturgesetzen zurücktritt. Die Aehnlichkeit seiner Bilder unter sich ist daher nur die, welche der Natur unter ihren gleichartigen Erscheinungen selber eigen ist, bei einer unendlichen innern Verschiedenheit, in deren bedächtiger, feiner und gefühlvoller Auffassung dieser Meister so gross da steht. Wer den Reichthum dieser inneren Verschiedenheit, die auch seine Werke enthalten, erkennt, wird sicher nicht das obige Machwerk als Folge solcher Verschiedenheit ansehn. Denn ein

Künstler ist wohl seinem Genie, nicht aber das Genie dem Künstler unterthänig. Ruysdael kann daher nicht in seinen Schöpfungen bald gut, bald schlecht sein, wie das obige Bild, sondern sein Genie ist nur mehr oder weniger deutlich ausgesprochen, je nachdem seine Intentionen beschaffen sind, auf deren Verständniss das Verständniss seiner Werke überhaupt beruht, das in dem obigen Bilde kaum ein äusserliches genannt werden kann.

Wenn ein Meister sich auch beim bildnerischen Schaffen seinem begeisternden Gefühle überlässt, er bleibt immer im Bereiche des Gedanklichen. Denn auch die Begeisterung ist ja ein Akt des Denkens. Der Ausdruck des bildnerischen Denkens, mit dem individuellen Gefühle auf das Innigste verbunden, macht daher seine Sprache aus, durch deren Selbstständigkeit sich ein Meister mit Sicherheit erkennen lässt. Diese Sicherheit kann aber nur alsdann erlangt werden, wenn durch praktische Ausübung der Kunst das Studium von Kunst und Natur so unterstützt wird, dass einem der geistige Sinn dessen verständlich wird, was man auch in der bildenden Kunst das Technische nennt, obgleich es von dem geistigen Prozess, den die geschaute Erscheinung mit der Empfindung eingeht, die genauste Kunde gibt. „Wie schon ein guter Schütze es durch und durch fühlt, ob er sein Ziel getroffen“, so und noch ungleich mehr hat der wahre Kenner durch das Verständniss der individuellen Denk- und Gefühlsweise fraglicher Meister die innere Ueberzeugung, dass er sich bei deren Bestimmung nicht geirrt. Denn es handelt sich hierbei nicht um eine auswendig gelernte Schablone äusserer todter Merkmale, sondern um die Erkenntniss einer besondern Art und Weise, wie unendliche Lebensideen durch eine bestimmte freie schöpferische Kraft zu einem einheitlichen Ganzen gestaltet sind.

Dass indessen sich auch ein gediegener Kenner dessenungeachtet irren kann, soll hier durchaus nicht in Abrede gestellt werden. Nur ist dabei der Unterschied wahrzunehmen, dass seinem Irrthume immer ein bildnerischer Sinn zum Grunde liegt, der oft ein grösseres künstlerisches Interesse darbietet, als wenn er sich nicht geirrt hätte. Des Werthes seines Urtheils sich bewusst, wird daher ein wahrer Kenner auch nicht den mindesten Anstand nehmen, seinen Irrthum einzugestehen, ohne dabei zu befürchten, er vergäbe sich dadurch etwas. Die moralische Kraft eines solchen Zugeständnisses kann indessen da am wenigsten erwartet werden, wo die so oft begangenen Irrthümer so Weniges enthalten, was zu ihrer Rechtfertigung dienen könnte.

So mag denn dieses schwache Bild so lange in der königlichen Galerie als ein Werk des Jacob Ruysdael aufgeführt bleiben, bis man der Wahrheit die Ehre gibt, die ihr gebührt. Für jeden ächten Kenner ist es vollständig hinreichend, den Beweis zu liefern, dass solcher Bestimmung diejenige Kenntniss mangelt, die besonders bei Bildern unerlässlich ist, welche in die Periode fallen, wo die Kunst Selbstzweck ist und es sich darum handelt, den Natursinn der Erscheinung an sich malerisch zu erschliessen. Die kritische Besprechung der neu erworbenen Bilder wird zeigen, inwieweit dies seine Richtigkeit habe.

Zu der Erwerbung der Landschaft No. 836 A., angeblich von Ian Wynants, scheint vornehmlich der Umstand beigetragen zu haben, dass sie von einem Kunsthändler in einer öffentlichen Versteigerung zu einem hohen Preise erstanden worden.

Dass dieses gemüth- und empfindungslose Bild von den Vorzügen des genannten grossen Meisters nur einen äusserlichen schwachen Anklang enthält, so viel ist leicht zu sehen. Die durch den obigen Umstand vielleicht hervorgerufene Vermuthung innerer Vorzüge desselben ist leider völlig unbegründet. Das Bild trägt die Jahrzahl 1642 und fiele demnach in die höchste Kunstblüthe dieses Meisters, dessen Werke denen des Ruysdael an geistigem Gehalte so nahe stehen.

Wynants wendet sich bei einer rationelleren Sinnesweise mehr den malerischen Bedingungen einer gewöhnlichen direkten Tagesbeleuchtung zu und ist in seinen landschaftlichen Vorwürfen nicht wählerisch, da seine Kunst ihm die Gewähr giebt, auch in der einfachsten, ja kargsten Natur durch eine feine charaktervolle Auffassung der Formen- und Farbenverhältnisse ein grosses Interesse zu erwecken.

Von besonderm Werthe sind die Vordergründe seiner reichern Landschaften, wo er in der sinnvollsten Darlegung der verwickeltsten Naturgesetze unklarer, verworrener Blättermassen des Gestrüppes und des Astbaues stets neu und anziehend ist. Daher sind auch seine Waldpartieen, wo sich solche Verhältnisse in Menge darbieten, von grossem malerischen Werthe, wie man bei trefflichen Werken dieses Meisters in den königlichen Galerieen zu München und Dresden sehen kann.

In solchen Partieen ist er unermüdlich, die hier so vielfach ausgesprochenen, gleichartigen Naturideen nach ihren unendlichen Modificationen zu verfolgen und auf das Bedeutsamste vorzuführen. Bei der regsten Empfindung für Naturschönheit und dem ernsten Streben, ihren Lebensbedingungen auf die Spur zu kommen, ist sein Vortrag doch so frei, als leicht und von einer Phantasie, die im Anlass der reichen Wirklichkeit von einer ächten Productivität durchdrungen ist.

So sehr sich Wynants auch in die Natur vertieft, er übersieht dabei das Nächste nicht. Sein Trachten ist zugleich dahin gerichtet, das rein menschliche Interesse an der Natur dadurch zu steigern, dass er ihrem Leben den bedeutsamsten Ausdruck verleiht. Die in dieser Hinsicht so strenge Forderung des Kenners erhält nicht nur hier eine volle Befriedigung, er fühlt sich beinah, wie durch die Werke eines Hobbema, von einem magnetischen Leben berührt. Wie einen in seinen Wäldern die Schauer einer stillberedten Einsamkeit überkommen, denen man sich so gern überlässt, so ergreift einen in seinen Bildern einer kargeren Natur ein gewisses Gefühl der Sehnsucht nach der Ferne. Wynants trägt seine Absicht so wenig zur Schau, wie die Natur selbst, und beweist dadurch, wie fein er die letztere erkannt. Durch solche Mässigung reiht er sich den Landschaftsmalern erster Classe an.

Ueber die sogenannte Poesie einer Landschaft scheint, beiläufig bemerkt, Herr Waagen eine eben so unbestimmte Vorstellung zu haben, wie über viele der Meister selbst. Wenn Ruysdael in dieser Beziehung Bedeutendes hervorgebracht, was solcher Vorstellung entsprechend ist, so erwächst hierdurch durchaus noch keine Berechtigung, andern bedeutenden Meistern die Gabe des Poetischen abzusprechen, um so weniger, als es eine Bedingung der Meisterschaft überhaupt ist, die in der Wirklichkeit durch das Zufällige verdeckte oder zersplitterte Naturidee dem Sinne ihrer Urbedeutung gemäss in der Schönheit herzustellen.

Das hätte Herr Waagen wissen sollen, ehe er seinen unbegründeten Machtspruch verkündete: Hobbema's Bilder entbehrten der Poesie. Er hätte wissen sollen, dass in solcher Auffassung das eigentlich Dichterische beruht und dass auch selbst die Vedute einer solchen Auffassung fähig sei, wie gerade Hobbema am bewunderungswürdigsten beweist.

Jeder gründliche Kenner wird fragen, wie es möglich sei, eine so leere, bequeme und manieristische Auffassung und Behandlung der in Rede stehenden Landschaft einem Meister zuzuschreiben, der in der lockersten Skizze mehr Formensinn und geistigen Gehalt offenbart, als dieses ganze Bild aufzuweisen hat. Die Beantwortung dieser Frage wird durch den Umstand möglich, dass es, wie schon Eingangs erwähnt, mitunter bei grossen Meistern vorkommt, dass sie in das naive Stadium ihrer künstlerischen Anfänge vorsätzlich zurückgehen, um in jener primären Unbefangenheit der Anschauung der Natur um so gerechter werden zu können, da sich mit der Zeit bei jeder entwickelten Virtuosität mehr oder weniger gewisse Angewöhnungen einschleichen, die vom Ziele der Wahrheit abführen. Die so entstandenen naiven, ächten Meisterbilder sind aber, ihrer ideellen Wirksamkeit nach, daher auch um so gewichtiger. Da sie indess auch dadurch schwieriger zu verstehen sind, so hatte der Künstler in dem vorliegenden Falle, indem er sich einer solcher Manier äusserlich bediente, in seiner betrügerischen Absicht bei Leuten ein leichteres Spiel, denen jede tiefere Erkenntniss abgeht. Ja, das innere Unvermögen dieses Künstlers, es dem Wynants gleich zu thun, musste ihm hier besonders zu Statten kommen, da die Züge des innern Unvermögens und die einer naiven Unbehülflichkeit des Ausdruckes sich so ähnlich sind,

Dass der Mangel von Lebensfülle, die jedes wahre Mei-
sterbild enthält, dem Herrn Waagen nicht aufgefallen ist,
kann um so weniger Wunder nehmen, da derselbe in seiner
letzten Broschüre, bei Besprechung einzelner Bilder der königlichen Galerie zu Dresden, einen ähnlichen Fehler im
umgekehrten Verhältniss begangen hat, indem er ein ächtes
Bild von Giorgione, vorstellend Rebekka am Brunnen, für
ein Werk des Nachahmers Bonifazio hält, ohne diese Behauptung kritisch irgendwie begründen zu können, da dieser
Meister in die Periode fällt, wo die Kunst sich, vornehmlich durch Giorgione, zu ihrem Selbstzwecke entwickelte
und sein Verständniss dadurch für Herrn Waagens äusserliche
Kenntniss unmöglich ist.

Giorgione ist ein Meister der venezianischen Schule
von so grosser Wichtigkeit, dass ich ihm auf meinen italienischen Reisen ein besonderes Studium gewidmet habe, wie
ein Artikel von mir im deutschen Kunstblatt No. 17 vom
Jahre 1851, beweisen kann, in welchem zum ersten Male die
Eigenthümlichkeiten desselben näher abgehandelt worden,
weshalb ich hier des Weiteren überhoben zu sein
glaube.

Bekanntlich hat Wynants seine Bilder von andern
Meistern, besonders von Adrian van der Velde staffiren
lassen. Wenn nun ein solcher Meister sich auch bemüht,
seine Manier mit der einer betreffenden Landschaft in Einklang zu bringen, so kann die Selbstverleugnung eines staf-
firenden Meisters doch unmöglich so weit gehen, sich zu
einer Mangelhaftigkeit herbeizulassen, wie die der in Rede
stehenden Landschaft ist. Die genaue Uebereinstimmung der
Staffage mit dieser Landschaft thut es deutlich dar, dass so-

wohl Landschaft, als Staffage von einer und derselben schwachen Hand herrühren.

Vergleicht man schliesslich die Auffassung und Behandlung der Luft und des Baumschlages mit diesen Theilen des früher erworbenen Bildes, das man fälschlich für ein Werk des Ruysdael ausgibt, so kann man sich des Gedankens nicht erwehren, dass diese beiden Bilder vielleicht aus der Fabrik eines holländischen Kunsthändlers entsprungen sind. An solchen betrügerischen Speculanten hat es zu keiner Zeit gefehlt, eben so wenig an armen Künstlern, die diesen mit äusserer Geschicklichkeit für ein Geringes zu Willen waren, dabei aber mehr oder weniger, ohne es zu wissen, das Gesetz ihrer ungeläuterten Willkühr dem Gesetze der darzustellenden Natur vindicirten.

Nächst diesen beiden Landschaften ist es das Porträt No. 784, das angeblich den Gabriel Metzu vorstellt und von ihm selbst gemalt sein soll, welches wegen seiner Mangelhaftigkeit für den Besitz einer königlichen Galerie als ungeeignet bezeichnet werden muss. Die Art und Weise, mit welcher hier unwesentliche Theile als wesentlich und wesentliche Theile als unwesentlich behandelt sind, gibt deutlich zu erkennen, dass man es hier durchaus nicht mit einem Meisterbilde zu thun hat, am allerwenigsten mit einem des trefflichen Genremalers Gabriel Metzu, da die Unsicherheit des Bildnertriebes auch den Anfängen dieses grossen Meisters, widerspricht. So ist namentlich die aufgefasste zufällige bläuliche Luftspiegelung im Haar ein Umstand, der das künstlerische Interesse, das sich in diesem Bilde ausspricht, als ein sehr oberflächliches haltungsloses kennzeichnet, da über das Wesentliche der Formenverhältnisse mit urtheilsloser Leichtfertigkeit hinweggegangen ist.

Wenn das Bild dessenungeachtet Manches enthält, was von künstlerischem Interesse ist, so ist in Erwägung zu ziehen, dass die niederländische Malerei zur Zeit der Entstehung desselben viel zu bedeutend war, als dass nicht auch das Unbedeutende, was Dilettanten damals aus Liebe zur Kunst hervorgebracht haben, einigen Werth haben sollte. Dass vielleicht ein Kupferstich nach diesem Bilde mit der obigen Angabe existirt, will wenig sagen, da der Kupferstecher für dergleichen Angaben, die in der Regel von den Besitzern betreffender Bilder ausgehen, durchaus keine Gewähr bietet, weil die Prüfung der Aechtheit eines Bildes ausser seinem Berufe liegt.

Von erheblicherem Belang ist ein solcher Umstand, wenn es kunsthistorisch fest steht, dass der Kupferstecher zu dem Meister, nach welchem er angeblich gestochen, in einem persönlichen Verhältnisse durch seine Kunst gestanden hat. Indessen ist ein gründlicher Kenner auch so noch auf seiner Hut und betrachtet dergleichen Angaben nur als äusserliche Fingerzeige, die nur alsdann einen bestätigenden Werth haben, wenn sie in Begleitung innerer kunstwissenschaftlicher Gründe vorkommen.

Bei den folgenden Bildern gereicht es wenigstens zu einer Genugthuung, dass sie wirkliche Meisterbilder sind, obschon nicht solche, wie die Angaben des Herrn Waagen lauten, wenn man das mittelmässige, nicht gut restaurirte Bildniss No. 824 A., angeblich den Maler Samuel Hoogstraten vorstellend, davon ausnimmt.

Als ein vorzügliches Werk muss das Bild No. 585 A.,

vorstellend die Bildnisse zweier Geistlichen, von A n t o n y
M o r o , hier hervorgehoben werden, da das eigenthümliche
künstlerische Verhältniss eines Meisters zur Natur nur selten in so reiner Unmittelbarkeit und Naivetät und mit einer
so prägnanten Virtuosität zur Anschauung gebracht ist, die
nichts für sich sein will, sondern gesinnungsvoll in die geistige Wahrheit aufgeht. Zu gleicher Zeit ist dieses schöne
Kunstwerk von kunsthistorischer Bedeutung, da es, wie kaum
ein anderes der niederländischen Kunstepoche, welche der
des R u b e n s unmittelbar vorhergeht, deutlich zeigt, wie nur
der Eklekticismus, der auch hier Platz gegriffen, die Ursache
war, dass der Mangel an selbständiger geistiger Sammlung
die hohe künstlerische Befähigung der damaligen Meister
nicht zu derjenigen Geltung kommen liess, die sich so bedeutsam in dem Bilde des A n t o n y M o r o kund gibt.

Ich komme nun zu dem männlichen Bildnisse No. 795 A.,
das als ein Werk des G e r h a r d T e r b u r g , eines der
bedeutendsten holländischen Meister, erworben und aufgeführt ist.

So viel mir zuverlässige Bilder von diesem Meister vorgekommen sind, und deren sind nicht wenige, da fast jede
bedeutendere Galerie solche besitzt, machen sich dieselben
durch einen sehr feinen silbergrauen Ton und durch einen
gewissen Grad von Stimmung leicht erkennbar, welcher tiefer, wie der der Wirklichkeit, eine Transponirung der wirklichen Farben nothwendig macht, und diese Transponirung
ist es, in welcher dieser Meister den malerischen Sinn derselben zu erkennen gibt. Das Streben des T e r b u r g ist
mehr dahin gerichtet, die innere Lebensfähigkeit seiner Bilder möglichst zu steigern, als gewisse Effecte zu erreichen,

die, genau betrachtet, zwar ein Bild lebhafter machen, die
aber nur wenig mit der inneren Lebensfähigkeit gemein
haben, da diese mehr in dem einheitlichen innigen Zusammenhang geistiger Naturideen der Erscheinung beruht. Seine
Wahl sanfter Localfarben steht hiermit in genauer Beziehung,
da er so die stetige Reihe von Wahrheiten am feinsten und
weitesten verfolgen kann. Die so entstandene Monotonie
seiner Bilder ist nur eine scheinbare, da er aus den modi-
ficirenden Umständen der Formen, der Materie und den
wechselseitigen Beziehungen der einfachen Farben eine grosse
Mannigfaltigkeit herzuleiten weiss, die, wie in der Wirklichkeit, nur erst nach und nach sichtbar werden, wenn das
Auge durch tiefere Erkenntniss unterstützt wird.

Dass indessen Terburg auch den schroffen Gegensatz,
durch welchen die feineren Wahrheiten so leicht verhindert
werden, zu ihrer Geltung zu gelangen, mit grosser Kunst
beherrschen kann, das zeigt er in solchen Bildern, deren
einfache Farbengebung er durch die energischste von allen
Farben, durch das Scharlachroth unterbricht, das er unter
den schwierigsten Verhältnissen des Stoffes und der Oertlichkeit bewunderungswürdig einführt. Wenn er bei der feindlichen Wirkung dieser Farbe die feineren Wahrheiten noch
festzuhalten weiss, so geschieht das nicht etwa durch eine
wohlfeile hergebrachte Harmonie, welche von dieser Feind-
lichkeit etwas abdingt: mit stillem Scharfsinn und mit der
reinsten Empfindung ermisst er die wechselseitigen Kräfte,
welche von dem eigenthümlichen Leben der Erscheinung all-
seitig Kunde geben, so genau, dass jede derselben, also auch
die feindliche zu ihrem gebührenden Rechte gelangt.

Terburg ist bei der Erwägung derartiger Naturverhältnisse eben so weise, als naiv, wenn er bei deren Auffassung nicht immer die Kunst, sondern auch die Natur selbst verantwortlich sein lässt, deren stille Lebensräthsel nicht immer eine erspriessliche Lösung durch die Kunst gestatten. Wenn seine Werke überhaupt im Sinne des Stilllebens vollführt sind und er im Verfolg der enggegliederten Kette von Wahrheiten sogar bis zu den oberflächlichsten Wahrheiten gelangt, ohne das innere Leben der Erscheinung zu gefährden, so ist es eine hiermit zusammenhängende Consequenz, wenn seinen Vorwürfen auch äusserlich eine eben so feine, als treffende Charakteristik so gerecht wird, wie dies seine so sehr beliebten Darstellungen geselliger Zustände beweisen. Nicht weil Terburg so fein in Auffassung der äusserlichen Charakteristik ist, ist er auch tief, sondern umgekehrt.

Eins der bedeutendsten und grössten Bilder von Terburg besitzt die königliche Galerie zu München unter No. 200, vorstellend das Innere einer Stube mit drei Bauern, woraus am deutlichsten zu ersehen ist, was dieser Meister auch im Bildnissfach zu leisten vermag, da er auch hier, wie er dies schon im Kleinen zeigt, die bestimmtesten Persönlichkeiten mit der bewunderungswürdigsten Besonderheit vorführt.

Wenn ein Meister bei Vollführung seines Werkes sich auch nicht von Allem und Jedem Rechenschaft gibt, was das Kunstwerk ausmacht, es liegt dabei seinem durch die Kunst geläuterten Gefühl die Forderung einer bestimmten Lebenswirkung zum Grunde, die summarisch Alles in sich begreift, was seine ganze Kunst bildet und durch die Kraft ihrer organisch zusammenhängenden Ideen eine eben so bestimmte, als eigenthümliche geistige Wucht auf Geist und Empfindung des Beschauers ausübt. Der wahre Kenner, welcher als solcher mit den Factoren, die diese Kunst ausmachen, wohl vertraut ist, fühlt demzufolge auch leicht schon an der Art dieser Wucht, ob jener Forderung genug gethan worden, und wird um so mehr überzeugt, ob er ein Aechtes oder Falsches vor sich habe, da er diese Wucht auch nach ihren ursächlichen Bedingungen zu prüfen vermag.

Das in Rede stehende Bildniss, das Herr Waagen für ein Werk des Terburg hält, hat weder die eben angeführten äusseren Merkmale, die keinem der Bilder dieses Meisters fehlen, noch äussert es die eigenthümliche Wucht derselben, sondern enthält nur diejenigen künstlerischen Eigenschaften, die man bei hunderten von Kleinmeistern, nach Massgabe der Eigenthümlichkeit modificirt, antrifft. Es steht daher zu vermuthen, dass vielleicht diesem Bildniss irgend eine Art von „Beglaubigung" äusserlich beigefügt ist, auf welche man oft einen so grossen Werth legt, die aber unter so bewandten Umständen nicht zu beachten ist. Oder sollte man wohl gar der Meinung sein, ein Künstler, wie Terburg, der hauptsächlich als Genremaler im Kleinen thätig war, könne im Grossen seine Denk- und Empfindungsweise so wesentlich ändern oder verleugnen?

Wenn es noch nöthig ist, dem obigen Münchener Beispiele ein anderes hinzuzufügen, so sei man auf die Bildnisse von van Keulen in der königlichen Galerie zu Dresden verwiesen. Hier lässt es sich deutlich erkennen, welches Ansehn lebensgrosse Bildnisse von Terburg etwa haben, da dieser Meister sehr viel Uebereinstimmendes mit Terburg hat. In dem in Rede stehenden Bilde lässt sich aber in keiner Art irgend eine Gemeinschaft mit Terburg finden, noch lässt sich überhaupt ein künstlerisches Verhältniss entdecken, das als ein selbständiges, eigenthümliches für eine königliche Galerie zu beachten wäre.

Eine gewisse kunstvolle Zurückhaltung, die sich in der Gesammtwirkung ächter Bilder von Terburg bemerklich macht und sogleich ein hohes Interesse erweckt, ist eine Eigenschaft, die keinem seiner Werke fehlt. Diese Eigenschaft lässt zugleich erkennen, dass er die Lebenswirkung seiner Bilder nicht in einzelnen Punkten sucht, sondern dass diese von der breiten Basis seiner universellen Anschauung überhaupt ausgeht. Zu solcher Höhe von Kunst vermag sich der Meister des in Rede stehenden Bildes durchaus nicht emporzuschwingen, da die Gesammtwucht seines geistigen Inhaltes bedeutend hinter der der Werke des Terburg zurückbleibt.

Das zuletzt erworbene Bildniss No. 408 A., das Herr Waagen für ein Werk des Velasquez hält, scheint demselben am wenigsten Skrupel gemacht zu haben; denn diese Bestimmung erfolgte nach Placirung dieses Bildes ungewöhnlich rasch. Ich habe es in der Galerie gesehen, ob sein vermeinter Urheber angegeben war, und schloss sogleich aus Herrn Waagens Anschauungsweise mit Sicherheit, dass die Angabe von ihm so lauten würde.

Derselbe hatte bereits vor geraumer Zeit das schöne Bildniss des Cardinals Azzolini No. 413 für ein Werk des Murillo erklärt, von dessen Manier auch keine Spur in demselben zu entdecken war. Vor ungefähr zwei Jahren ist endlich Herr Waagen veranlasst worden, diesen Namen in Velasquez umzuändern, der ohne Zweifel der richtige ist. Ich hatte bereits vor zehn Jahren in meinem Werke „Das Wesen der Malerei" darauf aufmerksam gemacht, dass dieses Bild ein Velasquez sei, und fand später in Rom in der

Galerie Doria in dem Bildniss des Papstes Innocenz X. diese Angabe auf das Genaueste bestätigt.

Im Bildnissfach sind nur selten die äusseren Merkmale derart, dass sie für die nähere Bestimmung eines Meisters einen genügenden Halt böten, weswegen derjenige, welcher nicht vermögend ist, in den feinen malerischen Ausdruck einer individuellen Denk- und Empfindungsweise eines Meisters einzudringen, besonders hier über einen fraglichen Urheber in grosser Ungewissheit schwebt. Der vorliegende Fall ist besonders geeignet, diesen Ausspruch zu bestätigen, da die königliche Galerie zwei ächte Bildnisse besitzt, die den Nachweis der Unächtheit des obigen Bildes instructiv erleichtern, wenn diese Bildnisse auch von der weit umfassenden Darstellungsweise dieses grossen Meisters noch keine erschöpfende Vorstellung geben. Das erste, im freiern Stile behandelt, ist das oben erwähnte Cardinalsbild No. 408, das andere, im gebundenern Stile, welches sich jenem gegenüber befindet, No. 406, stellt einen jüngern, weniger ansprechenden Mann vor.

Kein Meister weiss sich bei Darstellung einer persönlichen Individualität so frei von jeder vorgefassten Meinung zu halten, wie Velasquez. Abgesehen von der grossartigen Weise seiner universellen Naturanschauung, die ihn das Besondere als solches im weitesten Umfange erkennen und auffassen lässt, ist es in dieser Hinsicht schon genügend, wenn man sein Colorit, vornehmlich die Carnation, in nähern Betracht zieht.

Wenn das bräunliche Colorit des Cardinals Azzolini auch nur wenig Interessantes zu bieten scheint: die tiefere Erkenntniss des Velasquez erblickt der feinen Modificationen desselben vollauf, nur sind sie derart, dass der freie Stil, mit dem es behandelt ist, kein näheres Eingehen in dieselben gestattet. Es ist eben ein feiner Zug dieses grossen Meisters, dass er sich hier jeder Spitzfindigkeit enthält, welche die scheinbar monotone Carnation in herkömmlicher Weise interessanter zu machen sucht. Seine Kunst ist vielmehr darauf gerichtet, durch ein entsprechendes Tractament der einfachen Localfarben die feineren Modificationen ihrer eigenthümlichen Wirkung nach zu erzielen, was er dadurch bewerkstelligt, dass er mit Rücksicht auf die plastische Form und die eigenthümliche Natur ihrer einzelnen Theile den Farbenauftrag pastos oder dünn, fest oder locker, feucht oder trocken u. s. w., je nach der unmittelbaren Gefühlserregung, durch die Natur behandelt und formirt. Die in solcher Weise erfolgte Befriedigung seiner Gefühlsforderung einem individuellen Leben gegenüber bezeichnet ihm genau die Grenze der Ausführung, die zu überschreiten ihm eine eben so scharfe, wie objective Selbstkritik verbietet. Denn ein Mehr oder Anders würde den so gewonnenen hochgeistigen Extract der Erscheinung nur schwächen.

Anders ist es bei dem Bildniss No. 406, das im Gegensatz zu jenem einen blassen Mann vorstellt. Während der Künstler es dort mit einer bedeutenden Persönlichkeit zu thun hatte, die er in der Kraft eines geistvollen Daseins vorführt, bietet sich hier im Colorit, wie in der Persönlichkeit ein gewisser Indifferentismus dar, in dessen sinnvoller Auffassung Velasquez nicht weniger bedeutend ist. Wie die freie, geistvolle Art, mit welcher er das Cardinalsbild behandelt dem Charakter desselben entsprechend ist, eben so entsprechend ist es bei dem anderen Bilde, dass er hier, wo ihm die Natur so wenig zu bieten scheint, sich mit gesteigerter Sammlung in die Tiefe versenkt, um einen nicht weniger vorhandenen Reichthum von Eigenthümlichkeiten nach dem Grade der wirklichen Geheimhaltung desselben darzuthun. Was der Meister in jenem Bilde mehr im Grossen und Ganzen in der weit umfassenden Form des Kniestücks gibt und durch die beredte Kraft erschöpfender Kunstideen zu einem completen Dasein gestaltet, das wird in dem andern kleineren Bilde, welches sich fast nur auf die Darstellung des Kopfes beschränkt, durch eine geschlossenere und grössere Ausführung künstlerisch näher dargethan. Die grosse Mannigfaltigkeit der Tinten, die eigenthümliche Veränderung derselben durch Schatten und Licht, die örtlichen Verhältnisse und die Wechselwirkung unter einander, sowie die treffende Schätzung ihrer natürlichen Mässigung ist höchst selten mit einer so grossartigen Treue dargethan, wie in diesem Bilde, in welchem sich gewissermassen die Lösung des künstlerischen Problems darstellt, dass auch das scheinbar Farblose noch reich an Farbe sei; denn jede Erscheinung ist unendlich verschieden in sich.

So mannigfaltig und inhaltsreich sich auch die einfachste Natur dem Künstlerauge des Velasquez darstellt, das Streben, die Lebensfähigkeit seiner Werke demgemäss zu steigern, verhindert ihn nicht, auch dem Masse der Gesammtwirkung der Erscheinung auf das Genaueste zu entsprechen. Seine ihm so eigene, überaus feine Mässigung aller Theile, die diese Gesammtwirkung ausmachen, ist daher der Grund. dass es dieselbe geistige Anstrengung erfordert, die ursächlichen Bedingungen derselben in seinen Werken zu erkennen, wie dies in der Wirklichkeit selbst der Fall ist.

Und doch steht die Kunst dieses Meisters so bedeutend über dieser Wirklichkeit. Der Unterschied in der künstlerischen Offenbarung des persönlichen Geistes dieser beiden Bildnisse, in welchem der Charakter des einen so offen, wie der des andern verschlossen ist, bezeichnet es genau, wie vorurtheilsfrei Velasquez jedem besondern Fall gegenübertritt. Der seelenvolle Blick des letztern bildet den Centralpunkt eines individuellen Lebens, dem es nicht weniger an Tiefe gebricht, wie jenem, wo das Leben in den unendlichen Geist aufgeht. Beide Persönlichkeiten sind hier so unendlich verschieden, wie es die Wirklichkeit selber ist. Zu solcher Darstellung ist eine Kunst erforderlich, die im Stande ist, sich von jeder stereotypen Manier fern zu halten, und eine unbefangene, naive Anschauung, welche das höchste Kunstbewusstsein vor gewissen Nachtheilen der Erfahrung zu schützen weiss, die der Grund des Vorurtheiles in der Kunst sind.

Bei der Auffassung dieses letzteren Bildes verleugnet sich die Kunst einer tief erkannten Wahrheit zu Liebe, die ihrer Unscheinbarkeit wegen nur selten einer so treuen Darstellung gewürdigt wird. In solcher einsichtsvollen Gefügigkeit wird erst die künstlerische Freiheit gewonnen, die nirgends grossartiger, als bei Velasquez in's Leben tritt, wenn er sich seiner geläuterten Willkühr überlässt, wie dies namentlich in dem Beiwerklichen seiner grösseren Bildnisse der Fall ist.

Die Werke des Velasquez sind, wie alle die eines Meisters erster Grösse, vermöge der weit umfassenden Weltanschauung, von der sie ausgehn, von einem hohen Adel der Gesinnung durchdrungen, der auch dem Gemeinen und

20*

Hässlichen in der richtigen Schätzung der geistigen Daseinsberechtigung eine höhere Weihe verleiht.

Das jüngst erworbene Bildniss No. 408 A., das Herr
Waagen für ein Werk des Velasquez hält, ist in gewisser
Hinsicht interessant, wie dies mehr oder weniger alle derartige Bilder spanischer Meister sind, bei denen eine individuelle Wahrheit zum Grunde liegt, der sie sich in pikanter
Weise so eng anzuschliessen wissen. Dass aber der Zweck
einer frappanten Wirkung in ihm so vorherrschend ist, dieser Umstand allein ist schon vollständig hinreichend zu beweisen, dass nicht ein Meister erster Grösse sein Urheber sei.
Denn eine solche Wirkung geht in der Kunst nur von einer
beschränkten Anzahl von ursächlichen Bedingungen aus, zu
deren Ermittelung nur eben so viel Einsicht erforderlich ist,
wie etwa zu einer Decorationsmalerei, welche diese Wirkung
sogar bis zur völligen Sinnentäuschung zu treiben vermag,
wie man dies in den Theatern oft sehen kann. Da es aber
bei den Meistern erster Grösse hauptsächlich darauf ankommt,
die Wahrheit im möglich weitesten Umfange ihrer ursächlichen Bedingungen zu ergründen, um dadurch die geistig
erschöpfenden Ideen eines completen Daseins zu gewinnen,
so kann damit der Zweck einer Sinnentäuschung um so weniger verknüpft werden, als diese gerade das Hinderniss ab-
gibt, die feineren Eigenschaften der Erscheinung zur künstlerischen Geltung gelangen zu lassen.

Man betrachte die Bildnisse von Tizian, van Dyck,
Holbein u. s. w. Bei keinem dieser Meister ist es auf eine
frappante Wirkung oder auf eine Sinnentäuschung abgesehen.
In ihnen sprechen nur die geistigen Ideen zum Geiste, und
da dieser in der Erscheinung von unendlicher Tiefe ist, so

sind es auch die Kunstwerke, die ihn offenbaren. Daher kommt es auch, dass Meisterwerke erster Grösse durch ihre geistige Tiefe immer wieder auf's Neue fesseln, während Bilder von frappanter Wirkung, die ihren Inhalt in der Oberfläche tragen, immer flacher werden, ja in der Nähe von gediegenen Werken sogar widerwärtig erscheinen.

So gesteigert auch die Lebenswirkung in dem oben besprochenen Cardinalsbilde von Velasquez ist: von ihm kann nicht gesagt werden, dass hier eine Sinnentäuschung beabsichtigt sei. Diese Wirkung ist rein geistiger Natur. Der geniale Spanier ist hier nur der Wirklichkeit möglichst nahe getreten und weiss dabei sehr wohl den Grenzpunkt festzuhalten, wo es der Kunst noch möglich ist, mit freier Schöpfungskraft den Geist zu offenbaren.

Bei näherer Prüfung des zuletzt erworbenen Bildes No. 408 A. lassen sich auch bald die Mängel erkennen, die mit seinem beschränkenden Zwecke in Verbindung stehen.

Das Verhältniss des Bildners zur Natur stellt sich hier nicht als ein reines dar, da die Schulregeln werther, als die Natur selber geachtet und bereits beim Künstler stereotyp geworden sind. Die Charakteristik des Kopfes lastet nur auf einzelnen Punkten, die ihn auffallend unterscheidbar machen. Die Carnation ist das unwahre Ergebniss der nüchternen Speculation, durch ein umfangreiches Lasurverfahren der Kunst der Färbung genügen zu wollen. Die überaus zarte Empfindung, mit welcher dieses Verfahren in's Leben tritt, geht nicht von dem künstlerischen Interesse aus, welches die Lebensbedingungen des Angeschauten gewähren, deren Erkenntniss zur endlichen Begeisterung führt, sondern von einer wonnevollen Genugthuung durch die Manipulation, obschon

sie nur wenig in directer Beziehung zur darzustellenden Erscheinung steht, zu deren tieferem Verständniss sich der Bildner durch jenes Schulvorurtheil ein für allemal den Weg
vertritt. Diese Genugthuung gipfelt vornehmlich in der wohl-
feil erreichten allgemeinen Durchsichtigkeit der Schatten und
der Lasurretouchen, durch welche die Modellirung im Ganzen und Einzelnen forcirt ist. Sie bezeichnet die Armuth
der Anschauung eines Künstlers, der sich bei der Erreichung
eines ohngefähren Naturscheines im Ganzen schon zufrieden
gibt.

Dass ein Meister, wie Velasquez, der in seiner Art
der Färbung so bedeutend, wie ein Tizian ist, sich nicht
dazu verstehen wird, die Oelmalerei, in welcher jede Empfindung, die die Natur erregt, auf das Speziellste ausgedrückt werden kann, zu einem blossen Illuminiren mit
dünnen Jauchen herabzuwürdigen, ist wohl einleuchtend.
Unmöglich kann daher die traurige Selbständigkeit des fraglichen Künstlers in der Schule von Sevilla erlangt sein, dessen Oberhaupt Velasquez ist; denn diese zeichnet sich
vornehmlich dadurch aus, dass sie in der schlichtesten Weise
mit den körperlichsten Farben, in welchen sich die feinsten
Züge der Empfindung zu erkennen geben, ihr Kunstziel erreicht. Deshalb kommt auch die Lasur, ein blosser Retou-
chirbehelf, in der Carnation hier am wenigsten vor.

Wenn besonders in der linken Hand des in Rede stehenden Bildnisses der plausibelste Schein der Wirklichkeit erzielt ist, nach welchem der Künstler hauptsächlich auch im
Ganzen trachtet, so ist dagegen die rechte Hand mit solcher
Mangelhaftigkeit aufgefasst und vollführt, dass sie ein Vermögen
vollends kennzeichnet, das sich wohl genugsam als sehr be-

deutend unter dem des Velasquez stehend zu erkennen gegeben hat, eines Velasquez, der in der flüchtigsten Andeutung solcher Theile, wie sie in Bildnissen von ihm oft vorkommen, auch so noch seine hohe Meisterschaft beurkundet.

Und doch hat das ganze Bild bei solchen Mängeln eine frappante Wirkung? Daraus kann man eben am deutlichsten ersehen, dass es in der Kunst, bei dem Zwecke einer oberflächlichen Täuschung, auf eine Hand voll Noten durchaus nicht ankommt.

Berlin, im Februar 1861.

————

Die Erwerbungen während der letzten Jahre sind im Ganzen glücklicher, wenn auch derjenige, welcher Gelegenheit hatte, den Meister Hemling an den Hauptquellen gründlich kennen zu lernen, mit der Bestimmung des Bildes einer Madonna mit dem Kinde, 528 B, nicht wohl damit einverstanden sein kann, dass es von Hemling selbst herrühre, da ihm der höhere Grad des inneren Seelenlebens, wie er sonst den Werken dieses Meisters eigen ist, abgeht und mit diesem Umstande auch gewisse Differenzen des Colorits in Verbindung stehen. Dennoch ist es billig, dass die Kritik hier nicht zu streng rechte, wo wegen zu grosser Schwierigkeiten, dies einzusehen, ein Irrthum leicht möglich ist, zumal wenn diese Bestimmung, wie ich vernommen, hauptsächlich von einem Restaurateur herrührt, dessen Beschäftigung es mit sich bringt, dass er bei dem Unterschiede, wie ein Bild im verwahrlosten Zustande war und wie es nach der von ihm allmählig erzielten Reinigung geworden, die Fähigkeit eines unbefangenen Urtheiles nur gar zu leicht verliert, wenn ihm hierbei nicht eine gründliche Kunstwissenschaft zu Hülfe kommt.

Nur so ist es auch zu erklären, wie man ein spanisches Bild, vorstellend den heiligen Dominicus, 406 A, das in Zurbaran's Richtung in jeder Hinsicht unter der Mittelmässigkeit vollführt ist, dem Murillo zuschreiben kann.

Eben so wenig ist eine vor Kurzem unter 90 A. für dieselbe Galerie erworbene Madonna mit dem Kinde ein Werk von Leonardo da Vinci. Eine Angabe, die sich gleichfalls in keiner Art rechtfertigen lässt.

DRITTER ABSCHNITT.

Künstler der Jetztzeit.

Adolph Menzel.

Es existirt keine Kunstperiode, und sei sie eine noch so ungünstige in der Geschichte, in welcher nicht einzelne Meister Bedeutendes hervorgebracht hätten. Diese Meister stellen sich gleichsam als Priester dar, die für die Forterhaltung des göttlichen Lichtes auf dem Altar der Kunst Sorge tragen.

Dass es auch in neuester Zeit nicht an bedeutenden Künstlern fehlt, welche die Feuerprobe der Geschichte bestehen werden, steht ausser Zweifel, wenn es auch nicht gerade diejenigen sind, welche das augenblickliche Interesse in einem ungewöhnlichen Grade zu fesseln wissen. Der Kunstforscher ist daher verpflichtet, sein kritisches Auge auch auf die Künstler der Jetztzeit zu richten, damit das wahrhaft Bedeutende die ihm gebührende Unterscheidung schon bei Zeiten erfahre.

Da ich nicht zu denjenigen gehöre, die das Treffliche in der Nähe weniger schätzen, weil in der Ferne noch Treff-

licheres existiren kann, so wird man es natürlich finden, dass
ich mich zuvörderst mit denjenigen Künstlern beschäftigen
werde, die sich mir als bedeutend schon in Berlin entgegenstellen, und ich gehe dabei von dem Gesichtspunkte aus, ob
der betreffende Künstler in selbständiger Weise mit Geist
und Empfindung die Natur so anzuschauen und aufzufassen
vermag, dass ihm bei sinnvoller Unterscheidung des Wesentlichen und Zufälligen die Darstellung eines lebensvollen einheitlichen Ganzen möglich wird.

Ob er es weiss oder nicht weiss, dass hierbei das vernünftige Element des Stiles unerlässlich ist, darauf kann
es um so weniger ankommen, als selbst sehr bedeutende ältere Meister sich dergleichen Fragen nicht klar gemacht haben und gleichwohl sehr ausgezeichnet in ihrer Kunst waren.
Denn wenn ein Meister auch selten die hierzu erforderliche
wissenschaftliche Bildung besitzt: sein Genie ist dafür in dem
Besitz eines Surrogates, das für seine Kunst genügend aus-
reicht. Es ist sein durch die Ausübung der Kunst vernünftig gewordenes Gefühl, dem die Consequenzen eines
logischen Denkens völlig eigen sind, wenn er sich auch desselben nicht bewusst ist.

Wenn der obige Künstler über diesen Punkt so im Un-
klaren ist, dass er glaubt, sich über den Stil, als etwas
Unnöthiges in der Kunst, äussern zu dürfen, so mag es gestattet sein, mit Beziehung auf den erläuternden Fall, welchen eines seiner Bilder gewährt, den künstlerischen Werth
des Stiles näher auseinanderzusetzen.

Menzel hatte im Anfange der funfziger Jahre ein
Bild in lebensgrossen Figuren gemalt, vorstellend Christus
als Knabe unter den Pharisäern, mit der Prätension, es

möglichst dem Rembrandt gleich zu thun, weshalb er dazu
die gemeinste Natur gewählt hatte. Da er aber aus Mangel
an Stil nicht von der gemeinen Wirklichkeit loskommen
konnte oder, mit anderen Worten, er von der Schönheit
des Hässlichen oder Gemeinen keine Vorstellung hatte,
so war er mit diesem Bilde vollständig durchgefallen. Denn
auch das weniger kunstverständige Publikum fühlte, dass
Rembrandt's derartige Bilder, trotz ihrer gemeinen Formen, von einer gemeinen Wirklichkeit himmelweit verschieden sind.

In Rembrandt's Bildern ruht der künstlerische Nach-
durck niemals auf zufälligen Formen, sondern nur auf den
wesentlichen Naturideen, die ihnen zum Grunde liegen, wobei auch das Gemeine eine höhere Bedeutung durch die
in solcher Weise offenbarte Schönheit gewinnt. Er tritt der
von ihm zur Darstellung gewählten gemeinen Natur daher
mit derselben Ehrfurcht gegenüber, wie Raphael der edlern;
denn beiderlei Formen sind von demselben Geiste durchdrungen, dessen Offenbarung hier, wie dort, erst durch Idealisirung möglich wird. Die Wahl gemeiner Formen ist bei
Rembrandt nicht das Product einer sinnlosen Grille, ihr
wirkliches Vorhandensein setzt die Daseinsberechtigung auch
solcher Formen ausser Zweifel, und es ist für die bildende
Kunst von nicht geringem Interesse, das Verhältniss der gemeinen Formen zur Schönheit festzustellen, was eben die
Aufgabe Rembrandt's ist, wie bereits an seinem Ort gezeigt worden.

Wenn aber, wie in dem erwähnten Bilde, der Stil
fehlt, so fehlt somit auch die Idealität, die Bedingung
alles Schönen in der Kunst, und es stellt sich im besten

Falle nur ein Wirkliches dar, das seine geistige Bedeutung noch verschlossen in sich trägt und daher nicht als ein Kunstwerk gelten kann.

Ohne Erkenntniss der Naturidee, die sich nur erst offenbart, wenn der Künstler das Wesentliche von dem Zufälligen zu unterscheiden weiss, wird in der Kunst nie etwas Bedeutendes geleistet werden können, also auch nicht ohne Stil; denn dieser ist die künstlerische Handhabe, mit der die in der wirklichen Erscheinung versteckte Naturidee gefasst und zur Anschauung gebracht wird.

Da aber ein wahrer Künstler mehr von dem Stile, als geistigem Drange des Genies, beherrscht wird, als dass der Künstler im Stande wäre, den Stil zu beherrschen, so kommt dieses Verhältniss selbst demjenigen Künstler zu Gute, der sich trotz seines Talentes vermass, ohne Stil es einem so grossen Meister, wie Rembrandt, gleich zu thun. Denn selbst dieses Bild entbehrt in den Theilen, wo der Künstler sich mehr seinem Kunstgefühl überlässt, als seiner Vernunftspeculation, mit der er glaubt, das Gemeine an sich geben zu dürfen, wider seinen Willen eines Stilelementes nicht, das freilich bei einem so grossen Verstoss gegen die Kunstwissenschaft und gegen die Würde der biblischen Geschichte nicht zur entsprechenden Wirkung gelangen kann.

Vielleicht hat die praktische Erfahrung, welche Menzel durch die öffentliche Ausstellung dieses Bildes gemacht, wesentlich dazu beigetragen, dass seine nachfolgenden Werke von einer bedeutend entsprechendern Intention ausgehen. Denn in der That hat derselbe später eine Reihe von Bildern geliefert, mit der er nicht allein in seiner Art auf der Höhe seiner Zeit steht, sondern der Lebensgehalt, welchen diese Bilder in sich schliessen, stempelt sie zu Werken, die jeder Nation, in welcher sie hervorgebracht werden, zur Ehre gereichen, zumal da sie von einem vaterländischen Gefühl getragen werden, das den höchsten Glanzpunkt seiner Geschichte gesinnungsvoll umfasst.

Vornehmlich ist es die Geschichte Friedrich's des Grossen, welche dieser Künstler mit erspriesslichem Eifer in Bildern tractirt, die nach vielen Seiten hin die sorgfältigsten Studien verrathen. Es gilt dies nicht allein von den Dingen, die das Gebiet des Malerischen in sich begreifen, sondern auch von denjenigen, die den gesammten Inhalt des kriegerischen Gegenständlichen und der Thatsachen betreffen, welche der Künstler mit grosser Ausdauer und Sorgfalt aus den vorhandenen zuverlässigsten Quellen zu schöpfen wusste.

Wohl selten stellt es sich in Kunstwerken so deutlich dar, dass ein Künstler seine Absicht so prägnant ausdrückt, wie es in diesen Werken der Fall. Denn die Ausführung Menzel's ist nur wenig von zufälligen Ergebnissen der Ausführung an sich abhängig und sein Wollen hier so lang in fester Beharrlichkeit, bis der entsprechendste Grad einer charaktervollen künstlerischen Ausgiebigkeit erlangt ist.

Da somit die Ideen seiner Naturanschauung zum klaren Ausdruck gelangen und das Verständniss der in der Wirklichkeit verschlossenen Naturidee selbst an den Tag gelegt ist, so ermangeln auch diese Bilder selbst ohne Bewusstsein des Künstlers, des Stiles nicht, der sie trotz ihres nahen Anschlusses an die Wirklichkeit, mit der sie gewissenhaft ausgeführt sind, über die Wirklichkeit erhebt. Das zufällig Gemeine, das diese Bilder in sich schliessen, ist daher nicht das Gemeine an sich, wie es die Wirklichkeit gibt, sondern ist ein durch die Kunst über sich Erhabenes, durch die Offenbarung seiner Ideen Geadeltes, wodurch es dem Edeln gleich zu achten ist.

So viel aus Menzel's Bildern im Allgemeinen hervorgeht, scheint er schon früh den Kunsttrieb gehabt zu haben, sich in seinen Nachahmungen möglichst nah der Natur anzuschliessen, und wenn daher seinem Gefühlstakte die Bedeutsamkeit gewisser älterer Meister nicht entgehen konnte, so musste ihm deshalb Rembrandt besonders zusagen, der mit solchem nahen Anschlusse gleichwohl eine bewunderungswürdig hohe geistige Wirkung hervorbrachte. Wenn Menzel auch den Umfang eines so bedeutenden Kunstgenies kritisch nicht zu fassen vermag, wozu, beiläufig gesagt, noch etwas mehr, als die praktische Ausübung der Kunst gehört: seine Bestrebungen mussten dadurch einen vielfachen Aufschluss erhalten, der ihn um so rascher förderte, als lediglich die selbsteigene Anschauung das Kunsttalent nur langsam entwickelt, einen so grossen Vorschub es auch in dem Triebe zum Zweckmässigen haben mag, der seiner Erkenntniss voraneilt.

Dadurch, dass Menzel sich dem Einfluss der älteren Meister nicht verschloss und dabei seine Selbständigkeit zu wahren wusste, reihen sich seine Werke als integrirende Theile in die lebendige Kunsthistorie ein, während im Gegensatz hierzu nicht unbedeutende Talente der Jetztzeit aus Missverständniss sich von solchem Einfluss möglichst fern halten indem sie der Meinung sind, der Werth ihrer Leistungen steigere sich, wenn sie sich lediglich nur der neuesten Richtung hingeben.

Dieser Umstand wäre indess noch um Vieles bedauerlicher, wenn es in die Macht eines so falschen Wollens ge-

geben wäre, sich von den Einflüssen der Kunsthistorie lossagen zu können, in welcher die geistigen Ergebnisse einer
geistig bevorzugten Menge seit Jahrhunderten enthalten sind,
deren selbständige Verwerthung sich ein strebender Künstler
daher angelegen sein lassen muss, wenn ihn nicht das Loos
eines eigensinnigen Sonderlings treffen soll.

Die Befürchtung, mit welcher ein solcher Künstler gewöhnlich erfüllt ist, als könne er seine Originalität einbüssen,
wenn er sich nicht Alles selbst verdanke, ist ein Missverständniss, mit dessen benachtheiligender weiter Tragweite schon seit
einer Reihe von Jahren die Bilder desselben, trotz des Bei-
falls des Publikums, das sich so leicht durch einen gefälligen realen Schein bestechen lässt, so belastet sind, dass er
schon seit geraumer Zeit ein für allemal in seiner Kunst
zum Abschluss gelangt ist. Denn das Neue, das seine zum
Theil umfangreichen Bilder enthalten, liegt lediglich in dem
neu gewählten Gegenstand an sich, und nicht in der Kunst,
mit der er dargestellt ist, die durch Beschränkung einer persönlichen Anschauung gefesselt, nicht vermag, das Grosse
auch gross aufzufassen und zu behandeln. Man hat es somit hier nicht mit einer Originalität zu thun, deren Haupt-
eigenschaft eine freie Productivität ist, die, von Innen und
Aussen unendlich mannigfach angeregt, immer neue und
tiefere Wahrheitsverhältnisse zur Anschauung bringt, sondern
ein Autodidakt gibt das Beispiel, wie ein mit Eigensinn be-
folgter irrthümlicher Grundsatz eine grosse Befähigung hem-
men kann, die nur gedeiht, wenn sie sich von der Beschränkung persönlicher Einseitigkeit befreit.

Nur erst während der Zeit des Kunstverfalles sind ähnliche Erscheinungen, wenn auch nicht in solchem Umfange,

wahrzunehmen; denn die frühern Künstler waren viel zu naiv, als dass sie hätten an solchen unhaltbaren Kunstansichten haften bleiben können.

Gerade dadurch, dass Menzel vornehmlich die grosse Kunst Rembrandt's selbständig zu verwerthen strebt, ist er um so freier geworden. Denn an dem reinen Verhältniss, in welchem Rembrandt zur Erscheinung in seinen Werken steht, lernte Menzel sich selbst und seine malerische Kraft schätzen und so zweckmässig verwenden, dass ihre Förderung nicht ausbleiben konnte.

Von einer überaus fruchtbaren Phantasie unterstützt, weiss Menzel die natürlichen Hülfsmittel so zu gebrauchen, dass seine Bilder das völlige Ansehen haben, als wäre ihm der günstigste Moment der Wirklichkeit zu Hülfe gekommen, seine Aufgabe zu lösen, während doch seine Vorstellungen eine längst vergangene Geschichte behandeln. Ja, es hat den Anschein, als wären seine Bilder dadurch um so wahrer geworden, dass den seiner freien Wahl entsprechenden Intentionen und instructiven Ideen, die sich daran knüpfen, durch das Gegenwärtige keine hemmenden Grenzen gesetzt gewesen.

Sein Schlachtbild, den Vorgang bei Hochkirch vorstellend, liefert hiervon einen glänzenden Beweis.

Wenn die Bilder Menzel's, welche einzelne Momente aus dem Leben Friedrich's des Grossen vorstellen, gewissermassen die Apotheose dieses Monarchen enthalten sollen, so muss es schon als ein feiner Gedanke angesehen werden, dass er nicht einen von den vielen Siegen dieses Helden zum Vorwurf gewählt hat, ihn zu feiern, wie dies bei ähnlichen Verhältnissen fast immer geschieht. Denn dieser König erscheint am bedeutsamsten in der grössten Gefahr, und zu-

gleich werden in dieser gewisse Elemente wahrnehmbar, in
welchen in mannigfacher Weise malerisch auf die bedeutenden kriegerischen Seiten desselben hingewiesen werden kann.

Nicht minder zweckmässig ist es, dass Menzel lediglich die benachtheiligte Seite der Preussen mit ihrem grossen
König vorführt. Die historische Kenntniss jenes Vorfalles
im Beschauer voraussetzend, musste es nach der Art, wie
sich der Künstler die Aufgabe gestellt, gleichgültig erscheinen, dass man den Feind selbst nicht sieht. Indem man
seine verheerende Wirkung gewahr wird, ist damit an die
Vorstellungskraft des Beschauers appellirt, der ihn daher auch
kaum vermisst. Nicht allein, dass durch diese Voraussetzung
eine heilsame Oekonomie in der Composition entspringt, auch
selbst diese ist noch beschränkt, damit man der Momente
um so klarer inne werde, in welchen das Drama seine mannigfachen Seiten entfaltet, durch welche dem Malerischen ein
weites Feld geboten wird, auf die Bedeutung des Haupthel-
den desselben hinzuweisen.

Wie ein kühner Schwimmer, taucht der königliche Füh-
rer mit seinen blitzenden Falkenaugen aus den Wogen des
Gefechtes hervor. In den im Anschlag liegenden Pelotons,
auf der Höhe eines Abhanges rechts des Bildes, mit seinen
leitenden Spontonführern, ist eine Reihe von Kriegern
mit einer Charakteristik vorgestellt, die keinen Zweifel übrig
lässt, dass man es hier mit Männern zu thun habe, die,
des Sieges gewohnt, mit eiserner Ruhe und Gelassenheit dem
Tode in's Auge blicken. Die Art und Weise ihrer möglichst
freien Stellungen zeigt auf das Prägnanteste, wie der Kunstler
nicht die Disciplin als solche aufgefasst hat, sondern ihrem
wahren praktischen Zwecke nach als eine Disciplin, die be-

21*

reits bei jeder dieser Gestalten so in Fleisch und Blut übergegangen, dass sie in ihrem Zwange, wo es gilt, gleichwohl
einer gewissen Freiheit nicht ermangelt, wodurch sie erst
ihre entsprechendste Wirksamkeit erhält. Instinctiv weiss
sich Jeder in diejenige Position zu setzen, dass aus seiner
selbsteigenen männlichen Kraft dem Ganzen einheitlich der
möglich grösste Vortheil erwachse.

So bildet die der Zahl nach so beschränkte Masse gerade dadurch, dass nicht das militärisch Geschulte, sondern
was dadurch praktisch beabsichtigt ist, in's Leben tritt, ihrem kühnen Fürsten eine Schutzwehr, die in Wirklichkeit
nur einer sehr überlegenen Zahl des Feindes und der List
erliegen konnte.

Betrachtet man die verhältnissmässig wenigen Krieger
dieses Bildes genauer, ihre Individualitäten, Stellungen und
Haltung, so ergeht es einem, wie mit einem Bildniss, von
dem man sich überzeugt fühlt, die vorgestellte Person sei
getroffen, obgleich man sie in Wirklichkeit nicht kennt. Sie
repräsentiren in jeder Hinsicht auf das Charaktervollste ein
Kriegsheer, das kein anderes, als das des grossen Friedrich
sein kann. Die Art, mit welcher die ehernen Gestalten
unter den gegebenen Umständen auf das Malerischste dargestellt sind, lässt trotz der einheitlichen Abhängigkeit, mit
welcher sie sich der einsichtsvollen Führung unterordnen,
eine Art der freien Bewegung erkennen, wodurch sich ihre
zweckmässige Wirksamkeit nur steigern kann. das höchste
Resultat einer Disciplin, die so oft den Feind geschlagen
hat. Auch in der Auffassung und Anordnung aller übrigen
Theile des Bildes verstand es der Künstler, mit dem Wenigsten das Bedeutendste so zu geben, dass sich das Fehlende

ideell von selbst ergänzt, weshalb bei aller äusserlichen Oekonomie das Ganze doch so reich erscheint.

Nicht weniger sicher und charaktervoll ist das Verhältniss der Subalternoffiziere dieses Heeres gekennzeichnet, und
einer derselben reichte dem Künstler hin, dieses Verhältniss
in den bedeutsamsten Zügen darzuthun.

Ein bereits greiser Offizier, der es vielleicht wegen
mangelnder höherer Geburt nur hat bis zur Charge des Lieu-
tenants bringen können, ist in der Mitte des Bildes, am
Fusse des Abhanges, auf dessen Höhe sich seine Ab-
theilung in kriegerischer Thätigkeit befindet, mit erschütternder Wahrheit dargestellt. Seine durchschossene rechte
Hand, die er mit seinem Taschentuch nur flüchtig verbunden hat, scheint der Grund gewesen zu sein, dass
er von den Seinen etwas zu weit abgekommen ist. Den
Degen in der Linken, verschmäht er seine sichere Deckung
und sucht, der feindlichen Kugeln nicht achtend, die Höhe
zu erreichen, einen freien Ueberblick zu gewinnen, damit
er nach Lage der Dinge seine Anordnung treffen könne.
Bei einem schlüpfrigen Boden hat er mit Schwierigkeiten
zu kämpfen, die seine Todesmuthigkeit auf das Beredtsamste beurkunden, die, nach dem Vorbilde seines hohen
Führers, selbst im Augenblicke der höchsten Gefahr des
Geistes noch so mächtig ist, um das Zweckdienlichste
zu erspähen. Man fühlt es diesem greisen Helden an,
dass ihn, der sein hohes Alter Lügen straft, die Behinde-
rungen, die Höhe zu erreichen, mehr schmerzen, als seine
Wunde.

Der Ausdruck dieser Figur ist in allen Theilen so er-
greifend und treffend charakterisirt, dass man selbst als Be-

schauer von dem Wunsche durchdrungen wird, ihm helfen zu können.

Hier ist eine der bedeutendsten Seiten des Künstlers in das hellste Licht gestellt. Seine Intentionen kommen durch prägnante Ausführung seiner charakteristischen Vorstellungen zum vollgültigsten Ausdruck.

Bei der gewissenhaften Treue, mit welcher sich Menzel in die Zeit dieses Vorwurfs versetzt, ist auch dem Grund und Boden, auf welchem der Vorgang stattfand, sein Recht geworden. So wenig auch wegen der beobachteten künstlerischen Oekonomie die Localität zum Vorschein kommen konnte, das Wenige reicht hin, auch hiervon eine geeignete Vorstellung zu geben. Das Dorf Hochkirch, dessen hochgelegene Kirche man im Hintergrunde sicht, steht in Brand, dessen heller Schein dem kriegerischen Drama, das seiner Tageszeit gemäss im Helldunkel vorgestellt ist, eine schauervolle Stimmung gibt.

Die Consequenzen, welche der Künstler aus dieser Beleuchtung herleitet, sind mit ächt malerischer Freiheit und Einsicht aufgefasst, da, wie fast immer, ein Nachtstück, wenn es nur nach Wirklichkeit strebt, des Wesentlichen zu wenig und des Unwesentlichen zu viel gibt. In diesem Bilde dagegen sind die dunkeln Stellen kunstgemäss noch hell genug, damit man den tiefen Organismus des Ganzen in seiner malerischen Behandlung noch erkennen könne, und die hellen Partieen nicht so schroff, wie die Wirklichkeit, damit die das Colorit erläuternden Zwischensätze zur harmonischen Geltung gelangen.

So sehr nun auch die Ausführung des Ganzen ein skizzenhaftes Ansehn hat, bei näherer Prüfung ergibt es sich, dass dieser nicht völlig besiegte Schein das Product einer wohlerwogenen Absicht ist, da alles Wesentliche, das die Aufgabe an Gestaltung und Farbe in sich schliesst, nicht in blossen Andeutungen besteht, sondern mit sinnvoller Ueberzeugung und Bedächtigkeit zu einem Ausdruck gebracht ist, der sich als Fortsetzung eines wohlverstandenen Innern zu erkennen gibt, und gerade die auf solche Weise gezähmte Ausführung ist es, wodurch so oft der geistige Gehalt so gebunden wird, dass die Gefühlsforderung des Künstlers ihn nöthigt, im freien Ueberblick des Ganzen eine grössere Ausgiebigkeit des geistigen Gehaltes ergänzend herzustellen.

Menzel bewerkstelligt dies durch Anlegung der letzten Hand, mit welcher er das volle Register seiner Kunst zieht und im freien geistigen Genuss sich gehen lässt, eine Befriedigung zu erlangen, die ihm im gezähmten Vortrage nicht werden konnte.

Wer hierbei eine übliche Stetigkeit der Ausführung vermissen will, der möge wohl bedenken, dass der Empfindung des Ganzen nur in solcher Weise zu genügen ist.

Dass Menzel sich auf das Vertreiben der Farben nur wenig oder gar nicht einlässt, muss besonders dieser Art von Bildern zu gute kommen, welche nicht wohl eine zartere Behandlung zulässt. Indem er so gehalten ist, nach Massgabe des stetigen Naturgesetzes die Tinten des erforderlichen Colorits pastos neben einander zu setzen, geben sich Geist und Empfindung einer um so schärferen Controlle preis, und es erwächst dadurch zugleich der Vortheil, dass man die genetische Entstehung des Bildes genauer verfolgen kann, wodurch sich das Bereich der ermittelten Wahrheiten bedeutend erweitert.

In dieser Art der Behandlung macht sich besonders der Einfluss Rembrandt's bemerklich, und es konnte hiermit durchaus nicht die Gefahr verbunden sein, dass der Künstler seine Selbständigkeit verliere; denn mit solcher Behandlung ist er persönlich auf die unmittelbare Anschauung der Natur angewiesen.

Diesem gemäss artet auch sein Vortrag nicht in eine sinnlose Willkühr aus, sondern das Impasto, wie stark es auch sei, ist immer nach dem Grade der gefühlvoll ermittelten Wirkung des Angeschauten in genaueste Uebereinstimmung gesetzt, eine Erscheinung, die jetzt in der Malerei zu den Seltenheiten gehört.

Das Bild, vorstellend die erste Begegnung König Friedrich's mit dem Kaiser Joseph auf der Treppe im bischöflichen Schlosse zu Neisse, welches Menzel in lebensgrossen Figuren ausgeführt, ist mehr in einem gebundenen Stil gehalten. Der Künstler hat sich, wie fast immer, die Aufgabe nicht leicht gemacht, indem er sich hier treu an die historische Angabe gehalten hat, dass die Begegnung beider Monarchen auf der Treppe stattgefunden, und es ist kein kleiner Triumph seiner Kunst, dass er bei der Schwierigkeit der dadurch entstandenen Stellungen beider hohen Personen weder dem Charakter derselben, noch der Würde des Gegenstandes dabei etwas vergeben hat; vielmehr wusste er auch so noch eine gewisse Feier zu erzielen, die sich über das ganze Bild verbreitet.

Wie die freimüthige Offenheit und Hingebung Kaiser Joseph's wahrhaft herzgewinnend ist, so nicht minder ist die innige Art, wie ihm der König entgegenkommt, rührend und erhebend. Beide Monarchen waren, jeder in seiner Art,

viel zu gross, als dass sie nicht auch hätten vortreffliche
Menschen sein sollen, und das rein Menschliche, in dessen
wechselseitiger rührender Herzensregung sich Einer dem Anderen unterordnen möchte, ist ein Ereigniss, dessen Bedeutung wohl kaum einen entsprechenderen Ausdruck gefunden
haben kann.

Menzel hat sich auch hier wieder auf möglichst wenige
Figuren beschränkt und als ein tiefer Seelenmaler bewährt. Wie der besondere Fall der Wirklichkeit, wenn ihm
durch die läuternde Kunst sein Recht widerfährt, eine Mannigfaltigkeit mit sich führt, hinter welcher die fruchtbarste
Erfindungskraft weit zurückbleibt, so ist der dargestellte Fall
auch zugleich reich an Folgen in seinen einzelnen Zügen.

Durch eine weise Beschränkung des Personals wird die
einsichtsvolle Anordnung mit Rücksicht auf die vorhandenen
Localitäten nur um so bedeutsamer für die Erkenntniss der
einzelnen Charaktere. Die Erfindung Menzel's, welche an
das gegebene wenige Wirkliche anknüpft, ist in ihrer Art
so selbständig und fein in den Motiven, dass man sie absichtlich suchen muss, wenn man sie finden will. Denn alle
Dargestellten sind sie selbst und handeln aus sich selbst heraus. Die Schöpfungskraft des Künstlers hat sich dadurch am
höchsten erwiesen, dass sie aus Liebe zur reichgestalteten
eigenwilligen Wahrheit sich als solche selbst vernichtet, um
der Wahrheit um so näher kommen zu können. Der so erlangte hohe Grad von Objectivität setzt den Künstler in den
Stand, sich mit strenger Selbstkritik so gerecht zu werden,
als richte er sein Urtheil gegen das Werk eines Anderen.

Wie Menzel in dem psychologischen Ausdruck in allen
Theilen der Hauptgestalten treffend und bedeutsam ist, so

ist er es nicht weniger in der Auffassung der Nebenfiguren, bei welcher er sich negativ verhält. Eine geistvolle Charakteristik, bei dem Anschein eines geziemenden Indifferentismus, war hier das Taktvollste und zugleich künstlerisch Entsprechendste. Nächst den Bildnissgestalten der beiden Hauptpersonen ist es besonders die des Generals Laudon, befindlich im Mittelgrunde, welche in jeder Hinsicht als meisterlich aufgefasst betrachtet werden muss. Der hohe Grad von Natürlichkeit, welcher immer mit der erlangten Höhe persönlicher Bedeutung wieder zurückkehrt, bildet nebst einer demgemässen Auffassung des Prinzen Heinrich einen sinnigen und wohlthuenden Gegensatz zu der mehr militärischen Haltung der übrigen Gestalten, die, trotz des rührenden Vorganges, dem Ganzen nicht fehlen durfte.

Bei solcher Sicherheit des künstlerischen Wollens und dem Vermögen, die Erscheinung zu ihrer geistigen Idee zu erheben, mussten auch die dem Ganzen untergeordneten Theile des Bildes an malerischer Bedeutung gewinnen, da, wenn diese nicht in harmonischer Uebereinstimmung mit der Hauptsache stehen, die Lebensfähigkeit des ganzen Bildes nicht zu ihrer Geltung gelangen kann, und wäre sie im Einzelnen noch so gross. Denn Alles hat in einem Kunstwerke in lebendiger Wechselbeziehung unter einander zu stehen, indem jedes nach Massgabe seiner geistigen Eigenthümlichkeit begehrt und gibt.

Menzel hat in dieser Hinsicht von Rembrandt viel gelernt und sich zu eigen gemacht, so dass in dem in Rede stehenden Bilde sich keine Stelle findet, die nicht in solchem Sinne aufgefasst wäre, woher es kommt, dass die Localität, in welcher der Vorgang desselben stattfindet und die nur wenig

architektonisches Interesse gewährt, dafür des Malerischen
in lebensvoller Auffassung und Behandlung um so mehr bietet.
Schon das Leben der verschiedenartigen Stoffe und Materien
an sich gewährt dem Künstler ein weites Feld seiner Forschungen und ein Stück Wand, Kleiderstoff oder Geräth ist
hinreichend, seine völlige geistige Sammlung in Anspruch zu
nehmen, um den geistigen Wechselbeziehungen verhältnissmässig zu entsprechen; denn nur so erst kann ein Bild seine
universelle Bedeutung erlangen. Menzel hat auch in Hinsicht der Luftperspective und der Auffassung der atmosphä-
rischen Dämpfung, so wie der Licht- und Schattenverhält-
nisse, durch welche sich die Färbung modificirt, eine ungewöhnliche Virtuosität an den Tag gelegt, da selbst seine
malerische Behandlung als solche nicht wenig dazu beiträgt,
die auch in diesem Bereiche vorhandenen Schwierigkeiten mit
Geschick zu überwinden.

Wenn somit das Bild bis in seine nebensächlichsten
Theile zur geistigen Höhe erhoben ist und vieles Wesentliche sich in einem hohen Grade von Schönheit erläutert, so
ist zugleich hiermit dem Historischen des Vorwurfs bedeutend mehr genügt, als mit einem äusserlichen Aufwand von
Begebenheit, nach dem man jetzt so oft zu streben pflegt,
während doch hierzu nur ein einzelner Moment geboten ist,
der in dieser Hinsicht zur möglichsten Beschränkung nöthigt.

In solcher Art hat Menzel mehrere Conversationsbilder,
meist aus dem Leben Friedrich's des Grossen, gemalt. Immer ist er neu und selbstständig in Auffassung und Behandlung, wozu ihn jeder besondere Fall besonders anregt. Mit
der prägnantesten Charakteristik historischer Persönlichkeiten
verknüpft er zugleich die alles Aeusseren, was damit in Ver-

bindung steht, mit einer Anstelligkeit und Gewissenhaftigkeit, welche kaum erkennen lassen, dass man es hier mehr mit dem Product der freien Erfindung, als mit einer unmittelbaren Anschauung zu thun habe.

Das Bild des Königs Friedrich an der Tafelrunde mit seinen Freunden und Gesellschaftern und das des Hofconzertes auf Sanssouci, bei welchem er selber hauptsächlich thätig ist, sind reich an Schönheiten und bewunderungswürdig, was die psychologische Beobachtung der Charaktere betrifft. In dieser Hinsicht ist die Auffassung des Musiklehrers, der im Anschauen seines die Flöte blasenden hohen Schülers versunken ist, von einer Feinheit, die selbst einem Garrik zur Ehre gereichen würde.

Wie Menzel in den in Rede stehenden Bildern die darin gestellten Aufgaben auf das Treffendste gelöst und ihnen durch sinnvolle Auffassung bedeutsamer Thatsachen und der Zeitverhältnisse den einheitlichen Stempel des Historischen zu verleihen wusste. so ist das Bild vorstellend König Friedrich auf der Reise in seinem Lande nach dem siebenjährigen Kriege, besonders reich an sinnigen Erfindungen und lebensvollen Beziehungen, welche die rüstige Thatkraft dieses Monarchen und die Verhältnisse, in welchen er zu seinen Unterthanen und Beamten stand, auf das Natürlichste und Bedeutsamste kennzeichnen. Bei dem plausibelsten Schein einer wahrhaft überraschenden Wirklichkeit ist das Bild durch Darlegung malerischer Ideen aber dennoch bedeutend mehr, als Wirklichkeit. Dieses Werk ist es auch vorzugsweise, in welchem sich die Früchte des Studiums der Rembrandtschen Bilder in erfreulicher Weise zu erkennen geben. An Erfindung, Composition, Farbe, Charakteristik und geistvollem Tractament gehört es in seiner Art zu dem Besten, was die neueste Kunst hervorgebracht hat.

Indessen kann hier schliesslich nicht ein Umstand mit Stillschweigen übergangen werden.

Selbst in der höchsten Blüthe der Genremalerei, im siebzehnten Jahrhundert, in welcher das Bereich der Erscheinung nach allen Richtungen hin auf das Speziellste stilgemäss ausgebildet wurde, ist ein gewisser Zug nicht zu verkennen, den man bis zu den bedeutendsten Werken der Antike verfolgen kann: der psychologische Ausdruck wird mehr oder weniger zurückhaltend, nur nach seiner idealen Allgemeinheit berührt und kommt gerade in den grössten Meisterwerken am wenigsten zum vollen Vorschein.

Dass nicht Mangel an künstlerischem Vermögen der Grund hiervon sein könne, geht aus allem Uebrigen in diesen Werken hervor. Wie es in der Kunst so oft vorkommt, verhält es sich auch hiermit: ein sicherer Gefühlstakt eilt der eigentlichen Erkenntniss voraus, und was sich in dieser Hinsicht als ein gemeinsamer Kunsttrieb unter den älteren Meistern zu erkennen gibt, erhebt sich zu einem allgemeinen Kunstgesetz, wenn auch seine eigentliche Bedeutung noch nicht zum Bewusstsein gekommen ist.

Erst mit der modernen Forderung der gemeinen Deutlichkeit hat sich der Schein der Wirklichkeit verstärkt, und mit ihm ist der psychologische Ausdruck weit über die Grenzen der älteren Meister geführt worden, in deren Werken der Nachdruck auf der Schönheit ruht, welche jene Mässigung erheischt. In den modernen Werken ruht dagegen der Nachdruck meist auf dem Gegenstand.

Wenn die Kritik aus Rücksicht für die unübersehbaren

Verhältnisse der Jetztzeit hiervon nicht unbedingt abmahnen
kann, so hat sie zugleich noch manchen bedeutsamen Anlass,
sich derjenigen einzelnen Talente zu erfreuen, in deren ästhe-
tischerem Streben eine grosse reinere Kunstphysiognomie
erhalten geblieben ist.

Gegenwärtig ist Menzel mit einem grossen Bilde beschäftigt, das die Krönung des jetzt regierenden Königs vorstellt.

§. 29.

Anselm Feuerbach.

Ein anderes Beispiel ist besser geeignet, hier von den
ältern Meistern zu den neuesten hinüberzuleiten.

So viel aus den in Berlin ausgestellten Bildern von
Anselm Feuerbach ersichtlich war, hat sich derselbe mit
Eifer und beachtungswerthem Erfolg dem Studium der ältern
grossen Meister zugewendet. Dass man in ihm einen Künstler vor sich habe, der sich seines Strebens bewusst ist, geht
daraus hervor, dass man es bei ihm nicht mit einer äusserlichen Nachahmung zu thun hat, sondern mit einer selbständigen Auffassung wirklicher Naturideen, die durch ein Verständniss ächter Stilweisen sich von den Hemmnissen der
Wirklichkeit zu befreien weiss, um zu ihrer höhern Bedeutung gelangen zu können.

Schon in dem stilvollen Colorit Feuerbach's macht
es sich bemerkbar, dass er das Wesentliche von dem Zufälligen sehr wohl unterscheidet. In demselben Grade, als er
sich von der wirklichen Farbe entfernt, tritt die Idee derselben zu Tage; dabei aber geht Feuerbach nicht von

einem entlehnten Stilresultate aus, sondern umgekehrt, weil
er wirklich Stil hat, weil er die in der Wirklichkeit enthaltene Idee von dem Zufälligen künstlerisch zu läutern weiss,
begegnet er den künstlerischen Resultaten der ältern Meister,
und zwar in der ganzen Tragweite, deren die Erkenntniss
der Naturidee überhaupt fähig ist. Wenn es dabei den Anschein hat, als verschlösse er sich den Anforderungen der
Gegenwart, so wäre zuvörderst zu untersuchen, welches diese
Anforderungen und wie solche künstlerisch zu begründen sind.

So viel aus den bedeutendsten Meisterwerken aller Zeiten hervorgeht, gibt es in der bildenden Kunst nur ein Ziel,
welches sie in dem gesammten Bereiche der Erscheinungswelt in ihrer Auffassung verfolgt: die Darstellung des
Schönen.

Wäre der Begriff des Schönen so schwankend, wie diejenigen vermeinen, die ohne Erkenntniss desselben über
Kunstwerke ein kritisches Urtheil fällen zu können glauben, die
Kunst würde schon lang in sich selbst zerfallen sein. Dass
aber die bildende Kunst als geistiger Trieb, den Geist der
Erscheinung zu offenbaren, immer existirt hat und immer
existiren wird, das ist durchaus nichts Zufälliges, sondern
leitet sich lediglich erst aus ihrem Inbegriff her, der ursprünglich ihr nothwendiges Wesen ausmacht.

Bei allen bisher in diesem Buche abgehandelten Meistern
dreht es sich hauptsächlich darum, wie diese Meister in dieses Wesen eingedrungen, um durch ihre Kunst der Anfor-
derung des Schönen zu entsprechen. Ich glaube daher einer
abstracten Wiederholung, die das Verständniss nur erschwe-
ren würde, überhoben zu sein.

Ob nun das Streben der neuesten Kunst wirklich so beschaffen ist, dass man einem Künstler, wie Feuerbach, einen Vorwurf daraus machen kann, wenn er mehr seinem eignen Genius folgt, der es klar erkennt, dass der vermeinte moderne Fortschritt, der in einer treuen Wirklichkeit mehr, als in der Idealisirung derselben zu haben wähnt, kein Heil verspricht, bedarf nach allem Vorhergehenden keiner Frage. Eben so muss es einem Künstler frei überlassen bleiben, mit welchen Vorwürfen er sich befassen will, zumal wenn er, wie Feuerbach, im Stande ist, seine Wahl durch einen rein künstlerischen Stil zu rechtfertigen. Denn nicht der Vorwurf au sich, sondern der Stil, mit dem der Vorwurf aufgefasst wird, ist der eigentliche Ausfluss des Zeitgeistes, von dem, wie bereits gezeigt worden, der Künstler selbst beherrscht wird, und lediglich daher kommt es, dass die Periode, in der ein Kunstwerk entstanden, sich kritisch bestimmen lässt.

Dass man in neuester Zeit vornehmlich bemüht war, die Bilder ihrer Gesammtwirkung nach der Wirklichkeit möglichst nahe zu bringen, ist eine Erscheinung, auf deren künstlerische Hemmung die Kritik bisher viel zu wenig aufmerksam gemacht hat, weil sie nur selten im Stande ist, ein Bild nach seiner Lebensfähigkeit, oder wie dagegen gefehlt, zu beurtheilen. Denn die Lebensfähigkeit ist kunstgemäss nur durch die Erkenntniss ihrer Ideen zu erreichen, in deren einheitlicher geistiger Offenbarung die Schönheit beruht, der nur durch den Stil beizukommen ist.

Genau betrachtet ist aber eine ächte Kunstkritik nichts Anderes, als die Erläuterung des 'Stiles, mit welchem ein Kunstwerk aufgefasst und dargestellt ist. Da aber hierzu ein sorgfältiges ideelles Eingehen erforderlich ist und dieses seine grosse Schwierigkeit hat, so behilft man sich meist mit leidigen Ansichten, die nicht viel mehr, als einen äussern Vergleich des Kunstwerkes mit der Wirklichkeit bieten, ohne diese ideell zu erläutern, oder man sucht ihm einen abstracten Sinn anzudichten, der den bildnerischen Ideen in keiner Art einen Vorschub leistet.

Auf diese Weise ist mancher beachtungswerthe Künstler völlig irre an seinem Talent gemacht worden. Ein solcher müssigt sich in Berlin aus gleichem Grunde noch immer ab, in biblische Vorwürfe ein Element hineinzuziehen, das nahezu an das Romantische grenzt, dem heiligen Gegenstande eine neue reizende Seite abzugewinnen, ohne zu wissen, dass solche partioularistische Bestrebungen, mit denen dieser Künstler es den ältern Meistern zuvorzuthun glaubt, bei Auffassung welthistorischer und heiliger Vorwürfe ganz unstatthaft sind.

Von solchen vermeinten Fortschritten der Historienmalerei hat man bereits unter den begabtern Künstlern eine entsprechendere Meinung gefasst, und es ist wohl endlich an der Zeit, dass man solche, wo sie sich darbieten, schärfer in's Auge fasse.

Unter allen den Werken, mit welchen Feuerbach in der letzten Zeit in Berlin aufgetreten ist, macht sich das Verhältniss des historischen Vorwurfs zu seiner bildnerischen Bedeutung in einem Ausdruck bemerkbar, der auch in dieser Hinsicht bestätigt, dass man es hier mit einem Künstler von klarem Wollen zu thun habe, der, wenn er auch das Ziel, welches er sich vorsteckt, nicht überall ganz erreicht, dasselbe doch über kurz oder lang erreichen wird, da er den Weg, der dahin führt, mit Sicherheit eingeschlagen hat.

Insbesondere war es seine Darstellung des Dante in

mehreren beinahe lebensgrossen Portraitgestalten, die zu den
besten Erwartungen berechtigte. Der ächt monumentale Charakter, der keinem historischen Bilde fehlen darf, wenn die
Schönheit zu ihrem verklärenden Rechte gelangen soll, hatte
hier in fast jeder Beziehung geleistet, was der Jetztzeit so
noth thut. Zu dem Wandel so würdiger Gestalten passt jeder würdige Gedanke, welchen das Leben dieser edlen Geister erweckt; denn die ruhige Schönheit, mit der sie vorgeführt sind, ist allumfassend.

Wenn es überhaupt Kunstgeheimnisse gibt, warum sucht
sie der Historienmaler nicht hier, wo die sittliche Kraft der
Kunst eigentlich ruht? Jede Vereinzelung dramatischer Möglichkeiten widerspricht der allgemeinen geistigen Wucht des
historischen Momentes, in den nur die Schönheit genügend
einzutreten vermag. In solchem Sinne hat schon die Antike
gebildet, und in solchem Sinne wird immer jeder wahre Meister bilden; denn ein ächter Stil lässt keinen andern zu.

Der sich hieraus ergebende scheinbare Indifferentismus
der Gestalten ist eine Nothwendigkeit, die dem Werthe nach
meist unterschätzt wird, wenn auch seine Auffassung den
ganzen Umfang der Kunst in Anspruch nimmt. Fasst man
die bildnerischen Bedingungen, unter welchen diese Gestalten
Feuerbach's hervorgegangen sind, mit ihren bestimmten
Intentionen näher in's Auge, so wird man dieses auch hier
bestätigt finden. Die bestimmte Art und Weise der gesammten Gliederbewegung, der Hand- und Kopfstellung, der Bewegung überhaupt und der Gewandung insbesondere, sowie
die Harmonie der mannichfaltigen Linien, aus welchen das
ganze Bild zusammengesetzt ist, und die einsichtsvolle Festhaltung der Charakterconsequenzen, die von nüchterner Spe-

culation, wie von spitzfindelndem Raffinement gleich weit
entfernt sind, alles dies zeigt, dass dieser Künstler zu seinen bedeutenden Resultaten keinesweges so wohlfeilen Kaufs
gelangt ist, als es den Anschein hat. dass alles dies eine
Art der geistigen Conception voraussetzt, die zu allen Zeiten
nur das Eigenthum schöpferischen Genies gewesen ist.

Feuerbach hat seine künstlerische Bildung dem Anscheine nach in der Münchener Schule erhalten. Seit dem
Einfluss des Cornelius ist dort der Hauptsitz der Historienmalerei, die im Kirchenstil durch eine Reihe wackerer
Meister am bedeutendsten in der gesammten Kunstwelt vertreten, wozu auch Overbeck als einer der ersten zu rech-
nen ist, wiewohl derselbe schon seit geraumer Zeit in Rom
verweilt.

Seit längerer Zeit ist Feuerbach gleichfalls in Rom,
wo er, wie aus seinen Bildern zu ersehen, zu den wenigen
Künstlern gehört, welche die geistige Vorbildung besitzen.
einen solchen Aufenthalt wahrhaft nützen zu können. was bei
vielen andern Künstlern, die dort verweilen, nur selten geschieht, da sie leider beim Mangel derselben oft ohne Nutzen
für ihre Kunst zurückkehren.

Wenn Baierns Regenten sich von jeher durch Förderung
der Kunst ausgezeichnet haben und besonders die letzte
Kunstepoche es ist, welche die letzten Könige dieses Landes
durch die grossartigsten künstlerischen Unternehmungen in
einer Weise hervorgerufen, wodurch der Dank der ganzen
civilisirten Welt ihnen gesichert ist, so kann die Kritik ihre Stimme nicht unterdrücken, hier auf einen Künstler hinzuweisen, dessen Genius. wie es scheint. nur eines
ähnlichen fördernden Anlasses bedarf, um einer höhern

Weihe theilhaftig zu werden. Nach menschlicher Berechnung bedarf **Feuerbach** einer umfassendern monumentalen Thätigkeit, um die Reife zu erlangen, die in seinen künstlerischen Leistungen so hoffnungsreich vorbereitet ist.

Ein sehr bemerkenswerther Umstand darf indessen hier nicht mit Stillschweigen übergangen werden. Das neueste Bild **Feuerbach's**, vorstellend Iphgenia, welches im Jahre 1862 auf der Berliner Ausstellung zu sehen war, liefert den Beweis, wie kein Talent so gross ist, dass es nicht bedroht werden sollte, wenn das Vertrauen zu sich selber grösser ist, als die Pietät, welche die Natur begehrt, wenn man in ihre Tiefen gelangen will. Bei aller Grossartigkeit der Auffassung dieser Gestalt wird die geistige Wirkung derselben dadurch nicht wenig beinträchtigt, dass die Färbung dieses überlebensgrossen Bildes mit seinen violetschwarzen Schattenpartieen mehr das Product einer nüchternen Speculation, als das eines Stiles ist, der die gesammten Lebensbedingungen der Farbe, wenn auch summarisch, doch gefühlvoll in sich zu fassen hat. Die Ungeduld des Künstlers, welche sich in der Erfindung der Draperie zu erkennen gibt, da sie nur selten zu einem sinnvollen erforderlichen Motive gelangt, weisst deutlich auf die Ursache des stumpfen Colorites hin, mit welchem selbst das Beiwerkliche dieses Bildes schwer belastet ist.

Es ist anzunehmen, dass **Feuerbach** über kurz oder lang, wenn ihm dieses Werk wieder zu Gesichte kommt, diese Erfahrung an sich selbst zu machen im Stande ist, die glücklicherweise früh genug kommt, um ihn vor ähnlichen Irrthümern in der Folge zu schützen.

Bei dieser Gelegenheit mag Folgendes eine Stelle finden.

Es ist schon oft vorgekommen, dass Maler, denen ein erforderlicher Farbensinn abgeht, sich zu ihrer Vertheidigung auf das jüngste Gericht Michelangelo's berufen, ein Bild, das in seinen Schattenpartieen allerdings so dunkel behandelt und mit der Zeit so schwarz geworden ist, dass der weniger Geübte in solchen Stellen keinen Aufschluss über die hier stattfindenden malerischen Verhältnisse erlangen kann. Für solche diene zur Nachricht, dass, als Michelangelo dieses Bild gemalt, er bereits ein so ausserordentlicher Meister war, dass er lediglich im Verlass auf seine künstlerische Gefühlsforderung es schon unternehmen durfte, sich an solchen Stellen freier gehen zu lassen, da er auch so noch eine Identität mit der geistigen Wahrheit zu erzielen wusste, in der es ihn kaum ein anderer Meister gleich gethan hat. Denn der eminente künstlerische Ideengang, welcher sich in den helleren Partieen deutlicher zu erkennen gibt, ist von so grosser geistiger Gewalt, dass der Prozess der Denk- und Empfindungsweise, welcher dadurch im Beschauer angeregt wird, sich consequent in den dunkelen Partieen noch fortsetzt, weil das, was diese dunkelen Partieen in der Wirklichkeit in sich fassen, nach seiner geistigen Wucht vom reinsten Kunstgefühl treffend in Rücksicht genommen worden. Daraus erklärt es sich, wie die wahre Erkenntniss auch im Dunkeln hell zu sehen vermag.

Wie hoch Michelangelo indessen auch in der Färbung zu schätzen sei, ist am deutlichsten in seinen Deckengemälden der Sixtinischen Kapelle zu ersehen, und es kann dies bei einem so grossen Meister um so weniger befremden, da die Farbe überhaupt ein integrirender Theil der Lebensäusserung der Erscheinung ist, deren ideelle Bedeutung daher in der Malerei nicht ausser Acht bleiben darf, wenn die Lebensfähigkeit eines Bildes nicht wesentlich beeinträchtigt werden soll.

Wer in seiner Kunsterkenntniss endlich auf den Standpunkt gelangt ist, dass er einsieht, wie man in einer kunstvollen Färbung keine wirkliche Färbung verlangen darf, wenn man zu ihrem geistigen Inhalt gelangen will, und wie eine Menge wirklicher Tinten sich ihrer geistigen Bedeutung nach stilgemäss in einem einzigen Ton zusammenfassen lassen, der wird die Bilder älterer Meister mit anderen Augen ansehn, als es jetzt nur allzu oft der Fall ist. An dem Geiste, welcher sich in ihnen offenbart, hat auch die richtige Schätzung der geistigen Bedeutung der natürlichen Farbe ihren wesentlichen Antheil, wenn auch statt der natürlichen Farbe, nach Massgabe des Stiles, ein ganz anderes Mittel substituirt ist.

Dieses einfache Mittel, welches das Endresultat eines vernünftig gewordenen Farbengefühls ist, kann nur allmählig auf selbsteigenem Kunstwege erlangt werden; dem Künstler, der es von einem anderen Meister entlehnt, ohne selbständig dazu gelangen zu können, dient es nur zum Nachtheile seiner Werke, weil es unharmonisch die Stellen einnimmt, in denen gewisse Lebensbedingungen veranschaulicht werden sollen.

Dass dieses auf Feuerbach keinen Bezug hat, geht aus dem Vorhergehenden hervor, wo gesagt ist, dass er ein selbständig strebender Künstler sei. Sein letzterwähnter Irrthum wird nur dazu dienen, ihn mit mehr Beharrlichkeit und Geduld auf die unmittelbare Anschauung der Natur zurückzuführen.

§. 30.

Peter von Cornelius.

In einer Reihe historischer Compositionen, besonders in dem Cyklus der Cartone kirchlichen Inhaltes, die ursprünglich für das Campo Santo zu Berlin bestimmt waren, hat Peter von Cornelius in der letzten Zeit seines künstlerischen Schaffens das Verhältniss des historischen Vorwurfs zu seiner bildnerischen Bedeutung mit einer Sicherheit hingestellt, wie nur wenige Meister.

Eine glückliche Symbolik, die hier von dem Ernst ächt religiöser Gesinnung getragen wird, dient den Beziehungen seiner edlen Gestalten, die im reinen Stil idealer Allgemeinheit vollführt sind, zu einem einheitlichen Anlass, eine Conception hervorzurufen, welche in ihrem treffenden Ausdruck geistiger Natürlichkeit um so weniger einer nähern Erklärung bedarf, als ein rein menschliches Gefühl bei diesen Werken nur durch das allgemein Wesentlichste hervorgerufen und erbaut wird.

Wie treffend auch Cornelius den bildnerischen Charakter des Besondern erfassen mag: es will nichts für sich sein, sondern geht in ein grosses, allgemeines, geistiges Ganze auf. So verschiedenartig und sinnreich ihrem historischen Inhalte nach sich auch diese Werke darstellen, immer sind sie nichts Anderes, als besondere ernste und harmonische Weisen auf das Thema Gott und Religion. das, zur Würde und Bedeutung seiner rein bildnerischen Idee erhoben, keinen abstracten Gedanken in dem Beschauer aufkommen lässt, sondern das Gefühl der innigen erbaulichen Andacht beharrlich hervorruft.

Abgesehen davon, dass Cornelius durch ein höheres Kunstbewusstsein, das sich in seinen Werken zu erkennen gibt, besonders geeignet ist, als Lehrer wohlthätig zu wirken, wie dies seine Erfolge seit einer langen Reihe von Jahren beweisen, war sein Einfluss hauptsächlich dadurch von unberechenbaren wohlthätigen Folgen, dass er zur Ausführung seiner Compositionen viele Talente heranzog und dadurch förderte, dass den letzteren ein ungewöhnlich freier Spielraum für die nähere und selbständige Entfaltung der malerischen Lebensfähigkeit der Gestalten dieser Compositionen blieb. Denn die Compositionen, welche durchgehends in ausgeführten Cartonen lebensgrosser Figuren bestehen, sind meist Ergüsse der freien Phantasie dieses Meisters.

Dass der Vorschub, welchen die malerische Ausführung der Schüler und Gehülfen durch ein in so grossartiger Weise wesentlich gesichertes Endresultat, wie es diese Cartons gewähren, ein bedeutender ist, ist einleuchtend, da deren künstlerischer Werth erst in dem geistigen Ausdruck eines harmonischen Ganzen gipfelt, zumal wenn es, wie hier, in so stilvoller Physiognomie in's Leben tritt.

Eine Menge bedeutender Werke von Cornelius sind in München in solcher Weise zur Ausführung gekommen, dass sie nicht allein an sich zum würdigen Schmuck dieser Stadt dienen, sondern auch eine Reihe begabter Künstler hat vornehmlich hierdurch eine so zweckmässige Förderung erhalten, dass München seitdem der Hauptsitz ächter Historienmalerei genannt werden kann, wie dies viele Kirchen-

bilder daselbst beweisen, die sich selbständig denen des
Cornelius würdig zur Seite stellen und zugleich den Ursprung dieser ihrer Quelle deutlich darthun.

Warum sollte durch Ausführung der obigen Cartone dieses Meisters unter seiner Leitung in Berlin nicht ebenfalls
erreicht werden können, was man in München erreicht hat,
da der künstlerische Sinn, mit welchem diese Werke entworfen sind, viel zu bedeutend ist, als dass er nicht über
den confessionellen Unterschied dieser beiden Städte erhaben
sein sollte? Ist etwa die Kunst des Cornelius in seinem
vortrefflichen Werke „Die Zerstörung Troja's" eine andere,
weil dieser Gegenstand das Heidenthum so wesentlich berührt?

Die bedeutendste Seite dieses Künstlers besteht eben
darin, dass sein haltungsvoller Stil den Lebenszügen in harmonischer Vereinigung den wesentlich seelischen Ausdruck
verleiht, dessen sittliche Bedeutung im Ziele ächter Schönheit so würdevoll in's Leben tritt und daher mit keiner
Confession im Widerspruch steht.

Wenn auch ursprünglich den Künstlern, die sich bei
der Ausführung der Cartone des Cornelius in München
betheiligten, die Kunstwissenschaft dieses Meisters mangelte,
durch welche es demselben möglich wurde, das Verhältniss
der historischen Idee mit dem bildnerischen Ausdruck entsprechend in Einklang zu bringen: zuvörderst läuterte sich
das Bildnergefühl dieser Künstler an der bedeutsamen Physiognomie seines Ausdrucks, und was sie dabei durch selbständiges Studium der Natur gewannen, war ihnen nicht allein nicht verloren, sondern konnte sich dadurch an Geltung
nur noch steigern, zumal da ihnen die tiefere Erkenntniss

des Meisters fördernd zur Seite stand, die sich mit einer
um so gesundern Kraft gesammelt hielt, als sie sich mit der
malerischen Ausführung dieser Bilder verhältnissmässig nur
wenig selbst zu thun machte.

An Stelle der Naturwüchsigkeit des Bildnertriebes, die
schon lange verloren gegangen ist und durch welche den Künstlern der frühern Zeiten so unübertroffene Kunstwerke möglich wurden, ist auf diese Weise durch das Verhältniss des
Cornelius zu seinen Schülern eine Art von zeitgemässem
Surrogat getreten, das wohl mit Recht den begleitenden Umständen nach als alleinstehend in der Kunstgeschichte bezeichnet werden kann und wegen der bedeutenden Resultate,
die daraus hervorgegangen, der grössten Beachtung werth ist.

Denn nur dem Umstande, dass Cornelius die Elemente einer gewitzigtern neuern Kunst der von malerischen
Ausführung seiner Compositionen fern zu halten wusste,
da sie dem wesentlichen Inhalt derselben keinen Vorschub
leisteten, ist es zuzuschreiben, dass ihre Wirkung sich nicht
stillos zersplitterte.

Schon um deswillen hätte man mit diesem Meister nicht
feilschen sollen, um seine künstlerische Thätigkeit auch für
das Interesse der Berliner Künstler in gleicher Art zu gewinnen, da seine Cartone für das Campo Santo bereits seit geraumer Zeit der Ausführung vergeblich harren.

Die Ausbildung einer Reihe von Münchner Künstlern,
die später als ausgezeichnete selbständige Meister auftreten,
ist hauptsächlich sein Werk, wobei die Stetigkeit seiner zweckmässigen Leitung und das Fernhalten von stilloser Kleinlich-
keit nicht hoch genug angeschlagen werden kann.

In den Compositionen, die ursprünglich für das Berliner

Campo Santo bestimmt sind, hat Cornelius im Kirchenstil
seinen Höhepunkt erreicht. Die feierliche Stimmung, in welche sie den Beschauer versetzen, ist eine Erscheinung, die
seit der Zeit der ältern, grössern Meister auf dem Gebiete
der Kunst fast gänzlich verschwunden war; denn man hatte
sich allmählig in Nebenzwecken verloren und kannte die Bedeutung und Tragweite solcher Zeichen nicht, bei denen
Künstler von Namen leider so oft ungerührt vorübergehn,
deren kurzsichtige Meinung ein Recht zu haben glaubt, sich
wegen der mangelnden malerischen Ausführung des Urhebers,
überheben zu dürfen.

In Frankreich und Belgien hat man diese Werke anders zu würdigen gewusst, und man kann wohl sagen, dass in
diesen Ländern noch nie der deutschen Kunst eine so bedeutende Anerkennung zu Theil geworden ist, als es in der
Ausstellung dieser Werke dort der Fall war. Von den bel-
gischen Künstlern ward dem greisen Meister ein Lorbeer-
kranz überreicht.

Wenn man bedenkt, dass oft Bilder, die das im reichen
Mass enthielten, worauf die moderne Kunst einen so grossen
Werth legt, bei den Pariser Kennern nur wenig Beifall fanden, so erhält die grosse Anerkennung jener Schöpfungen
des Cornelius eine erhöhte Bedeutung.

So gross auch der Werth der malerischen Ausführung
sein kann, wenn sie das Product einer tiefern unmittelbaren
Anschauung der zu Rathe gezogenen Natur ist, weil nur erst
auf solchem Wege die meisterliche Geisteswucht eines Kunstwerkes sich steigert: ohne die Sehergabe, den aus den natürlichen Verhältnissen gewonnenen Stoff nach seiner ästhetischen Bedeutung einheitlich gestalten zu können, verläuft

sich die grösste Virtuosität in den Sand. Der Schergabe eines Künstlers aber, welchem die Virtuosität der malerischen Ausführung abgeht, ist durch sich selbst dafür ungleich Wichtigeres gewährt: der Anblick und das Verständniss der Art und Weise der seelischen Regung der Erscheinung, als Ausdruck eines geistigen Lebens, für dessen ideelle Auffassung der Mangel an virtuoser Ausführung kein Hinderniss ist, wie man bei bedeutenden Bildern der vorrafaelischen Zeit sehen kann.

Die Mangelhaftigkeit erfundener individueller Formen erkennend, hat Cornelius, in dem Bewusstsein, dass nur erst die Meisterschaft dazu berechtigt, es oft vorgezogen, bei der Seltenheit erforderlicher lebender Modelle, einzelne Motive von ältern Meistern für seine Compositionen selbständig zu verwerthen, wie diese Meister dasselbe häufig unter einander gethan haben, ohne dass man ihnen deshalb daraus hätte einen Vorwurf machen können. —

Von den vielen Kunstwerken dieses Meisters, auf deren meist sehr sinnreich aufgefassten Inhalt hier nicht näher eingegangen werden kann, mögen nur einige angeführt werden, welche von der Fruchtbarkeit seiner schöpferischen Kraft eine Vorstellung geben.

Die Zerstörung Troja's, ausgeführt in der Glyptothek zu München, und Joseph, der sich seinen Brüdern zu erkennen gibt, befindlich im Palast Zuccheri in Rom, sind zwei Werke, deren jedes allein wegen seiner grossen Schönheit schon hinreichend wäre, seinen Ruhm für immer zu begründen.

In dem erstern Bilde, das den hochtragischen Moment im grossartigsten Stil zum monumentalen Pathos erhebt, welches in seinem mässigenden Elemente mehr die allgemeine historische Idee hervorhebt, als durch einzelne ergreifende Episoden erschüttern will, ist der überaus reiche Stoff mit einer Sicherheit des klaren Wollens durchdrungen, welche nur erst das Resultat einer Weisheit sein kann, die über die Bedeutung und Bedingung des Schönen vollständig im Klaren ist, wodurch selbst hier das Grausame, als Folge der rächenden Nemesis, geadelt erscheint.

Um die erhabenen Gestalten des dem Kampfe erlegenen Priamus und der Hekuba, die in dem starren Entsetzen, mit welchem sie ihrer selbst vergisst, noch die seelischen Spuren der unwillkührlichen Mutterliebe und Majestät erkennen lässt, ordnen sich die bedeutendsten Scenen dieses welthistorischen Dramas mit einer Zweckmässigkeit, die den in der Wirklichkeit zerstreuten Stoff mit einer wahrhaft überraschenden schöpferischen Erfindungskraft zu einem harmonischen Ganzen verdichtet, ohne dadurch den Thatsachen eine dem wesentlichen Inhalte widersprechende Gewalt anzuthun.

Unmöglich hätte dies in einer so durchsichtigen Weise geschehen können, die den historischen Inhalt des Bildes durch sich selbst erklärt, wenn die Thatsachen selbst nicht durch die Erkenntniss ihrer ideellen Bedeutung eine Klärung erfahren hatten, die eben das Werk der läuternden Schönheit ist, welche das Ganze zur Höhe und Würde seines sittlichen Werthes erhebt.

Wenn in der Wirklichkeit bei dem wirren Verhältniss des Zufälligen und Wesentlichen, im Kampf des Guten mit dem Bösen, der Naturzweck sich nur tief verborgen zu erkennen gibt, so ist es die Kunst, welche durch das Licht der Schönheit ihr Dunkel aufhellt und in der

Darlegung der Ideen auf die höhere Bedeutung der Natur hinweisst.

Aber weder einem Verstandesraffinement, noch einer technischen Virtuosität ist es möglich, in das Heiligthum der wahren Schönheit einzudringen, wenn nicht eine ächt sittliche Gesinnung und Ehrfurcht das Gefühl erwärmen, welches sich den geistigen Spuren zuwendet, um ihrer Offenbarungen in Andacht theilhaftig zu werden.

Unmöglich würde die Wirkung des in Rede stehenden Werkes eine so bedeutende sein, wenn der Schöpfer desselben nicht diese Eigenschaften besässe.

Wie der Meister die seelischen Regungen des weiblichen Gemüthes der Helena charakterisirt, die das Schicksal zur Urheberin des grossen Dramas bestimmt hat, dessen Zeugin sie hier ist, ist bewundernswürdig. Das Ingenium des Künstlers hat sie nicht sowohl als Schuldige aufgefasst, wie vielmehr als die Gottgeborene, welche als solche nicht minder dem Verhängniss anheim gegeben ist. Ihre Geberden, in welchen sich die Art ihrer Betheiligung ausdrückt, sind, wenn auch rein menschlich, doch die einer höhern Natur, sowie überhaupt die wichtigsten Gestalten in solchem Sinne aufgefasst und so geordnet sind, dass jede nach Massgabe ihrer Wichtigkeit zur Geltung kommt.

Den höchsten Punkt in der einsichtsvollen Anordnung des Bildes nimmt die Kassandra ein, die das Schicksal Troja's am schwersten empfunden, da sie es lange vorher im Geiste gesehen und verkündet hatte.

Auch in dem Augenblick, als sie Agamemnon als Beute hinwegführen will, erschaut sie die Zukunft noch und vielleicht ihr eignes Geschick, das ihr durch Klytaemnestra bevor-

steht. So gross, wie Achill, der von seinem frühen Tode
durch seine göttliche Mutter Kunde hatte, ist auch sie in
ihrer Art der Intention nach aufgefasst.

Sie bildet den Ausklang eines Pathos, den das erhabene
Ganze, wenn auch als tragisches Weltgericht, mit einem rhythmischen Wohlklang erfüllt, mit welchem gleichsam die Sühne
des Schicksals gefeiert wird.

Wenn die Natur des Vorwurfs es mit sich bringt, dass
seine bildliche Vorstellung reich an Handlungen sei, so muss
es auffallen, dass Cornelius es meistens nur mit Zuständen
zu thun hat. Aber gleichwohl büsst man in dieser Hinsicht
nichts ein, weil eben diese Zustände so bedeutsam und
treffend dargestellt sind, dass sie die Vorstellung der
vorhergegangenen Handlungen in reichem Masse vergegenwärtigen. Die einzige Figur des Neoptolemus ganz im
Vordergrunde, der der Andromache den kleinen Sohn Astya-
nax entwunden, um ihn schonungslos von den Zinnen des Palastes der trojanischen Königsfamilie hinabzuschleudern, ist
in ihrer trefflichen Auffassung hinreichend, die Art und Er-
bitterung des Kampfes bis an die äusserste Grenze der Wahrheit zu führen und in der Phantasie des Beschauers ideal
die Handlungen zu ergänzen, die, wenn sie wirklich dargestellt worden wären, dem Bilde die Ruhe geraubt hätten,
die zum Verständniss des Ganzen so erforderlich ist.

Wie der Meister in den vielen Charakteren, die das
Bild enthält, gezeigt, wie tief und treffend er die zartesten
Schwingungen des Seelenzustandes einer bestimmten Individualität und Situation gemäss in Haltung, Geberde und Bewegung der äussern Gliedmassen zu verfolgen vermag, so ist
er zugleich dabei eingedenk gewesen, wie die Physiognomie

des Ganzen eine Berechtigung hat, der mit allen diesen
Feinheiten nicht zu genügen ist. Erst die actuelle Figur des
Neoptolemus im Vordergrunde, die mit aller Energie in
rücksichtsloser, heldenmüthiger Thatkraft hingestellt ist, und
die oberhalb des Bildes befindliche Gruppe des Agamemnon
und der Kassandra, welche die mehr zuständlich behandelten
Scenen der Anordnung nach in sich schliessen, sind es, die
dem heroischen Ganzen den eben so bedeutenden, wie rüsti-
gen Charakter jener Heldenstämme verleihen, die eben so
gross im Siege, wie im Untergange dargestellt sind. —

Wie ganz anders ist dagegen das Bild Joseph's aufgefasst, und der Charakter desselben schon in den
Stellungen der Figuren ausgedrückt, welche so selten
als reine Ergebnisse bestimmter selbständiger Intentionen dargestellt werden, die in directer Beziehung zu der
Persönlichkeit stehen, die vorgeführt werden soll, da man
sich in dieser Hinsicht so oft entweder durch das Modell
oder durch die Antike bestimmen lässt. Cornelius ist in
diesem überaus schwierigen Theile so orginal, wie tief und
von einer Wahrheit der seelischen Durchdringung, die so
bedeutend über der zufälligen Wirklichkeit steht, dass das
günstigste lebende Modell hierzu nur eine sehr schwache
Hülfe bieten könnte.

In diesem Bilde, das im Stile mehr zur individuellen Wahrheit sich hinneigt, als das vorhergehende Werk, hat man es mit
jenem harmlosen patriarchalischen Hirtenvolke zu thun, das,
nachdem es schon lange den Fluch seiner Sünde mit sich getragen, nun plötzlich derselben in einem Augenblick wieder inne
wird, der wohl geeignet ist, in dem eigenthümlichen Ausdruck
des Schuldgefühls, der Freude oder der Rührung, der Hoff-

nung auf Verzeihung, oder in dem Ausdruck einer Resig-
nation, die sich nun, da der in schmerzlicher Reue Todt-
geglaubte lebt, so gern dem zu gewärtigenden Ungemach
preis geben will, die Stammväter zu bezeichnen, deren Geschichte in den Nachkommen „wie Sand am Meere" die Welt
erfüllt.

Wie schon im vorigen Bilde allgemeiner, hat Cornelius seine Gabe als treffender Seelenmaler hier, wo er sich
specieller in die einzelnen Charaktere versenken konnte, in
einer Weise bewährt, die selbst unter den grossen Cinque-
centisten zu den Seltenheiten gehört, während dieser Theil
der Kunst bei den bedeutenden Vorgängern derselben bei
allen Formenmängeln, oft mit der grössten Feinheit in's Leben tritt. Hierdurch entschädigen wahre Genies oft für
den Mangel an virtuoser Ausführung, durch welche der
geistige Gehalt eines Kunstwerkes so leicht verschleppt
und die Wärme und Begeisterung von dem eigentlichen
Wesen so leicht abwendig gemacht werden oder gar nicht
zum Vorschein kommen, wenn die Virtuosität zu einer
Fertigkeit geworden ist. Die Eigenthümlichkeit des Cornelius, dass er den für seine Darstellungen gewählten
Moment mit aller Innigkeit des Gefühls erfasst, um ihn mit
der ganzen Wucht der historischen Bedeutung zu einer dramatischen Geltung zu bringen, die sich aus den Consequenzen der frühern grossen Meister und deren Streben nach
Schönheit von selbst ergab, zeigt sich bei dem in Rede
stehenden Bilde in einem noch höhern Grade, als in dem
der Zerstörung Troja's, wo der Stil der idealen Allgemeinheit mehr jene objective Kunst erfordert, die den persönlichen Antheil zurückdrängt, um den grossen, unnahbaren

Zügen des Weltprozesses keinen Eintrag zu thun. Aber auch in diesem Werke, das ganz im Sinn der Antike gebildet, lässt sich erkennen, wie der Meister desselben seiner Zeit Rechnung getragen und dadurch seine Selbständigkeit bewahrt hat. Durch eine gesteigertere Klärung der dramatischen Verhältnisse ist die Darstellung dem rein menschlichen Interesse näher gebracht, und das ist die Forderung der Jetztzeit, deren Recht wohl kaum mit sichererem Takte in der neuesten Bildnerei anerkannt erscheint, wie hier.

Das Bild der Zerstörung Troja's von Cornelius verhält sich demgemäss zur Antike gerade so, wie das des Joseph zu den bedeutenden Werken der Meister des funfzehnten Jahrhunderts, welche, wie die Meister der Antike, in der Gottähnlichkeit ihrer schöpferischen Kraft instinctiv auch jene Undeutlichkeit gewisser Naturverhältnisse beobachteten, die oft mehr Weisheit in sich schliesst, als der Vorwitz, sie aufklären zu wollen. Denn auch die Dunkelheit hat eine Daseinsberechtigung, und es liegt mehr in dem Berufe der Kunst zu zeigen, worin diese Berechtigung besteht, als sie zu beseitigen. Das aber ist ein wesentlicher Zug der Jetztzeit, dass man mehr Neigung zum Wissen, als zum reinen Fühlen hat, eine Erscheinung, welche besonders in der Kunst misslich ist, wo, um Bedeutendes hervorzubringen, das Wissen im reinen Kunstgefühl aufzugehen hat.

Kurz vor dem glücklichen Ereigniss, das den Brüdern Joseph's bevorsteht, haben diese durch die schweren Prüfungen, die ihnen derselbe auferlegt, das schmerzliche Gefühl ihrer Schuld auf's Neue und im verstärkten Masse zu erdulden. Da aber kann sich Joseph nicht länger halten, er gibt sich seinen Brüdern zu erkennen.

Dass Cornelius zunächst der Freude in Benjamin, seinem rechten Bruder, den deutlichsten Ausdruck gibt, lag nahe, da dieser zur Zeit des Verbrechens noch nicht geboren war und deshalb nichts zu fürchten hatte.

Die Gemüthsaffecte der Uebrigen in Ausdruck und Geberden sind wohl das Bedeutendste, was der Meister in dieser Hinsicht hervorgebracht hat. Von der starren Gleichgültigkeit bis zum höchsten Grade der Rührung, je nachdem das Schuldgefühl mehr oder weniger dem Ausdruck seine Bedeutung gibt, ist Alles in einer Weise vorgeführt, die von dem gesunden Sinne und der feinen Beobachtungsgabe des Meisters Zeugniss gibt. Dass aber dieser Ausdruck ächt künstlerisch über die Wirklichkeit erhaben ist und die Individualitäten trotz des Adels ihrer Gestaltung doch noch die der Hirten bleiben, ist von nicht zu übersehendem künstlerischen Werthe.

Eine wichtige Frage, die sich hierbei aufdrängt, hat Cornelius vortrefflich gelöst. Wenn Benjamin mit Freuden an dem Halse seines Bruders hängt, und dieser den Knaben mit inniger Rührung umfasst, wie wird er sich zu den übrigen Geschwistern verhalten, die so viel gegen ihn verschuldeten?

Bei der Art der dramatischen Auffassung des Ganzen konnte diese Frage nicht wohl ohne Erläuterung bleiben, und der Künstler hat dieses in Wahrheit mit grosser Feinheit gethan. Der eine auf die Kniee gesunkene Bruder Joseph's hat die rechte Hand desselben mit grosser Innigkeit erfasst, um sie mit Küssen zu bedecken; Joseph lässt ihn gewähren, und in der Weise, wie dies geschieht, ist seine Verzeihung auf das Deutlichste ausgesprochen, wenn auch von den üb-

23*

rigen Brüdern noch nicht wahrgenommen, damit der Charakterisirung derselben ein freieres Feld bleibe.

§. 31.

Carl Becker.

Schon im Jahre 1847, als Becker aus Frankreich und Italien nach Berlin zurückgekehrt war, machten sich in seinen Bildern erhebliche Spuren seines ungewöhnlichen Talentes bemerkbar, obschon diese durch ein irrthümliches Streben in der Auffassung historischer Vorwürfe nicht zu ihrer eigentlichen Geltung kommen konnten. Dieses sowohl, als auch der Umstand, sich denen nachgestellt zu sehen, die bei einem bei Weitem geringern Talente dem herrschenden Geschmack besser zu genügen wussten, gereichte ihm so lange zu einer Quelle von Bekümmerniss, bis er eine Richtung einschlug, die, seinem Vermögen entsprechender, auch bald zu der Anerkennung gelangte, welche insbesondere seinen malerischen Vorzügen gebührte.

Später trat Becker abermals mit einem historischen Bilde auf, vorstellend Wallenstein's Lager, das unstreitig mehr Glück gemacht haben würde, wenn er diesen Gegenstand mehr in seiner historischen Allgemeinheit aufgefasst hätte, statt bei der Menge von Gruppen, die es enthielt, den Nachdruck auf Schiller's Kapucinerscene zu legen, die zwar im Drama, welches sich in der Zeit fortbewegt, ihren dichterischen Werth hat, aber in einem Bilde, das es nur mit einem einzelnen Moment zu thun hat, zumal in einem historischen von solchem Umfang, ohne Bedeutung ist.   .

Ueberhaupt kann die Kritik der bildlichen Auffassung eines historischen Vorwurfs das Wort nicht reden, wenn derselbe bereits durch dichterische Zwecke eine andere Gestalt angenommen hat, es müssten denn solche Compositionen nur den dichterischen Werken als Illustrationen dienen sollen.

So viel des Schönen auch dieses Bild in malerischer Hinsicht im Einzelnen enthält: der Werth desselben zersplittert sich in der Unklarheit des historischen Wollens, welches sich die Einheit der allgemeinen historischen Idee entgehen liess.

Nach einem längern Ringen gelangte Becker endlich auf den Punkt, der sein Talent in ein helleres Licht stellte, zur Darstellung geselliger Zustände höherer Kreise, und kam hier zu einer Productivität, die wenig zu wünschen übrig lässt, während doch die Historienmalerei, die ihm nicht glücken wollte, von solchen Darstellungen, da er sie vornehmlich aus Venedig's Blüthenzeit entnimmt und Alles bietet, was ein Bild auch äusserlich historisch interessant macht, durchaus nicht wesentlich verschieden ist.

Bei solchen Bildern, die man Conversationsstücke nennt, kommen diesem Künstler die mannichfachen Studien, welche er in Venedig gemacht, wesentlich zu gute. So, in erspriesslichern Erfolgen sich selber wiedergegeben, entfaltete er bald einen eben so selbstständigen, als sinnigen Stil, der diesen Werken einen bleibenden Werth verleiht.

Nachdem Becker seine Bilder mit grosser Leichtigkeit gleich auf die Leinwand entworfen und untermalt, wählt er unter diesen, deren er in solchem Zustande immer mehrere vorräthig hat, eines zur nähern Ausführung, wozu er sich

möglichst entsprechender lebender Modelle bedient, bei
deren künstlerischer Benutzung er eine grosse Gewandtheit
zeigt.

Wenn er in seinen freien Entwürfen genugsam beweist,
dass es ihm keineswegs an einer productiven Phantasie mangelt, so hat er zugleich erkannt, dass mit dieser allein, wie
fruchtbar sie auch sei, bei seinen Zwecken der malerischen
Auffassung und Ausführung nur wenig gewonnen ist und
der Anblick der unmittelbaren Natur dabei hülfreich sein
müsse, um einem Kunstwerke im Einzelnen gerecht zu
werden.

Becker entfaltet so eine Menge von Zügen, über
deren geistigen Sinn er in der Art und Weise seiner malerischen Auffassung Aufschluss gibt. Das aber eben ist es,
was zur malerischen Idee führt, und indem er dieses sein
künstlerisches Verfahren zur Anschauung bringt, legt er zugleich die Idee der Erscheinung auch dar, woraus das, was
man Stil nennt, sich von selbst ergibt.

Bei Festhaltung seiner Intentionen weiss Becker diese
nicht nur durch Benutzung des lebenden Modells zweckmässig zu unterstützen, die Individualität desselben bietet ihm
eine Menge feiner Naturzüge, die ihm bei der Erkenntniss
ihrer ursächlichen Bedingungen da trefflich zu statten kommen, wo es sich um die Motivirung eines Besondern
handelt.

Vornehmlich wird dieses bemerkbar, wenn man in seinen
Bildern die Köpfe und die Hände älterer Personen betrachtet, in deren Zügen solche Ideen bloss gelegt sind, die in
ihrer einheitlichen Gesammtheit so wesentlich zur Schönheit
beitragen.

Becker ist dabei keineswegs mit solchen Pointen der
Gründlichkeit aufdringlich, wie seine jugendlichen Gestalten
beweisen. Denn da diese Pointen oft zu den Naturgeheimnissen
gehören, so fühlt er sich veranlasst, solche Geheimnisse auch
in der Kunst nach dem Masse ihrer Bemerkbarmachung zu
respectiren, und es ist nur die Idee des organischen Zusam-
menhanges der einzelnen Theile eines lebendigen Ganzen, die
er im Bilde mehr verdeutlicht, als es in der Wirklichkeit
selber der Fall ist, wodurch er eben seine Werke zur wahren Kunst erhebt. In solcher Art der Ausführung erwächst
die Wärme des Kunstgefühls und jene Erquickung, wenn es
productiv in die stillen Lebensräthsel eingedrungen, die
Becker ohne kleinliches Suchen auch in den Erscheinungen einer untergeordneten Realität wahrzunehmen weiss.

Die Unzulänglichkeit der freien Phantasie, sowie die
Unzulänglichkeit der Hülfsmodelle, deren er sich aus Gewissenhaftigkeit fast zu Allem und Jedem bedient, ist Becker
völlig klar. Beides weiss er durch seine Intentionen so zu
beherrschen, dass es oft schwer hält, in seinen Bildern Stellen aufzufinden, wo die Realität bis zu einem gewissen Grade
nicht malerisch bewältigt wäre, was eben nur das Werk des
Stiles sein kann, wenn er sich auch desselben durchaus nicht
bewusst ist. Und doch ist der Stil der Inbegriff des vernünftigen
Denkens, das die künstlerischen Ideen in sich schliesst, die
hierbei unerlässlich sind. Nur da, wo er die Natur nicht
unmittelbar vor sich hat, verhält es sich anders, wie ich
später zeigen werde.

So speciell auch Becker in das Einzelne der Erscheinung eingeht, wenn es die Haupttheile derselben betrifft, im
Ganzen sind die bildnerischen Verhältnisse gross gefasst und

in der Art und Weise, wie er ihnen genügt, ist er ganz selbständig und eigenthümlich. Es wird dies besonders bemerklich, wenn man z. B. die Faltenpartieen seiner Gewänder
näher in's Auge fasst.

Hier sind es nur wenige Tinten und Töne, mit denen er
operirt, ja fast scheint es, als habe er es hier nur mit der
Localfarbe und einem einzelnen Schattenton der Falte zu thun.
Da aber die Form der Falte in Rücksicht des Stoffes und der
perspectivischen Verhältnisse so grosssinnig, als naiv aufgefasst
ist, diese Auffassung aber zugleich die Erkenntniss der einzelnen Modificationen, auf deren Angabe er nicht näher eingeht,
in sich schliesst und es sich mit der Behandlung der Localfarbe eben so verhält, die er dem Ganzen gemäss harmonisch
gestimmt hat, so wird man von der Wirkung, die im Vergleich mit der Wahrheit nichts zu wünschen übrig lässt, wahrhaft überrascht, um so mehr, wenn man in Erwägung zieht,
wie der Künstler durch anscheinend so Weniges im Stande
ist, im Beschauer die completirenden Ideen des Wirklichen
zu erwecken, wodurch dieses Wirkliche zu seiner höhern Bedeutung erhoben wird.

Wenn man bei dieser Kritik glaubt, dass der Künstler
bei der Auffassung und Behandlung dieses Theiles der Kunst
an nichts weniger, als an solche Erklärung gedacht hat, so
denkt man ganz richtig. Deshalb ist aber diese Kritik
durchaus noch nicht falsch. Solche Resultate eines Künstlers,
der der Natur gegenüber mehr nach einer geistigen Identität strebt, als nach der Wirklichkeit, hat man nur der Logik
seines durch die Kunst geläuterten Gefühles zu danken, von
welchem er am wenigsten im Stande ist, sich Rechenschaft
zu geben. Das ist durchaus nichts Neues, denn wie oft hat

einer der bedeutendsten Künstler Deutschlands bei einzelnen treffenden Kritiken seiner Werke gestanden, dass er durch sie über sich aufgeklärt worden sei.

Möchten die heutigen Künstler durch ähnliche Züge doch recht oft Anlass geben, dass eine wahre Kritik Erklärungen solcher Art hineintragen kann, an die sie nicht gedacht haben. Leider ist dies aber nur selten der Fall, da sie meist mit ihrem falschen Wollen so zuvorkommend sind, dass die Kritik sich oft veranlasst sieht, darüber zu schweigen.

Dass Becker bei Bestimmung der Formenverhältnisse. sofern sie das grosse Ganze betreffen, es mehr mit der Fest-stellung der perspectivischen Physiognomie gewisser die Er-scheinung umgebender Theile zu thun hat, die deren Cha-rakter wesentlich bestimmen, als dass er auf eine hergebrachte nähere Ausführung eingeht. das ist ein Zug seines Stiles, in welchem er seine Selbständigkeit entfaltet. Besonders sind es die Licht- und Schattenpartieen seiner Figuren, die er, so complicirt sie auch an sich sein mögen, in einer einfachen, naiven Umgrenzung ganzer Massen jener prägnanten Phy-siognomie gemäss so auffasst, dass man ideell von den Ein-zelnheiten, die er thatsächlich nicht angegeben, nicht allein nichts einbüsst, sondern dass seine Bilder an innerer Wahrheit auch viel reicher erscheinen, als es der Fall sein würde, wenn er diese Einzelnheiten wirklich ausgeführt hätte, zumal da es sich mit der Farbe der Licht- und Schattenpartieen eben so verhält. deren stilvolle Betonung die Ideen der Ein-zelnheiten empfindungsvoll in sich schliesst.

Wie er die Individualitäten seiner Modelle im Interesse seiner künstlerischen Absichten zu bewältigen vermag, so ist ihm zugleich die Carnation derselben ein Anlass, auch hier eine Mannichfaltigkeit zu entfalten, die deshalb von jeder nüchternen Speculation entfernt bleibt. Eben so verhält es sich mit der Bestimmung der Localfarben der Gewänder, da er im Besitz verschiedener Costüme aus älteren Zeiten ist, die er zu diesem Zwecke so benutzt, dass er dem Beschauer auch hier vollauf in interessanter Weise zu denken gibt.

Ohne bei der Wahl und Zusammenstellung der Local- farben viel zu grübeln, da sie doch nur etwas Zufälliges ist, weiss sein Geschmack und rechter Sinn immer das Schick- liche zu treffen, indem die einheitliche Harmonie ein her- vorragender Vorzug seiner Bilder ist und es bei ihm nur des Anblicks der Werke der grossen Meister Venedig's bedurfte, um ihn in dieser Hinsicht noch mehr zu befestigen und auf die erspriesslichste Bahn des Colorits zu leiten.

Hiermit steht im Zusammenhang, dass er die Licht- effecte und die Modificationen, welche die Farben nach Mass- gabe der Luftperspective erleiden, in seiner vollständigen Gewalt hat. Besonders hier entfaltet B e c k e r eine seiner bedeutendsten Seiten.

Unter vielem andern ist B e c k e r im Besitz von Natur- studien alterthümlicher, architektonisch interessanter Locali- täten und lässt sich noch jetzt nicht leicht eine Gelegenheit entgehen, solche Studien nach der Natur mit der ihm eige- nen Virtuosität aufzunehmen und zu sammeln.

Auf dergleichen Localitäten, besonders Interieurs, legt er mit Recht einen Werth; denn sie führen den Beschauer nicht allein an einen malerischen Ort, sondern auch unmit- telbar in die Zeit, da sie entstanden, wodurch eine Gemüths- stimmung entsteht, die einem Bilde, das Vorstellungen aus solcher Zeit enthalten soll, besonders angemessen ist. Eine

solche Stimmung ist es, der sich B e c k e r gern hingibt, weil
sie zugleich der Anlass von Erfindungen geselliger Zustände
ist, die dadurch hervorgerufen werden, wodurch sich ein
gewisser historischer Eindruck vervollständigt.

Gerichtsscenen, Rathsversammlungen, verschiedene Si-
tuationen des Dogen. in amtlicher oder gesellig prächtiger
Umgebung, Carnevals u. s. w., das sind die Vorwürfe, die dieser
Künstler vornehmlich wählt, um eine Kunst zu entfalten, die
ohne spitzfindelnde Reflexionen zu ihrem vollen Rechte gelangt, da ein solches Bild in seiner allgemeinen Bedeutung
zugleich das gibt, was es seiner Natur nach ist und sein soll.

Gerade eben dadurch, dass der dargestellte Vorwurf nicht
ein specielles wichtiges, historisches Factum betrifft, in dessen
dramatische Einzelnheiten man sich jetzt so oft stillos verliert, richtet der Beschauer sein Interesse auf das Hauptsäch-
lichste eines Bildes, auf die Schönheit, die B e c k e r nach
dem angeführten Verfahren, wodurch er zur lebensvollen
Charakteristik individueller Persönlichkeiten gelangt, offenbart.

Die äussern Beziehungen, in welchen die Charaktere zu
einander stehen, um ein einheitliches Ganze zu bilden, sind
nur erklärende Episoden des Vorwurfs an sich und um so
mehr an ihrem Platze, wenn sie, aus dem innern Zusammenhang des Ganzen hervorgehend, so leise angegeben sind, dass
sie die Wirkung des Schönen nicht stören.

B e c k e r hat in solcher Art, vornehmlich in letzter
Zeit, einzelne Bilder gemalt, die durch ihren innern Werth
der jetzigen Kunstepoche zur Ehre gereichen; ja mehrere
seiner frühern Conversationsbilder, die von seinen Gegnern,
die mehr das Abstracte suchen, als das Schöne zu finden
wissen, „Costümbilder" genannt wurden, hat dieser Tadel

mit Unrecht getroffen. Begründeter wäre der Vorwurf, dass
Becker in diesen Bildern nicht selten dem unmassgeblichen
Geschmack einer ausschliesslichen unkünstlerischen Menge zu
sehr gehuldigt.

Von diesem Irrthum hat sich aber Becker schon lang
frei gemacht, und wenn er sich auch in seinen geselligen Darstellungen in die Rokokozeiten begibt, seine Virtuosität findet auch hier ein ergiebiges Feld, seine Kunst an den Tag
zu legen, wie vornehmlich dasjenige Bild von ihm beweist,
das eine Bildergalerie vorstellt, in welcher sich verschiedene Personen nach Massgabe ihres Interesses mehr oder
weniger der Betrachtung der Kunstwerke hingeben.

In Hinsicht der Charakteristik, der einheitlichen Zusammenstellung und des lebendigen leuchtenden Colorits, das
sich mit Rücksicht auf seine atmosphärische Dämpfung bis
in die entfernteren Gemächer der vorgestellten Localität mit
bewundernswürdiger Sicherheit erstreckt, gehört dieses Bild
bis jetzt zu seinen besten Leistungen.

Es ist in neuester Zeit schon oft vorgekommen, dass
Künstler, die durch ihre Werke zu den besten Erwartungen
berechtigten, plötzlich umschlugen und es nur bis zu einer
gewöhnlichen Mittelmässigkeit brachten, ja sogar noch hinter
dieser zurückgeblieben sind.

Der Gründe gibt es mehrere, warum dieses geschehen,
von welchen ich nur den anführen will, dass manche Talente
zu früh sich ihrem belehrenden und unterstützenden Beirathe
entzogen, um sich auf ihre eigenen Füsse zu stellen.

Wie misslich es daher sei, einem in seiner Entwickelung begriffenen Künstler ein Prognostikon zu stellen, wenn
man die nähern Umstände dieser Entwickelung nicht kennt,

leuchtet ein. In dieser Hinsicht habe ich Erfahrungen gemacht, die mir eine grosse Vorsicht als nothwendig erscheinen lassen.

Bei Becker verhält es sich anders. Er ist, wie gezeigt, seit Jahren selbständig und zu einem Stile gelangt,
dessen geistiger Inhalt die Gewähr geben dürfte, dass es
ihm nicht an einer erforderlichen Stabilität mangeln wird.

Indessen zeigt sich in seinen Bildern mehr oder weniger
ein Umstand, der den Werth derselben zu beeinträchtigen
droht und von welchem sich nicht wohl vorher bestimmen
lässt, wie weit er führen wird, wenn die Zeit kommt, da er
sich beim künstlerischen Schaffen freier gehen lassen wird.

Er betrifft das Impasto, die Art und Weise des Farbenauftrages, der die Natur der Materie des Dargestellten zu einem nähern Verständniss ihres geistigen Sinnes zu
bringen hat, was nur dadurch geschehen kann, dass die Behandlung der Farbe sich als ein reines Ergebniss der geläuterten Empfindung darstellt, die von dem erkannten Natursinn unmittelbar angeregt wird. Ob stark oder schwach,
feucht, trocken oder nass, rauh oder glatt, u. s. w. dieser
Auftrag zu bewerkstelligen sei, geht eben aus jener Empfindung hervor, die in einem Bilde nur dadurch befriedigt wird,
dass sie auch hier dieselbe bleibt und durch manieristische
Elemente keine Beeinträchtigung erleidet.

Glücklicherweise sind es bei Becker mehr untergeordnete Theile seiner Bilder, in deren Auffassung man die Unmittelbarkeit vermisst, an deren Stelle eine sogenannte geistreiche Technik tritt, die als Product einer nüchternen Speculation ohne erforderlichen Inhalt ist.

Z. B. der künstlerischen Darstellung einer rauhen Ma-

terie ist durch ein rauhes technisches Verfahren durchaus
noch nicht genügt. Das Rauhe, durch das wirklich Rauhe im
Bilde dargestellt, ist noch kein Künstlerisches. Denn dass das
Rauhe unter allen Umständen rauh erscheint, ist eine vorgefasste Meinung, vor welcher sich ein Künstler nicht genug
hüten kann.

In Hinsicht der Eigenthümlichkeit besonderer Materien
bietet die Photographie manchen lehrreichen Aufschluss, der
es zugleich darthut, mit wie tiefem Geiste die ältern Meister
auch diesen Theil der Kunst ausgeübt und es selbst bis zu
dem schimmernden Schmelz der Oberfläche gebracht haben,
die auch mit Rücksicht der verschiedenartigsten Modificationen der Erscheinung des Rauhen eigen ist und im Bilde
zum Beweise dient, dass die Bewältigung des Farbenmaterials
im Sinne eines physikalischen Lebens stattgefunden habe.

Das Impasto, wie es in Bildern grosser Meister vorkommt, enthält den entsprechenden Ausdruck einer besondern
Empfindung, wie sie unmittelbar von dem Leben der unterschiedlichen Materien hervorgerufen wird, und da auch die
Empfindung individueller Art ist, so ist auch das Impasto
bei jedem Meister zwar dem Wesen nach dasselbe, aber der
individuellen Empfindungsweise nach erleidet es gewisse Modificationen, aus deren Eigenthümlichkeit man daher mit
grösserer Sicherheit auf den Urheber eines Bildes schliessen
kann, als aus solchen Merkmalen, die einem geschickten
Nachahmer zugänglicher sind.

Becker gehört, wie die meisten Künstler der frühern
Zeit, den glücklichen Naturen an, die vornehmlich auf em-
pirischem Wege zu der Höhe ihres künstlerischen Standpunk-
tes gelangt sind. Jene Künstler hatten aber den Vortheil,

dass die Umstände, unter welchen sie lebten, ihrer Kunst bei
Weitem günstiger waren, während die jetzigen Künsler sich in
den complicirtern Verhältnissen, unter welchen sie leben, nur
selten ganz frei von nachtheiligen Einflüssen einer fremden
Technik zu erhalten wissen, deren Scheinbarkeit oft viel zu
verlockend ist, als dass ein Talent in seinen jüngern Jahren,
wo es noch nicht über den Werth oder Unwerth solcher
Dinge zu urtheilen weiss, widerstehen könnte. Später, wenn
solche Behandlung zur Gewohnheit geworden, ist sie selten
der Gegenstand einer unbefangenen nähern Prüfung, und es
hält daher um so schwerer, von solchem Tractamente los zu
kommen, als man schon lange in dem guten Glauben ist, dass
es das Entsprechende und daher als etwas ein für allemal
Abgemachtes zu betrachten sei.

Solche Angewöhnungen, genau betrachtet in einer Bequemlichkeit wurzelnd, sind geeignet, nach und nach mehr
um sich zu greifen und am Ende die Manier so abzuschlies-
sen, dass, so verschieden auch der Gegenstand solcher Bilder
sein mag, sie doch nur arm genannt werden müssen und
man alsdann, wenn man nur eines gesehen, sie alle kennt.

Die Natur aber ist viel zu reich, als dass sich ein
Künstler dergleichen erlauben dürfte, wenn er das Bestreben
hat, immer tiefer in sie einzudringen, zumal wenn er Beweise eines Talentes gegeben, aus dem mit Sicherheit zu
schliessen ist, dass es nur eines kräftigen Wollens bedarf,
um sich auch hier von einem Hemmniss frei zu machen, das
die feinern Wahrheiten zu verschliessen droht.

So locker auch das Nebensächliche ausgeführt sein mag,
immer hat der Stil Rechenschaft zu geben, dass ihm die
Erkenntniss der Natur des besondern Falles zum Grunde

liegt, wie die Meisterschaft Becker's so oft zeigt, deren Stilconsequenzen sich in seinen Bildern durchgehends bis auf die Stellen behaupten, wo er sich einem jetzt so beliebten bravourartigen technischen Verfahren überlässt, das als manieristisches Element streng zu verwerfen ist.

Die Bilder, in welchen Becker auch in solchen Punkten seine Originalität an den Tag legen wird, würden eine neue Periode seines künstlerischen Schaffens bezeichnen.

§. 32.

Eduard Magnus.

Magnus, hauptsächlich Bildnissmaler, zeichnet sich gleichfalls in der Jetztzeit durch einen Stil aus, der von der Art und Weise seiner sinnvollen Naturanschauung nähern Aufschluss gibt.

Wenn es besonders van Dyck ist, an den seine selbständige Manier erinnert, so sind doch die Zeitforderungen mittlerweile andere geworden, gegen die er sich in seinem Fache am wenigsten verschliessen kann und deren Rechtfertigung in seinem Stile so enthalten ist, dass seine Bildnisse als die erspriessliche Vermittelung der ältern Kunstperiode mit der jetzigen betrachtet werden können, und zwar in derselben Weise, wie es bei van Dyck bereits der Fall war, dessen Bildnisse eine neue Epoche einleiteten.

Die Auffassung des Magnus ist geistvoll und treffend, was um so schwieriger ist, da er es hauptsächlich mit der Darstellung der höhern Damenwelt zu thun hat, in welcher das rein Menschliche nicht selten durch eine Convenienz

verdeckt wird, deren Einfluss dem individuellen Charakter so
oft eine mehr äusserliche Richtung gibt.

Wenn sein Colorit im Bereiche solcher Vorstellungen
auch schmeichelnder, wie das der Natur erscheint: auch so
wird seine Kunst der Natur noch gerecht, und gerade diese
Abweichung von ihr ist es, in deren Consequenzen er stilvoll die Naturideen darthut, die bei sinnvoller Unterscheidung des Wesentlichen vom Zufälligen noch zu ihrer vollen
Geltung gelangen und die Schönheit offenbaren. Magnus
ist in Auffassung der Formen edel und in der Anordnung
geschmackvoll.

Diese Eigenschaften sind ihm indessen so zur andern
Natur geworden, dass selbst sein durch den Stich bekanntes
Blumenmädchen und sein eben so bekannter Fischerknabe
nur schwache Spuren ihres niedern Standes enthalten.

Unmöglich kann es einem Künstler, wie Magnus, ent-
gangen sein, dass es auch eine Schönheit des Gemeinen und
des Hässlichen gibt, die, wenn sie nach ihren ästhetischen
Bedingungen erreicht ist, das Naturrecht des besondern Falles
vollständig nicht allein wahrt. sondern auch zu seiner sittlichen Bedeutung emporhebt und adelt, wie die bildlichen
Darstellungen der Bettelkinder des Murillo beweisen. Da
aber der Höhepunkt der Meisterschaft des Magnus in eine
Zeit fällt, die wenig geeignet war, sich solche Fragen kunstwissenschaftlich zu erläutern, die praktischen Künstler in
jener Zeit vielmehr von der Ansicht ausgingen, dass durch
die Verangenehmung des Darzustellenden die Schönheit erreicht werde, so kann sein künstlerisches Verdienst sich dadurch nur steigern, dass er es bereits unter solchen Umständen zu einem Stil gebracht hatte, der noch jetzt, wo man

in der Kunst im Allgemeinen weiter ist, zu den Seltenheiten gehört.

Magnus hat bereits in den dreissiger Jahren als Bildnissmaler eine der ersten Stellen eingenommen und sie in seinem Vorwärtsstreben auch so lang zu behaupten gewusst, bis er leider vor nicht langer Zeit einem Augenübel anheimfiel, das bis jetzt noch nicht ganz gehoben ist.

Dass man in einem Stadium der Meisterschaft, wie es Magnus erreicht hat, nicht gern ein Kunstverfahren ändert, durch welches man zu solcher Höhe gelangt, ist einleuchtend, da man nur zu oft wahrnehmen kann, wie gefährlich es sei, ein schöpferisches Verhältniss zu stören, das sich in einer langen Reihe von Jahren durch einen bestimmten Stil so harmonisch gestimmt hat. Daher kommt es, dass Magnus auch anderweitige, figürliche Vorwürfe so lange mit Glück tractiren konnte, als diese seinem Stile angemessen waren, bei welchem es hin und wieder nur einer Erweiterung seiner Intervallen und einer lockereren Ausführung bedurfte.

Indessen ist mit Rücksicht auf die in dem Colorit dieses Künstlers enthaltene Pointe einer gewissen Verangenehmung, die ihm durch ihre Consequenzen den Zwang auferlegt, sich von solchen Vorstellungen fern zu halten, welche das Recht der Wahrung der Urbedeutung der menschlichen Gestaltung in einem erhöhten Grade erfordern, dieses Colorit dennoch von erheblichem Belang, eine Eigenschaft, welche mehr in ihrem Gefolge hat, als man gewöhnlich annimmt.

Denn da man, um ein .stilvolles Colorit zu erlangen, mit grosser geistiger Sammlung den Ursachen seiner Bedingungen selbständig nachzuforschen hat und diese Bedingungen von denen der Formen nicht zu trennen sind, so leuchtet

ein, dass auch die Form mit dem Colorit gleichen Schritt
halten müsse, wenigstens den ihnen zum Grunde liegenden
Ideen nach, deren Verständniss durch Verzeichnungen, wie sie
oft selbst bei den grössten Coloristen vorkommen, nicht wesentlich beeinträchtigt wird.

Denn auf das dargethane Verständniss der Naturideen
kommt in der Kunst das Meiste an, da in der Natur jede
Erscheinung sowohl in Hinsicht der Form, als auch des
Colorits ihr eigenes Recht begehrt. Im Vergleich zu der
unendlichen Natur sind es doch nur immer einzelne Eigenschaften derselben, auf welche sich ein Künstler concentriren
kann. Da aber jeder Theil ein Analogon des Ganzen ist,
so ist das ideelle Verständniss der einzelnen Natureigenschaften
schon hinreichend, die Consequenzen derjenigen zu erkennen,
die nach Massgabe des Stiles nur andeutungsweise berührt
werden können.

Nur von sehr wenigen Künstlern der Jetztzeit, die ein
ähnliches Streben haben, kann gesagt werden, dass sie zur
Höhe eines Stiles gelangt sind, da gemeiniglich von ihnen
das Verhältniss des Zufälligen zum Wesentlichen nicht richtig gewürdigt ist, woraus dann folgt, dass das Wichtigere
mit dem Unwichtigern collidirt und die geistige Haltung verloren geht, die zur Offenbarung des Schönen so erforderlich ist.

Diese Haltung ist es eben, durch welche Magnus sich
auszeichnet. Im Zwecke einer angenehmern Scheinbarkeit
läuft sein Colorit dennoch ideell mit dem geistigen Inhalt der
natürlichen Farben parallel.

Während aber van Dyk besonders gross ist in der
Ergründung des geistigen Sinnes der Naturundeutlichkeit und

24*

deren consequenten Folgen und dabei zu einer Wahrheit gelangt, die die Wirklichkeit selbst zu sein scheint während er doch bedeutend über ihr steht, weicht Magnus in so fern von dieser Undeutlichkeit ab, als er sie in einem gefälligen Ton zusammenfasst, den er so zu mässigen weiss, dass er jener Undeutlichkeit möglichst nahe kommt.

Solcher Art der Mässigung hat er es vornehmlich zu danken, dass seine weiblichen Bildnisse der Zartheit des Colorits nicht entbehren, die besonders dem schönen Geschlecht eigen ist, das sich eine Verangenehmung der Aehnlichkeit um so eher gefallen lässt, als die bildlichen Ursachen so geheim gehalten sind. Der Umstand, dass er unter solchen, die sich malen lassen wollen, mit einer gewissen Auswahl verfährt, stellt es ausser Zweifel, wie wenig er geneigt ist, unter den der Schönheit zufällig ungünstigen äussern Umständen der Kunst gerecht zu werden, obgleich sie auch unter solchen Verhältnissen gerade dadurch ein hohes Interesse zu erwecken vermag, wenn sie zeigt, dass die Schönheit nicht ein ausschliessliches Eigenthum angenehmer Erscheinungen ist.

Ein besonderer Vorzug des Magnus'schen Colorits besteht darin, dass es durchaus nicht in einer ein für allemal abgeschlossenen Manier besteht, mit welcher so oft jede Individualität abgefunden wird, sondern jeder besondere Fall regt seinen feinen Farbensinn auch besonders an, und es dient diesem Künstler zur eigenen Genugthuung, die so gebotenen neuen Wahrheiten mit dem regsten Interesse zu verfolgen und ihren künstlerischen Werth stilvoll zu bestimmen.

Magnus ist ein Künstler von so zarter Empfindung,

dass ihm die Wirkung, welche die Behandlung des Farbenmaterials als solche hervorbringt, nicht entgehen konnte.
Sein Impasto ist daher frei von jeder Manierirung und trägt
überall das Gepräge der Empfindung einer unmittelbar angeschauten und aufgefassten besondern Erscheinung.

§. 33.

Gustav Richter.

Richter hat sich bereits im Bildnissfach hervorgethan
und besonders in den Werken dieses Kunstzweiges gezeigt, wie tief er mit seiner Kunst in den besondern Fall
einzudringen vermag, um ihn zu seiner geistigen Bedeutung
zu erheben, wo er sich von äusserlichen Rücksichten frei
erhalten hat.

Wenn zwei solcher weiblichen Bildnisse, die in Berlin
bei Sachse vor mehreren Jahren ausgestellt waren, aus dem
Grunde im Publikum kein sonderliches Glück machten, weil
deren Individualitäten nur wenig ansprechend waren und
man nur gar zu oft geneigt ist, solche Natureigenthümlich-
keit einem Künstler zur Last zu legen, wenn dieser auch,
wie es hier der Fall, Treffliches geleistet hat, so muss gesagt werden, dass Richter gerade hier gezeigt hat, dass es
ihm weder an Ernst, noch an Pietät einer edeln Auffassung
gebricht, zwei Eigenschaften, durch welche es ihm vornehmlich gelang, in strenger Gewissenhaftigkeit eine Kunstschön-
heit an den Tag zu legen, welche nach den darin enthaltenen Bedingungen als die erspriesslichste Basis für die Histo-

rienmalerei bezeichnet werden kann, in der sich R i c h t e r gleichfalls und nicht ohne Glück versucht hat.

R i c h t e r besitzt gleichfalls ein bedeutsames Colorit, dessen lebendige Wirkung durch einen Vortrag unterstützt wird, der vornehmlich in dem Beiwerklichen zu einer Ausdrucksweise gelangt, in welcher die Elemente enthalten sind, die es deutlich darthun, wie sinnvoll er von der Wirklichkeit abzuweichen weiss, um einen nähern Einblick in die Lebensbedingungen zu gewähren. Hierin ist derjenige Fond enthalten, der in der Historienmalerei unerlässlich ist, die mehr wie das Bildnissfach gehalten ist, im Ziele eines höhern Zweckes, sich von einer bindenden Wirklichkeit zu entfernen, weshalb sie einem grössern Stile gemäss die Intervalle der Ausführung breiter zu stellen hat, die sich erst durch die Ideen solchen Vortrages ergänzend ausfüllen und so die Wucht des geistigen Gehaltes steigern.

Wenn das Porträtfach zu einer reichen Quelle von Kunsterfahrungen führt, die sich in der Historienmalerei erspriesslich verwerthen lassen, so hat es zugleich das Gute, dass der Künstler in ihm immer wieder veranlasst wird, das Besondere mit der möglich grössten geistigen Sammlung und Schärfe in's Auge zu fassen, wodurch erst der Reichthum der Naturanschauung erwächst.

Dem allgemeinen Idealismus, dem sich die Historienmalerei zuwendet, um der menschlichen Gestalt eine höhere Bedeutung zu geben, wird auf solchem Wege, auf dem Wege des Besondern, eine Stabilität zu Theil, die eine Hauptbedingung des menschlichen Interesses ist.

Wie sehr R i c h t e r die Bildnissmalerei in dieser Hinsicht zu statten gekommen ist, das beweist sein historisches

Werk in lebensgrossen Figuren, vorstellend Jairi Töchter-
lein, das erste bedeutendere Bild, womit er als Historienmaler in Berlin aufgetreten ist.

Seine malerische Ausbildung hat Richter vornehmlich
in Paris zu vervollständigen gesucht, und wenn er dabei seine
deutsche Eigenthümlichkeit bis zu einem gewissen Grade festzuhalten wusste, so kann dies doch weniger von der Conception der historischen Gestaltung gesagt werden, da er sich
in diesem Bilde verleiten liess, jenem angenfälligen Pathos
nachzustreben, das mit einem gewissen äussern Aufwande bei
den französischen Historienmalern, im Zwecke einer nähern
Verdeutlichung der Handlung, in's Leben tritt, auf welcher
doch der Nachdruck weniger, als auf der Schönheit eines
Bildes zu ruhen hat, weshalb in dieser Hinsicht ältere Meister
schon zur Zeit der Antike eine Symbolisirung vorzogen, um
ihren Gestalten einen möglichst hohen Grad von innerer Lebensfähigkeit zu geben. Die grosse Physiognomie kirchlicher
Werke, wie sie jetzt ein Cornelius, Schnorr und ähnliche deutsche Meister zu erreichen wissen, ist offenbar in
ihrer würdevollen feierlichen Bedeutung jenem französischen
Beginnen vorzuziehen, womit man bei aller Virtuosität noch
kein genügendes Kirchenbild zu Wege gebracht hat.

Hätte Richter sein obiges Kirchenbild mehr im Sinne
dieser deutschen Meister aufgefasst, es würde ihm die Erfahrung erspart worden sein, dass die jetzt so häufigen Farben-
drücke desselben, in welchen so vieles verloren gegangen,
was das Original Schätzenswerthes enthält, in den Augen der
Sachverständigen so wenig Stand halten.

Richter hat in diesem Bilde seinen Farbensinn in noch
umfassenderer Weise bewährt, indem die beträchtlichen

räumlichen Verhältnisse ihm hier Gelegenheit boten, zu zeigen, in wie weit er im Stande sei, die untergeordneten Theile desselben in grösserer Ausdehnung malerisch zu beherrschen. Dass er auf diese Weise der unscheinbarsten Erscheinung das ihr eigenthümliche Leben abzugewinnen weiss, ist kein geringes Verdienst; denn nur dadurch wird ein Bild der Natur wesentlich identisch 'und mehr als diese. wenn nach Massgabe des Stiles ihre Idee klarer zu Tage gelegt ist.

Nicht allein die Art und Weise der geistigen Auffassung und Behandlung des Vorwurfs ist es, wodurch ein Künstler zunächst Interesse erweckt, sondern alles diesem Untergeordnete begehrt ein Recht, dessen künstlerische Gewährung erst der Hauptsache die volle Geltung verschafft.

Besonders in letzterer Hinsicht spricht sich das Kunstgefühl Richter's erspriesslich aus. da es sich zu einem Stile gestaltet, wenn er auch durch eine etwas zu enge Ausführung behindert war, sich historisch freier zu entfalten.

Richter ist vom König Max von Baiern der ehrenvolle Auftrag zu Theil geworden, zu dem Cyklus culturhistorischer Bilder, der viele der bedeutendsten Künstler Deutschlands beschäftigt, die Erbauung der ägyptischen Pyramiden darzustellen.

Richter ist deshalb längere Zeit an Ort und Stelle in Aegypten gewesen, um zu dieser umfassenden Aufgabe die nöthigen Studien zu machen, die vorläufig als solche zu seinen schönsten Leistungen gehören.

§. 34.

Eduard Hildebrandt.

Dieser in Danzig geborene Künstler hat seine Laufbahn als Maler schon frühzeitig begonnen, indem er schon als Knabe seinem Vater, der daselbst ein vielfach beschäftigter Stubenmaler war, werkthätig zur Hand ging. Zugleich scheint er aber auch eben so bald in allen den Theilen einen erspriesslichen Grund gelegt zu haben, die sein vorwärtsstrebendes Talent nothwendig machte, und die vorläufig in solcher Weise praktische Verwendung des Erlernten hat nur dazu gedient, ihn rasch in der Kunst, besonders in der Landschaft, zu fördern, der er sich später hauptsächlich widmete.

Bereits in Berlin konnte man sehen, dass diejenigen jungen Künstler, welche unter der Leitung des Theatermalers Gropius zu einem gleichen Fache herangebildet wurden, eine solche Grundlage für ihre Kunst gewannen, dass es ihnen später leicht wurde, zur Staffeleimalerei in der Landschaft überzugehen, wo die künstlerischen Anforderungen gesteigert und in mancher Hinsicht ganz anderer Art sind. Es bedurfte hierbei weiter nichts, als die Intervallen einer Ausführung stilgemäss zu verengen, die auf den möglichst natürlichen Schein der wirklichen Erscheinung in Lebensgrösse gerichtet war, deren lebendige Physiognomie durch eine strenge Anwendung der Perspectivgesetze einheitlich festgehalten wurde. Im Besitze all der technischen Mittel und Handgriffe, die in Form und Farbe für ein grosses Ganze berechnet sind, waren diese Künstler vor kleinlicher Zersplitterung geschützt, und es musste ihnen ungleich leichter werden, von einem gesicherten allgemeinen Ganzen auf das Einzelne einzugehen, als umgekehrt von dem Einzelnen zu einem Ganzen zu gelangen, das in der Summe alles Einzelnen zugleich die auseinanderentspringenden Versehen multiplicirt enthält, die den Gesammtausdruck entstellen.

Die meisten dieser Künstler sind daher in solcher Art geschickte Landschaftsmaler geworden; ja einige von ihnen, die ihr Gefühl für Schönheit rein erhielten und den Lebensbedingungen derselben tiefer auf die Spur zu kommen wussten, haben sich bis zur wahren Höhe der eigentlichen Kunst emporgeschwungen.

Ohngefähr um jene Zeit, als die Düsseldorfer Schule auch in Berlin ein so überaus reges Kunsttreiben hervorrief, war Hildebrandt daselbst angekommen, der hier die schwere Aufgabe zu lösen hatte, zu lernen und zugleich das Nöthige hierzu zu erwerben. Wenn die Möglichkeit seiner vorläufig nur noch schwachen künstlerischen Bildung in der obigen praktischen Richtung angedeutet ist, die schwerlich in Danzig so methodisch sein konnte, als da, wo bereits der Landschaftsmaler Blechen hervorgegangen war, dem es hier vorbehalten zu sein schien, dem überhandnehmenden realistischen Streben entgegenzuwirken, so muss es für Hildebrandt als ein besonderer Glückstern betrachtet werden, dass er um diese Zeit in der Werkstatt des Seemalers Wilhelm Krause eine liebevolle Aufnahme fand, der hier einer der ersten in Ausübung dieses Kunstzweiges war und damit eine ungewöhnliche Kenntniss der älteren Meister verband, für die er nicht selten bei seinen Schülern das zur Zeit im Allgemeinen nur schwache Interesse zu steigern wusste.

Wenn Hildebrandt auch vorläufig noch nicht im Stande war, sich selbst bei dem regen Wettstreit der vielen in Berlin strebenden Künstler öffentlich zu betheiligen: dieser Streit war instructiv genug, dass er bei seinem eifrigen Talente Vieles daraus lernen konnte. Jedenfalls ist die reissende Schnelligkeit, mit welcher er vorwärts kam, zum Theil diesem Umstande beizumessen.

Was ihm besonders zu statten kam, war, dass er bald eine ungewöhnliche Gewandtheit erlangte, unmittelbar nach der Natur in Aquarell und Oel zu malen, und zwar erreichte er in der Darstellung von Marinebildern bald eine Virtuosität, die der, mit welcher er seine Landschaften tractirte, durchaus nichts nachgab.

Da er lediglich auf seinen Kunsterwerb angewiesen war, so mag wohl hierin der Grund zu suchen sein, dass er seine Bilder, die er unmittelbar nach der Natur malte, gleich zu einem einheitlichen Ganzen zu gestalten strebte. Seine derartigen landschaftlichen Oelskizzen, wie ich deren mehrere gesehen habe, gehören schon früh in Auffassung, in sinnvoller Beredtsamkeit der Ausführung und Behandlung, sowie besonders durch das Unbestochene seiner gefühlvollen Anschauung zu dem Schönsten, das er überhaupt hervorgebracht hat.

Die damals in Berlin ausgestellten Marinebilder verschiedener französischer Meister, sowie deren Werke in anderen Fächern der Malerei, welche grosses Aufsehen und Nacheiferung unter den dasigen Künstlern erregten, scheinen nicht wenig beigetragen zu haben, dass er den Plan fasste, seine künstlerische Ausbildung in Paris weiter zu bewerkstelligen. Da er mit seinem Talente und regen Streben zugleich die Gabe verknüpfte, seine in mehrfacher Hinsicht gemachten Erfahrungen erspriesslich zu verwerthen, so war er bald in den Stand gesetzt, diesen Plan zur Ausführug zu bringen. In Paris fand er bei Eugen Isabey, dessen Schüler er ward, bereitwillige Aufnahme.

Was seinen Bildern um diese Zeit einen ungewöhnlichen Werth gab, war, dass er bei gediegener Correctheit von einem einheitlichen Ton ausging, zu dessen Festhaltung eine stilgemässe Bewältigung des Farbenmaterials gehört, in welcher sich der malerische Sinn der Farbenverhältnisse lebensvoll ausspricht. Da das Resultat seiner Werke durch die Art und Weise, wie er schon früh seine Erfahrungen gemacht, als ein gefälliges Ganze gesichert war, so konnte er sich um so mehr für das sammeln, was ihren Werth auch innerlich steigerte, und schon wegen des einheitlichen Tones, der so Vieles in sich begreift, erheben sie sich zur reinen Kunst, zumal da in dieser Periode seines künstlerischen Schaffens seine Empfindung, mit der entsprechendsten Ausführung im Einklang, nur eine geistige Identität mit dem Wirklichen erzielte und ihm eine künstlerische Bravour noch fern war, vor deren Verlockung sich junge Künstler so selten zu schützen wissen und daher ihr reines Kunstgefühl leicht einbüssen.

Hildebrandt hat um diese Zeit viel schöne Bilder gemalt, die meist tropische Gegenden behandeln, wozu er durch solche veranlasst wurde, die seine Kunst der Naturwissenschaft dienstbar machen wollten, ohne zu wissen, wie gefährlich ihr die Verfolgung eines derartigen praktischen Zweckes ist. Glücklicherweise aber war er durch sein Talent vor nachtheiligeren Folgen insofern geschützt, als er

h von der nähern Angabe concreter Naturverhältnisse möglichst fern hielt, welche es niemals gestatten, dass das Schöne
zur erforderlichen Geltung gelangt, von welchem er als wahrer Künstler sich mehr angezogen fühlte, als von der Treue
der Wirklichkeit.

So wenig auch daher seine Bilder der Naturwissenschaft
genügen konnten, für welche die Photographie bedeutend zweck-
mässiger ist, ein hochgestellter Polyhistor war geistreich genug,
sich und dem Künstler einzureden, wie gross der Vortheil
sei, der durch seine Bilder der Naturwissenschaft erwachse.
Vornehmlich dem Einfluss dieses Mannes, der zwar ein grosser
Gelehrter ist, aber, wie man ziemlich allgemein weiss, von Kunst
blutwenig versteht, ist es zuzuschreiben, dass sich Hildebrandt
später auf seinen weiten Reisen auch der Darstellung gewisser
Naturphänomene hingab und es auf diese Weise nicht selten un-
ternahm, mit den wirklichen Farbeneffecten solcher Naturerscheinungen künstlerisch zu wetteifern, und da er es hierin
wirklich bis zur Illusion gebracht, glaubte man Wunder, was
auch der Kunst dadurch für ein Dienst geschehen sei, die
doch lediglich nach der Schönheit zu streben hat, deren Grad
irrthümlich so oft nach dem Grade solchen sinnlichen Kitzels
gemessen wird, während dieser gerade jede tiefere geistige
Offenbarung ausschliesst.

Dass hiermit viel Nachtheil verknüpft ist, ist einleuchtend, wenn man bedenkt, dass nur wenige ursächliche Gründe
eines oberflächlichen Scheines schon hinreichend sind, eine
Täuschung zu erzielen, und das um so mehr, je mehr sich der
Künstler von der erforderlichen Ausführung, welche ein tieferes Kunstwerk bedingt, entfernt hält; denn gerade in den
Stellen, die nicht naturgetreu sind, offenbart die eigentliche

Kunst den Natursinn und tritt somit dem Zweck der Täuschung entgegen.

Genau betrachtet, ist Hildebrandt mit dieser Art von Bildern, die von einer nur wenig kunstverständigen Menge stark begehrt wurde, zur eigentlichen Decorationsmalerei zurückgekehrt und hat seiner Kunst dadurch nicht wenig geschadet, wenn auch zugegeben werden muss, dass selbst seine Effectbilder eines gewissen Stiles in der Farbe nicht entbehren, da sie auch hier von einem einheitlichen Ton in lebensvoller Harmonie gehalten werden.

Durch solche Bilder hat sich Hildebrandt zuletzt so verwöhnt, dass er meist nur solche Vorwürfe zu seiner Darstellung wählte, deren täuschendes Endresultat leicht zu erzielen war. Besonders Seestücke und Strandscenen hat er in grosser Menge gemalt, die so lange von ungewöhnlichem Kunstwerth waren, als er Geist und Empfindung zu sammeln und so einfach als entsprechend zum reinen Ausdruck zu bringen wusste. Bald aber überliess er sich einer gewissen künstlerischen Bravour, und da diese nicht wohl von einem Verfahren zu trennen ist, das vornehmlich die Illusion zum Zwecke hat, so artete endlich seine Behandlung in eine gewisse Kühnheit aus, die in vermeinter Sicherheit sich nicht mehr die Zeit nahm, einen Farbenauftrag der Art zu bewerkstelligen, dass er sich als ein gefühlvolles phantasiereiches Product einer unmittelbaren Naturanschauung hätte kundgeben können, — vielmehr stellte sich seine Behandlung als das Ergebniss einer Willkühr dar, die, von einem natürlichen Totalschein nur dürftig gehalten, aller Schranken baar auf eigene Faust umherirrt, wähnend, die Erhitzung seiner Phantasie sei Begeisterung, da sie sich doch fast von aller Form vermessen los gesagt hat und somit aller künstlerischen Festigkeit entbehrt, ohne welche keine Begeisterung in der Kunst sich erspriesslich bethätigen kann.

Nur der gediegenen Grundlage seiner Kunst und der gewissenhaften Vollführung seiner Naturstudien in der Zeit seiner beginnenden Selbständigkeit, ist es zuzuschreiben, dass später, wo er am liebsten mit grossen Massen operirte, meist eine ächt künstlerische Auffassung noch Stand hielt, während seine überhand nehmende Manierirung, besonders was die Behandlung eines gesteigerten Farbenauftrages betrifft, an dem eigentlichen Lebensausdruck seiner Bilder zehrt und ihn nach und nach zu consumiren droht. Seine auf diese Art eingerissene Bequemlichkeit ging endlich so weit, dass er fast alles dasjenige darzustellen vermied, wozu jene geistige Sammlung gehört, damit sich aus dem Vorrath seiner künstlerischen Erfahrungen seine Phantasie erspriesslich bethätigen könne.

Daher kommt es, dass er während dieser Periode landschaftliche Bilder mit reicherem vegetabilischen Inhalte fast gar nicht mehr tractirt und da, wo die Darstellung von Bäumen ihm unerlässlich schien, wie z. B. auf denjenigen seiner Bilder, wo sich Büffelheerden in Sumpfgegenden und üppigen Triften bewegen, der erforderlichen Auffassung des Astbaues und des Blätterconglomerates künstlerisch nur sehr wenig genügt, weil seine Aufgabe auch hier hauptsächlich in einer illusorischen Scheinbarkeit beruht. Aus demselben Grunde verhält es sich mit der Darstellung seiner Wolken meist ebenso, obgleich seine Lüfte oft von grosser Schönheit sind. Die scheinbare Naivetät, mit welcher hier die Wolken gebildet sind, ist, genau betrachtet, auch nur Bequemlichkeit.

Erst da, wo der Künstler in Oel wieder unmittelbar nach der Natur malt und seine ausschweifende Willkühr durch den gefühlvollen Vergleich heilsam beschränkt wird, und besonders in seinen Aquarellbildern, wo ein so verstärkter Farbenauftrag, wie in seinen Oelbildern nicht stattfinden kann, der hier oft so weit über seinen eigentlichen Zweck hinausgeht, dass er sich selbst vernichtet, erscheint Hildebrandt wieder in dem Umfang seiner ächt künstlerischen Bedeutung. Die meisten seiner Aquarellbilder sind wegen ihrer malerischen Auffassung, der bedeutsamen Linien und des stilvollen Colorits von um so grösserer Schönheit, als diese nicht durch eine irrthümliche Behandlung beeinträchtigt wird.

Das Wesen der Art und Weise der Ausdehnung nach der Tiefe und überhaupt nach allen Seiten hin, in deren Physiognomie sich der natürliche Sinn des körperlichen landschaftlichen Inhaltes auf einer Fläche malerisch erledigt, insonderheit die Auffassung derjenigen Linien, welche die körperlichen Massen umgrenzen, die ein bedeutsames Ganze ausmachen, sind bei Hildebrandt durch die in Fleisch und Blut übergegangenen Gesetze der Perspective so fest begründet, dass sie auch da noch zu ihrer vollen Geltung gelangen, wo die künstlerischen Bedingungen in der Wirklichkeit zu mangeln scheinen.

Nur vermittelst derartiger Eigenschaften wird dem Künstler auch die Darstellung seiner trefflich fernenden Lüfte in so ungewöhnlichem Grade möglich, dass man es fast vergisst, wie man doch nur eine Fläche vor sich habe, wenn auch hier nicht übersehen werden darf, dass er die Ursachen dieses künstlerischen Scheines nicht selten zu sehr übertreibt, die naturgemässer mehr zu verheimlichen wären.

Wenn schon in Betracht der eben erwähnten Eigenschaften die Bilder Hildebrandt's ideenreich sind, so
ist es erklärlich, warum er so oft solche Vorwürfe wählt,
deren Vorstellung ihm wenig Mühe macht, da in der Kunst
die Kunst mehr, als die Mühe geschätzt wird und er genugsam bewiesen zu haben glaubt, dass er wisse, was zu einer
künstlerischen Ausführung gehöre.

Hildebrandt geht indess hierbei von dem Irrthum
aus, dass seine Kunst so in sein Gefühl aufgegangen sei, dass
er sich blos auf dieses zu verlassen brauche, weiss aber
nicht, dass er sein Gefühl nicht selten mehr als befriedigt
und daher leicht in masslose Willkühr ausartet, woher seiner
Behandlung die richtige Oekonomie und mit ihr die innere
Nothwendigkeit fehlt, zumal wenn er zuletzt beim Retou-
chiren oder Uebermalen die Stellen spurlos überdeckt, die
bis dahin bereits die Folge einer entsprechenderen Denk-
und Empfindungsweise waren. Nur da, wo er behutsam
solche Stellen zu schonen und sich wieder in die Einheit
seiner Gemüthsstimmung zu setzen weiss, sind seine Werke
von höherm Kunstwerthe.

Hildebrandt bereist in diesem Augenblick wieder
seit längerer Zeit die tropischen Gegenden, und wenn es in
der Kunst überhaupt mehr auf das Wie, als auf das Was
ankommt, dieselbe daher nicht nöthig hat, ihre Vorwürfe
weit herzuholen, so soll doch nicht übersehen werden, dass
dieser besondere Fall vielleicht für ihn insofern heilsam sein
kann, als er durch die Menge ihm neuer Erscheinungen veranlasst wird, wieder um so aufmerksamer zur unmittelbaren
Natur zurückzukehren, mit der er, wie gezeigt, viel zu vertraut thut, während doch nur die ächt künstlerische Pietät

auf ihre feineren geistigen Spuren leitet, die das Gefühl erwärmen und läutern.

Um eine Vorstellung von dem Umfang des künstlerischen Vermögens dieses Meisters zu erhalten, dürfen auch diejenigen Werke seiner Hand nicht übersehen werden, die wegen der darin begangenen Irrthümer zu den schwächeren gehören. In der Gesammtheit seiner Erscheinung spiegeln sich instructiv die Tugenden und Schwächen der neuesten Kunst, die nur selten von der Wirklichkeit loskommen kann und will. Indem sich Hildebrandt mehr oder weniger mit Virtuosität in allen Gebieten der Malerei versucht, zeigt er zugleich, wie es eigentlich nur eine Kunst gibt; denn ihre Besonderheiten sind nur Modificationen derselben Grundgesetze, denen er sich in allen Fällen mit grosser Anstelligkeit zu fügen weiss, wenn er sich die Zeit nimmt, sich mit gesammeltem Gefühl der Wirklichkeit gegenüber in seine Darstellung zu versenken.

Ausser den vielen grösseren und kleineren Werken seiner Hand, die besonders in seiner mittleren Periode fast überall begehrt waren und daher in der Welt zerstreut sind, besitzt das Kupferstichkabinet des königlichen Museums zu Berlin eine Menge seiner überseeischen Naturbilder, meist in Aquarell, von erheblichem Werth.

§. 35.

Louis von Hagn.

Louis von Hagn, ein Schüler der Münchener Schule, hat sich bereits seit einer Reihe von Jahren im Fache der

Genremalerei als ein vorwärts strebender Künstler bemerklich gemacht und ist gegenwärtig zu einem Standpunkte gelangt, der alle Anerkennung verdient. Nachdem er die modernen Phasen gedanklicher Manipulation durchgemacht, insofern sie den Vorwurf des zu behandelnden Gegenstandes betreffen, wodurch man zunächst das Publicum zu interessiren trachtet, ist er durch ein ernstes Studium der ältern Meister zu der Ueberzeugung gelangt, dass dies keineswegs die Richtung sei, einem Kunstwerke diejenige Eigenschaft zu verleihen, die von ihm hauptsächlich gefordert werden muss, nämlich die Schönheit. Vielmehr ist solche Manipulation geeignet, die Schönheit zu beeinträchtigen, weil derselben, im Vergleich zur letzteren, eine zu grosse Wichtigkeit beigelegt ist, die sie nur erst erlangen kann, insofern sie die Schönheit unterstützt. Das umgekehrte Verhältniss, das Abstract-Gedankliche solcher Manipulation durch Schönheit unterstützen zu wollen, ist ein Irrthum, der sich in keinem ächten Meisterbilde vorfindet. Deshalb ist auch die ältere Kunst in diesem Fache mit der Verstärkung ihres Ausdruckes in den Theilen, die einem Kunstwerke nicht wesentlich zukommen, so sehr behutsam, um jene Haltung zu gewinnen, wodurch erst das Schöne zu seiner obersten Geltung gelangt.

Hagn hat in seinem neuesten Bilde, einem Conversationsstück, bestehend aus drei Figuren höhern Standes, es wohl verstanden, bei Vermeidung jeden unwesentlichen Aufwandes eine gefällige Gruppe vorzuführen, ohne aus dem entsprechendsten Verhältniss des bildnerisch Gedanklichen zum Gegenständlichen hinauszugehen. Zwei sitzende Frauen, von denen die eine, welche dem Beschauer den Rücken zuwendet, aus einem Hefte etwas vorliest, während die andere

25*

mit einem zur Seite stehenden Herrn aufmerksam zuhört,
sind ein Vorwurf, der Hagn's Kunst im vollen Masse in
Anspruch nimmt, und gerade ist es der Indifferentismus in
der Handlung, durch welche es ihm möglich wird, diese
Kunst bis zur Schönheit zu steigern. Bei feiner charakteristischer Auffassung und Behandlung ist in stilvoller Haltung
eines eben so tiefen, als klaren Tones Alles in eine harmonische Stimmung gebracht, die in der Transponirung der
wirklichen Tinten den interessantesten Aufschluss über ihr
geistiges Lebensverhältniss gibt. Besonders ist es die be-
dächtige Zurückhaltung alles Zufälligen, wodurch der Beschauer in diesem Bilde zum erhöhten Kunstgenuss gestimmt
wird, und wenn der Künstler in dieser Hinsicht sogar so
weit geht, dass er die individuelle Gesichtsbildung der vorgestellten Personen nicht derart gewählt hat, dass sich
darin eine gewisse Vorliebe für das Angenehme zu erkennen
gibt, so zeigt er dadurch, was auch das ganze Bild darthut,
dass er seine Kunst viel zu tief und rein empfunden hat, als
dass er auf dergleichen zufällige Reizmittel einen besondern
Werth legen sollte.

Die Anordnung des ganzen Bildes, dessen Scene ein
parkartiger Garten ist, sowie die Behandlung des Beiwerklichen überhaupt sind mit einem ächten Kunstgeschmack vollführt, da sich Alles als ein wohlgefälliger Ausklang der wesentlichen Weisen, die hauptsächlich angeschlagen sind, zu
erkennen gibt.

§. 36.

Wilhelm Gentz.

Auch Wilhelm Gentz hat nach längerem Ringen mit dem Abstrakt-Gedanklichen sich jetzt mehr auf das Rein-Malerische concentrirt und daher in mehrfacher Hinsicht nicht Unerhebliches geliefert, nachdem er in Belgien und Paris sich im Fache der Historienmalerei bei namhaften Künstlern bereits wohl vorbereitet hatte.

Wenn auch sein früheres Streben vielleicht der Grund war, dass er längere Zeit den Orient bereist hat, um seine historischen Vorwürfe sachgemässer auffassen zu können, — näher betrachtet, ist auch hierin zu erkennen, dass sein Interesse für das Gegenständliche zur Zeit noch zu vorwiegend war. Indessen half ihm ein sicherer Kunsttrieb glücklich über diese Klippe hinweg, an welcher in der neuesten Kunst schon so viele Talente gescheitert sind, indem er sich in diesem Lande, der Wiege eines tiefern Wissens und Vermögens, bei seinen vielfachen Studien anderweitig zu begeistern wusste.

Nachdem Gentz sich in der letzten Zeit fast ausschliesslich mit der Darstellung der orientalischen Erscheinungswelt an sich beschäftigt, hat er Bilder gemalt, die in diesem Gebiete zu dem Besten gehören, was bisher darin geleistet worden. Für jetzt sind es besonders Karavanenbilder, die er in mehrfacher Hinsicht mit vielem Geschick tractirt. Es gilt dies nicht allein von der figurenreichen Masse der Karavanen selbst, die aus Menschen der verschiedensten Race, wie nicht minder aus Thieren besteht, welche letztere zum weiten Transport durch die Wüste gebraucht werden, sondern auch von anderweitigen eigenthümlichen Erscheinungen des Orients selbst, die er in seinen Bildern im harmonischen Einklang mit dem Ganzen zur intensivsten Lebenswirkung bringt.

Da es die stilvolle Haltung ist, durch welche sich das Verhältniss alles Einzelnen zum Ganzen, von einem stets regen Farbensinn unterstützt, treffend bestimmt, woraus sich diese Wirkung ergibt, so erheben sich diese Bilder zu einem reinen Kunstwerthe.

(Ist fortzusetzen.)

Berichtigungen.

Druck von C. E. Elbert in Leipzig.